VOYAGE TO
THE WORLD OF
MANAGEMENT

マネジメントの航海図

個人と組織の複眼的な経営管理

馬塲杉夫／蔡　芢錫／福原康司
伊藤真一／奥村経世／矢澤清明　著

中央経済社

はしがき

1) マネジメントにおける個人と組織の複眼的視点

　本書は，タイトルや目次にもあるように，マネジメント（management：経営）を，個人と組織の両視点からとらえようと意識して書かれています。2つの視点でマネジメントを眺める時，その妥当性や正当性には大きなギャップが生まれてしまうものです。では，個人と組織の視点が近似する瞬間は何だと思いますか。

　読者のみなさんは，小学生の時，楕円の書き方を教わった記憶はないでしょうか。ピンなどの支柱になるようなものを2箇所に固定し，そこに輪になったひもを引っかけます。そのひもを鉛筆で外側に引っ張り，たるまないようにしながら鉛筆を動かすと，楕円を描くことができます。2つの支柱は焦点と呼ばれ，楕円とは，2つの焦点からの距離の和が一定になるように動く点の軌跡でした。さらに，2つの焦点を近づけて1つにすると，真円になりましたよね。

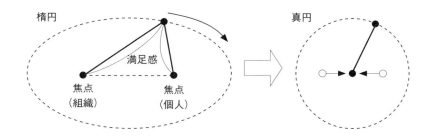

　これはちょうど，個人と組織の視点を説明するアナロジー（比喩）として使えそうです。2つの焦点が両視点を，各焦点から楕円までの距離は，それぞれの視点からみた満足感を示していると仮定しましょう。焦点から楕円までの距離は，多くの場合同じではありませんので，どちらかが必ず不満を覚えます。しかし，個人と組織の視点である2つの焦点が一致する時，楕円は真円となります。つまり，個人と組織の満足感が等しくなり，和が生まれる

のです。

　しかし，現実にはこの2つの視点が1つになることはとても難しいです。みなさんが中学や高校時代に所属していた部活を，少し思い出してみてください。部員みんなが，大会での成果にこだわって練習していたわけでは必ずしもないですよね。部員によっては，友達を作るとか体を鍛えたいなど，個々の目的があったはずです。一方，部長や監督は，試合に勝つなどの組織の目的を達成するため，部員に厳しい練習を課したことでしょう。ここに，個人と組織の目的（視点）の不一致が生じてしまいます。

　この時，不一致を解消するためには，個人と組織の目的が融合されていく必要があります。例えば，当初は友達作りという個人的な目的で入部し，練習以外の時間も一緒に遊びに行くようになったとしましょう。長い時間を共有すると，おのずと友情が育まれます。部員間に友情が生まれてくると，漠然と練習するよりも，何かみんなで成果をあげたいとする気持ちが芽生え，厳しい練習をいとわなくなるかもしれません。膨大な練習の結果，大会での優勝という組織的な目的を達成すれば，その喜びや達成感を共有することで，友情だってさらに強まるはずです。

　こうした過程で，個人と組織の目的を意識的に一致させようとする際，メンバーに，その組織が存在する目的を認識させること，すなわち，組織の掲げているビジョンを共有させることが極めて重要になります。もちろん，完全に一致した状態は理想論であって，実際には一致することなどないのかもしれません。しかし，一致させようとする努力を怠った途端，それは，組織が組織であり続けることを放棄することになります。マネジメントとは，こうした絶え間ない努力の産物なのです。

2)　本書の構成と学習方法

　ところで，本書は一般に経営管理論という科目で扱っている内容を超えて，経営組織論や経営戦略論などの領域に深く入り込んでいます。現代の経営や経営学には，管理，組織や戦略などを総合的にとらえることが求められているからです。そこで，本書では，これらの多様な意味を持たせるために，"management" をあえて「経営」や「管理」とは訳さず，「マネジメント」

とカタカナ表記し，このキーワードをメインタイトルに使いました。

　本書は，大きく分けて，PartⅠ「個人の視点で考えるマネジメント」，PartⅡ「組織の視点で考えるマネジメント」，そしてPartⅢ「個人と組織の複眼的視点で考えるマネジメント」という3つから構成されています。

　これらの本編に先立ち，プロローグでは，マネジメントの世界を航海するための予備知識について書かれています。みなさんは，マネジメントをなぜ勉強したくなったのでしょうか。また，実際に勉強してみると，思い描いていたイメージとのギャップに直面したかもしれません。そうしたギャップを埋めるために，マネジメントを学ぶ意義や意味について触れられています。

　PartⅠ～PartⅢの本編各章では，冒頭に「イントロダクション」としてその章に関連する身近なエピソードが書かれており，「学習ポイント」も明記してあります。学習内容を具体的にイメージしてから，その重要ポイントを念頭に置いて，各章を読み始めると効率的な学習ができると思われます。

　これらの本文中には多くの専門用語が登場しますが，その中でも，特に重要なものを太字にしてあります。意味を尋ねられた時，簡単に説明できるくらいの知識を備えてほしいと思います。

　また，章末には，その章のエッセンスや「学習ポイント」を振り返るための「まとめ」が書かれています。加えて，さらに勉強したい人のために，推薦図書をあげています。海外の著者名は，訳本がない場合は英語表記のままに，訳本がある場合にはカタカナ表記にしています。その訳本に関して，著者の後には，時代背景を誤解してもらわないために，原著の初版が出版された年を付してあります。訳者の後に記載されている訳本の出版年は，現在入手可能な最新刊のものが記載されています。名著になればなるほど，版を重ねている場合が多いので，訳本が必ずしも初版を訳しているとは限りません。本文中の引用や参考文献もすべてこのルールにしたがっています。

　最後に，エピローグでは，初学者に理解をうながすため，マネジメントの歴史的な成長・発展の軌跡を，多少デフォルメして整理しています。「愚者は経験に学び，賢者は歴史に学ぶ」とは使い古された言葉ですが，マネジメントの歴史を振り返ることは，現在や将来におけるマネジメントの実践や研究の動向を理解する上で不可欠なものです。

なお，各 Part の扉裏には，それぞれの視点からみたエッセンスをモチーフとしながらも，「航海」や「冒険」などのキーワードに関連づけられた名言を掲げています。読書に疲れたら，少し息抜きにこれらを見ながら思いを巡らせてみてください。

本書は，マネジメントの世界を航海するための地図をみなさんに示しています。この地図を頼りに，各章の推薦図書はもちろん，本書で引用されている参考文献もぜひ手に取って読んでみてください。

それでは，われわれと一緒に，マネジメントの世界へと航海を始めていくことにしましょう。

2015年 3 月

馬場　杉夫・蔡　　芒錫
福原　康司・伊藤　真一
奥村　経世・矢澤　清明

目　次

はしがき　*1*

プロローグ　マネジメントへの航海の準備 ───────── *11*

1　はじめに　*11*

2　経営学と経営管理論・経営組織論：森と木　*12*

3　経営学の研究対象：組織　*14*

4　経営学の目的と構成　*16*

5　経営管理論・経営組織論の位置づけ　*17*

6　組織活動の全体像　*18*

7　組織階層と管理者の役割　*21*

8　管理者の素顔　*23*

9　まとめ　*27*

Part I　個人の視点で考えるマネジメント

第1章　組織と仕事 ───────────────────── *31*

1　仕事の意義　*32*

2　テイラーの人生と時代　*33*

3　夢みた世界と情けない現実　*34*

4　科学的管理による問題解決　*36*

5　科学的管理の光と影　*38*

第2章　組織と人 ───────────────────── *41*

1　偶然と不思議に満ちたホーソン研究　*42*

2　ホーソン研究の始まりと実施母体　*42*

3　美しい失敗としての照明実験　*43*

4　継電器組立実験と組織での人間の発見　*44*

5　バンク配線観察実験における非公式集団の発見　*47*

6　ホーソン研究の解釈　*48*

第3章　モチベーションの要因 ——————————————— 51

1　モチベーションの定義と分類　**52**

2　欲求とモチベーション　**53**

3　仕事とモチベーション　**55**

4　上司の人間観とモチベーション　**59**

第4章　モチベーションと認知 ——————————————— 61

1　認知革命とプロセス理論　**62**

2　公平性とモチベーション　**62**

3　期待とモチベーション　**64**

4　目標設定とモチベーション　**67**

第5章　リーダーの機能と影響力 —————————————— 71

1　リーダーシップの意味　**72**

2　リーダーの資質と行動　**73**

3　状況とリーダー　**76**

4　リーダーの影響力とパワー　**77**

5　リーダーシップの限界　**79**

第6章　リーダーシップとフォロワー ————————————— 81

1　大規模組織のリーダーシップ　**82**

2　リーダーとフォロワーの関係性　**84**

3　フォロワーからみたリーダーシップ　**86**

4　組織におけるフォロワーの役割　**88**

第7章　組織とグループ —————————————————— 91

1　組織におけるグループの意義と種類　**92**

2　グループをみる2つの見方・規範・倫理性　**93**

3　グループマネジメントの目標と有効性　**96**

4　グループの凝集性の持つ両面性　**98**

5　グループの有効性に影響する要因　**99**

第8章　グループプロセス ─────────── **101**

1 グループプロセス **102**

2 グループの規模と構成 **102**

3 グループと役割 **104**

4 同調圧力と集団浅慮 **106**

第9章　人的資源管理と日本型経営 ─────── **111**

1 人的資源管理と採用 **112**

2 配置とジョブローテーション **116**

3 能力開発 **118**

4 人事評価と給与 **118**

Part II　組織の視点で考えるマネジメント

第10章　組織と意思決定 ──────────── **123**

1 バーナードの組織概念 **124**

2 組織均衡 **126**

3 組織における意思決定 **129**

第11章　システムとしての組織 ─────── **133**

1 システムの概念 **134**

2 組織境界 **135**

3 組織の環境 **138**

第12章　管理プロセスと組織化の原則 ──── **143**

1 マネジャー研究と管理プロセスの原点 **144**

2 企業の経営活動 **145**

3 管理サイクル **146**

4 計画を実現させるための管理原則とその批判 **148**

5 階層組織の意義と限界 **150**

第13章　基本的組織構造 ————————————— 153

1　組織構造の設計の意義　**154**

2　職能部門制組織　**156**

3　事業部制組織　**157**

4　部門横断的組織　**160**

第14章　計画とコントロール ————————————— 163

1　計画とコントロールの位置づけ　**164**

2　計画とコントロールの機能　**165**

3　PDCA サイクル　**166**

4　中期経営計画・利益計画・予算　**167**

5　計画とコントロールの逆機能　**169**

6　バランスト・スコアカード（Balanced Scorecard：BSC）　**170**

第15章　経営戦略の概念と本質 ————————————— 173

1　経営戦略の概念と意義　**174**

2　経営戦略の策定プロセス　**179**

3　経営戦略の基盤としての経営理念　**181**

第16章　全社戦略 ————————————————————— 183

1　事業領域とドメイン　**184**

2　事業構造のマネジメント　**186**

3　戦略を支える組織　**191**

第17章　競争戦略 ————————————————————— 193

1　競争優位の考え方　**194**

2　ポーターの競争戦略論（ポジショニング学派）　**194**

3　経営資源にもとづく競争戦略論（資源ベース学派）　**199**

Part III 個人と組織の複眼的視点で考えるマネジメント

第18章　企業の利害関係者と社会的責任 ————————— 205
1 利害関係者と社会的責任　**206**
2 社会的責任への具体的な取組み　**208**
3 企業不祥事と経営倫理　**212**

第19章　企業家精神と事業創造 ————————————— 215
1 企業家精神とリーダーシップ　**216**
2 イノベーションの持つ意義と種類　**217**
3 企業家精神の多様性　**219**
4 企業家精神を生み出す機能　**221**

第20章　イノベーションのマネジメント ——————————— 225
1 イノベーションの意味　**226**
2 イノベーションの種類　**226**
3 イノベーションの発端と担い手　**230**
4 イノベーションをうながす組織　**232**

第21章　組織学習 ———————————————————— 235
1 組織学習の意味と意義　**236**
2 組織学習のプロセス　**237**
3 組織における知識創造　**238**
4 学習する組織の要件　**240**
5 学習の阻害要因　**242**

第22章　組織文化 ———————————————————— 245
1 組織文化の概念　**246**
2 組織文化の機能とマネジメント　**248**
3 組織文化が持つ負の側面　**252**

9

エピローグ　マネジメントの新たな挑戦 ——————————— 255

1　経営学とパラダイム　**255**

2　経営学の創生期を築いたプレモダン　**258**

3　外部環境を意識し出したモダン　**259**

4　不可視な現象を扱い出したポストモダン　**260**

5　個人・組織・社会の相互作用に注目し出したネオモダン　**261**

6　まとめ　**265**

あとがき　**267**

参考文献　**269**

索　　引　**285**

プロローグ

マネジメントへの航海の準備

1　はじめに

　「人は独りでは生きていけない」。この使い古された言葉に端的に示されているように，私たちは，生まれてから死ぬまで，家族，学校，会社や行政など，様々な組織という船に乗り，人生という大海原を航海する。その航海の中で，やりがいを感じながら組織に携わっている人もいれば，窮屈な思いをしながらかかわっている人もいるだろう。

　一個人として組織を眺めると，こうしたメンバーの満足度は組織の成果をはかる指標として重要性を帯びてくる。しかし，メンバーの満足度が高いからといって，製品やサービスを提供する顧客側の満足度が必ずしも高いとは限らない。従業員の仲が良いと，職場でついついおしゃべりが過ぎて仕事が疎かになる。すると，顧客の満足度を高めるための質の高い製品やサービスへの探求心がなおざりになってしまい，その結果，顧客離れが進んで売上高やマーケットシェアなどの成果が下がってしまうかもしれない。

　「そんな大げさな」と思うかもしれない。しかしながら，雑談に夢中になり，作業効率が著しく遅い同僚，遅々として授業の進まない大学教員は，誰もが目にする光景だろう。だからといって，いっさい私語をせず黙々と作業をこなす職場や，ニコリともせず淡々と講義内容だけで話を進める授業を，みなさんは決して楽しいとは感じないはずである。

　このように，組織の成果とは，組織を構成するメンバー個々の視点からとらえる場合と，組織全体としての視点からとらえる場合とでは，その合理性や有効性は異なってくる。どちらの視点も大事であるが，両視点からみた組織成果は，対立することが少なくない。**経営**（management）とは，組織を運営する際，両視点の組織成果をいかにバランスよく保つかについて試行錯誤することであり，経営学とはそうしたバランスの妥当性や正当性を探究す

る学問である。

2　経営学と経営管理論・経営組織論：森と木

　本書は，経営組織や経営管理を扱ったテキストである。これらは，会計学やマーケティング，国際経営論，ベンチャー企業論といった広く経営学が扱う領域に含まれる。言い換えれば，経営組織論や経営管理論は，経営学という森の中にある1本の木といえよう。

　物事の本質を把握するためには，森と木とを同時にみないといけない，とよくいわれている。経営管理論や経営組織論が，経営学のなかでどこに位置しており，どれほど重要で，どのような役割を担っているかを把握するためには，まず，経営学という全体の森を把握しておく必要がある。木だけをみてしまうと，つながりのない断片的な知識だけが増え，全体を見落としてしまう恐れがあるからである。

　そこで，経営管理論や経営組織論という1つひとつの木を見上げる前に，上空から経営学という森を見下ろすことから始めよう。

2.1　憧れとしての経営学

　経営学部を卒業したからといって，とくに就職に有利なわけでもない日本の大学に通うみなさんには，なかなか理解できないかもしれないが，グローバルにみると，経営学部（ビジネススクール）はかなり人気が高く，優秀な人材を集めている。有名大学の **MBA**（Master of Business Administration：経営学修士号）となると，まさに憧れの的ともなる。

　海外で経営学部が人気の高い背景には，就職に有利だという認識がある。日本とは違い他の国々では，大学で学んだ専門領域と就職先とが密接にかかわっている。そのため，他の学部の卒業生に比べ，ビジネスについて学んだ経営学部の卒業生たちは，企業の採用担当者の目に魅力的に映り，就職に有利な場合が多い。今や先進国でも，若者たちの就職はかなり厳しい。就職に有利だとすれば，経営学部の人気が高いことは，決して不思議ではないだろう。

　さらに，経営学という言葉を聞くと，お金を儲ける方法を教えてくれる実

用的な学問のイメージを持っている人々も多いようである。欧米の **CEO**（Chief Executive Officer：**最高経営責任者**）たちがもらっている天文学的な数字の給料や，優秀な MBA 出身者の多くがウォール街で働き，とりわけ莫大な給料やボーナスを受け取っているというイメージが，その背景にあるのかもしれない。

　お金に対する考えは，確かに人それぞれである。しかし，生きていくために，何より必要なものがお金であるという事実は否定できない。お金を儲ける方法を教えてくれそうな気がするとすれば，世間の人々が経営学に対して，うらやましい気持ちや憧れを持っていても，決して不思議ではないだろう。

2.2　厳しい批判にさらされている経営学

　その一方で，海外では「大学で何を学んでいるのか」と聞かれて，「経営学を学んでいます」と答えると，少しけげんな表情をみせる人がいるかもしれない。憧れとは裏腹に，世間の人々は，経営学に対して厳しい態度をとる場合もある。かつて「ウォール街を占領せよ（Occupy the Wall Street！）」という社会運動で鮮明に現れたように，「世の中をだめにしている貪欲なやつら」とか，「お金しか興味のないエコノミックアニマル」などの見方である。

　実際，経営学は学問領域の外と内から，厳しい批判にさらされてきた。「正義論」で有名なハーバード大学のサンデル（2012）をはじめ，経営学に批判的な人々は多い。外部だけではない。経営学は，同じ学問領域の内部からも批判が絶えることはなかった。具体的に，「なんだかんだといっても，経営学は企業の立場だけを擁護しているのではないか」，「経営学は本当により良い社会づくりに貢献しているのか」などの批判である（Alvesson & Willmott, 1992; Tsui, 2013）。

2.3　イメージと現実とのギャップ

　憧れと厳しい批判，一見相いれない 2 つの見方には，1 つの共通点がある。それは，「お金」である。このお金こそ，人々の経営学への憧れを掻き立てる一方で，人々を厳しい批判へと導いている。

13

しかし，周りをよくみてほしい。自分の知り合いのなかで経営学を学んで，俗にいうお金持ちになった人はどのくらい存在するだろうか。もちろんいるかもしれない。しかし，それはむしろ稀なケースで，多くの人々はどこかの組織に就職して，一般的な給料をもらって働いているのではないだろうか。このような事実は，経営学に対して世間の人々が持っているイメージが，決して正しいとは限らないことを端的に示している。

　経営学がお金儲けの方法を教えてくれる実用的な学問ではないとすれば，経営学はいったい何について学ぶ学問であろうか。経営学を経営学らしくするもの，つまり，経営学が他の学問と区別される点は，いったい何だろうか。

3　経営学の研究対象：組織

　ここでは，①経営学の研究対象が「**組織（organization）**」であること，②組織の定義や現代社会におけるその重要さ，③経営学に真剣に取り組まなければならない理由について考えてみよう。

3.1　経営学の研究対象

　すべての学問は，得意とする分野がある。法学は法律を，経済学は経済に関する研究・分析を得意としている。同じく，経営学も得意とする分野がある。「経営（management）」である。そして，経営といわれると，多くの人々が「企業」を思い浮かべるに違いない。

　確かに，経営学の主な研究・分析の対象は，営利を目的とした企業である。しかし，経営は企業だけに限定されるわけではない。学校や病院，政府や地方自治体など，経営を必要とするところは，企業の他にも数えきれないほど多く存在している。したがって，経営学は，世の中に存在するすべての「組織（organization）」について研究する学問である。この組織こそが，経営学を経営学たらしめる舞台なのである。

3.2　組織の定義と種類

　組織をどのように定義するかを巡っては，様々な意見がある（例えば，バーナード，1938；Scott, 2003）。しかし，本書は組織を，「①共通の目的を

達成するために，②複数の人々が集まり，③お互いがコミュニケーションをとりながら協力・協働するシステム」として定義する（第10章参照）。

　経営学が分析対象とする組織は，大きく**営利組織**と**非営利組織**の2つに区分できる。営利組織の代表格は，いうまでもなく企業組織である。企業組織は現代社会の至るところに存在し，経営学といえば，企業という組織が自然に浮かぶ理由がここにある。しかし，世の中には利益を最優先としない組織も多く存在している。

　先述したように大学や病院，政府，地方自治体などは，その良い例であろう。これらの組織は，利益をあげることは企業と変わらない。しかし，企業は得た利益を自由に分配できるのに対して，これらの非営利組織は常に制約がある。

3.3　経営学を学ばなければならない理由

　われわれは常に選択に迫られている。実際，ランチを何にするか，毎日券売機やショーケースの前で迷ってはいないだろうか。しかし，ランチよりもはるかに重要な人生の選択肢となると，話はかなり違ってくる。意外に選択肢が少ないことに気づかされる。せいぜい，家業（実家の仕事）を継ぐか，起業するか，就職するかの3つくらいであろう。そのなかで，家業や起業を選択する人々はごくわずかである。その代わりに，多くの人が，当たり前のように組織への就職を選択する。この事実は，経営学の分析対象である組織が，現代社会においていかに重要なのかをよく物語っている。

　それだけではない。組織は個人の生活の隅々にまで入り込んでおり，個人の幸せに多大な影響を及ぼしている。また，常に笑顔が要求されるディズニーランドや，常に悲しい表情が求められる葬儀屋からも分かるように，組織はわれわれの感情の領域にまで深く入り込んでいる（ホックシールド，1983）。個人だけではない。良い組織が多い社会ほど，より繁栄するように，組織は社会や国のあり方にも大きな影響を与えている。われわれが経営学に真剣に取り組まないといけない理由は，ここにある。

　現在経営学を学んでいる人々だけではない。経営学は，現代を生きているほぼすべての人々にも必要である。理由は簡単である。冒頭で述べたように，

15

ほぼすべての人々が，組織と関わりを持ちながら生活しているからである。

4　経営学の目的と構成

　組織について学ぶことが目的である経営学部は，どのような人材を育成しようとしているのだろうか。この問いに答えるためには，組織で行われている様々な仕事について考える必要がある。

4.1　組織で行われている２つの仕事群

　組織は，掲げている目標を達成するために無数の仕事を必要とするが，これらの仕事は概ね，次の２つのタイプに大別できる。

　１つは，相対的に特定の分野に特化した専門的な仕事群である。より具体的には，開発，生産，検品，販売や会計などの仕事である。これらの仕事群は，仕事の中身がはっきりしており，仕事を遂行する上で必要な知識やスキルも明確である。例えば，営業の仕事では商品に関する詳細な知識が必要だし，会計の仕事は簿記に強くなければならない。

　もう１つは，ある特定の仕事に縛られることのない仕事群である。組織の将来を考えて計画や戦略を練ったり，新しい事業を打ち出したり，リーダーシップを発揮したりする仕事である。これらの仕事群は，仕事の中身をとらえることがなかなか難しい。なぜなら，仕事といっても，アイデアを自ら考えたり，周囲に出させたり，またそのアイデアを実現するために周囲に指示や命令をしたりと，目にみえ辛い内容だからである。これらの仕事を主に行なっている人々には，経営者や取締役，部長や課長など管理職が多い。

4.2　経営学の目的と構成：スペシャリストとゼネラリストの育成

　組織がその目標を達成するために，２つの仕事群を必要とすれば，経営学は当然，これらの２つの仕事群ができる人材を育てなければならない。専門的な仕事群を主に担当する「**スペシャリスト**」と，ある特定の仕事に縛られることのない「**ゼネラリスト**」の育成である。

　どこの大学でも構わない。その大学の経営学部のホームページにアクセスしてみてほしい。そして，経営学に関連する様々な科目の講義要綱を吟味し

16

てほしい。すると，これらの専門科目は大まかに上記の2つの仕事群に関連づけて分類できることが，何となく分かってくるはずである。

スペシャリストを育成するために開講されている科目群には，例えば市場調査論，製品開発論，広告論，情報システム論，品質管理論，財務管理論，簿記論などがある。一方，ゼネラリストを育成するために開講されている科目群には，経営入門，経営管理論，経営戦略論，経営組織論，人的資源管理論，組織行動論などがある。

要するに，経営学は，スペシャリストの育成とゼネラリストの育成という2つの目的を達成できるように，カリキュラムが編成されているのである。

5 経営管理論・経営組織論の位置づけ

これまでは，経営学という森をみてきた。これからは，経営管理論や経営組織論という木に焦点を絞っていこう。

5.1 経営管理論・経営組織論の位置づけ：ゼネラリストの育成

就職に有利であるなどの理由で，世間では資格を取得しスペシャリストになることが叫ばれているが，果たして経営学でもそうだろうか。必ずしもそうではない。経営学では，ゼネラリストの養成に，より重点が置かれている。

あなたが公認会計士という資格をとり，会計事務所に就職したと仮定してみよう。最初の何年かは，確かにあなたは会計士というスペシャリストとして活躍するだろう。しかし，10年後はどうであろうか。依然として数字と戦っているのだろうか。その可能性はおそらく低い。

気がついてみたら，あなたの下では10人くらいの部下が働いている。そして，あなたの仕事も大きく変わっている。会計の仕事よりは，むしろ部下たちを管理・監督したり，競争相手の会計事務所に勝つための戦略を練ったり，年間計画を立てたりするなど，ゼネラリストとしての仕事に多くの時間を割いているに違いない。

このように，当初スペシャリストとして身を立てると決心したとしても，ゼネラリストの仕事から逃れることはできないのである。経営学が，ゼネラリストの養成に重点を置いている理由は，ここにある。本書は，経営学のな

17

かでも，とりわけゼネラリストを養成するために設けられた経営管理論や経営組織論の分野に位置づけられる。

5.2　ゼネラリストの仕事：「人と組織のマネジメント」

では，経営管理論・経営組織論の具体的な目的は何であろうか。この問いに答えるためには，ゼネラリストの代表格である経営者や取締役，中間管理職の人々が行なっている仕事に注目する必要がある。詳細は後述するが，ゼネラリストが行なっている仕事は，非常に多岐にわたっている（ミンツバーグ，1973）。しかし，これらの仕事は，大きく２つに分けることができる。

１つは，「**人のマネジメント**（management of people）」にかかわる仕事群である（本書の Part I で主に扱われる）。具体的に，個人のやる気を引き出したり，リーダーシップを発揮したり，グループをマネジメントしたりする仕事である。主任・係長などの現場監督者や，課長などの中間管理職が主に行なっている仕事は，まさにこの「人のマネジメント」である。

もう１つは，「**組織のマネジメント**（management of organization）」にかかわる仕事群である（本書の Part II で主に扱われる）。具体的に，組織が直面している環境を分析した上で，組織の計画や戦略を立てたり，戦略をうまく実行するために組織体制を作ったりする仕事である。経営者や取締役など，主に最高経営層が行なっている仕事は，まさにこの「組織のマネジメント」である。

6　組織活動の全体像

次に経営の対象となる組織の諸活動について理解をうながすとともに，そうした組織活動のなかで，時に個人として，また時に組織としての両視点を有する管理者の素顔に迫っていくことにしよう。

6.1　組織活動の全体像

組織活動は，情報処理システムになぞらえて説明されることが多い。**図表P-1**に示されているように，組織活動は，処理すべきインプットに関する情報，それを実際に処理する内部のプロセス，そして処理した結果産出され

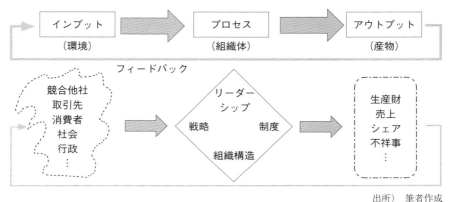

図表P-1　組織活動の全体像

出所）筆者作成

るアウトプットの3つからなる。

　営利を目的とした企業ならば，インプットとしての外部環境には，競合他社，取引先，消費者，地域社会や行政などの種々の利害関係者（ステイクホルダー）がある（第10・18章参照）。これらの外部環境からの情報を受け，当該企業は戦略を策定し（第15・16・17章参照），その戦略にしたがって組織構造を設計する（第13章参照）。また，それらの戦略や組織構造の下で，日常業務を効率的に実施するために研究開発や人事など様々な規則や制度を整備するとともに（第9・12章参照），それらの活動が計画通りに実行されているかを常にチェックすることも不可欠となる（第14章参照）。そして，そうした器に魂を入れる重要な役割を担うのが，経営者や管理者のリーダーシップに他ならない（第5・6章参照）。

　プロセスとしての組織体は，これらの活動を通じて，インプットとしての外部環境の情報を処理し，最終的には何らかのアウトプットを生み出す。企業の場合，アウトプットとして，製品やサービス，それが顧客に広く受け入れられ獲得される高い売上高やマーケットシェアなどがある。営利を目的としない組織，例えば行政なら各種の市民サービスを，学校なら教育を通じて育成された人材を，それぞれアウトプットとして生み出す。

　その一方で，組織は負のアウトプットを産出してしまう場合もある。具体

■ 図表P-2　企業の利害関係者マップ

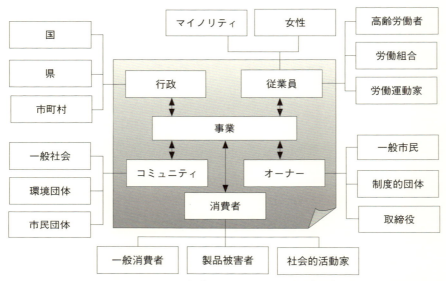

出所）Carroll & Buchholtz (2014), p.69をもとに筆者が作成

的には，自然環境に害をもたらす廃棄物や食品偽装などの不祥事などがある。こうした負のアウトプットを生み出さないためには，外部環境から監視を受けるだけでなく，チェック機能を組織体が自ら備えていなければならない。そのためには，**図表P-2**に示されている多様な**利害関係者（ステイクホルダー）**に対して企業は責任を果たすと同時に，それらの行動に影響を及ぼす要因にも目を向けなければならない（第18章参照）。

6.2　個人と組織の葛藤

　クラスや部活，アルバイト先で一般のメンバーとしてかかわっていた時には不平・不満ばかり周囲に漏らしていたが，何らかの責任ある役職に就いた途端，そうした文句がいい辛くなってしまった経験はないだろうか。少しでも経営に携わる立場になると，売上の確保や顧客満足を高めようとすることに自分の意識が向き出す。また，これらの目的を達成するプレッシャーに苦悩している上司の横顔を垣間みる機会が増えることが，安易に愚痴をこぼせなくさせてしまうのかもしれない。

20

役職に就いていなかった時は，どちらかといえば他人の仕事に無関心で，自分のことばかり考えていた人も，管理者に抜擢されると，自分の時間をプライベートから会社のために費やさざるを得なくなるものである。

このように，1人の人間のなかには，個人の利害と組織の利害とが常に共存している。バーナード（1938）は，このような1人の人間がまとっている二重の人格を，「**個人人格**」と「**組織人格**」とよぶ。そして，経営の重要な課題は，この両者をいかに統合するかにあると，彼は主張している。

二重人格を統合する手段として，管理者は誘因と説得を用いるべきだとバーナードは説くが（第10章参照），従業員や管理者などの組織の顔と，顧客や生活者などの個人の顔とは，時に険しい面持ちで対峙し，時に柔和な表情で向き合う。組織人格と個人人格は，一般に組織の階段を上るにつれて，前者の性格が後者よりも強くなってくる。昇進するたびに，経営に対する責任感が増すからである。

7　組織階層と管理者の役割

ところで，こうした経営に対する責任を負う管理階層には，**トップマネジメント**（取締役層：以下トップ），**ミドルマネジメント**（中間管理層：以下ミドル），**ロワーマネジメント**（現場監督層：以下ロワー）の3つのレベルが存在する。Katz（1955）によれば，管理者（administrator）の具備すべき能力は，技術的スキル（technical skill），概念化スキル（conceptual skill），および対人関係スキル（human skill）の3つから構成され，**図表P-3**にあるように，各管理階層で重視されるスキルが相対的に異なるという。

7.1　技術的スキル

研究開発なら設計や実験の方法，営業なら宣伝や販売の方法，サービス業なら接客やクレーム対応の方法など，組織には様々な業務が存在し，それらが相互に連動して1つの成果を生み出している。技術的スキルとは，こうした個々の日常業務に必要とされる知識や経験であり，就職してから最初に覚えなければならないものである。

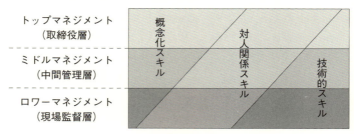

■ 図表P-3　管理階層と必要とされる能力

出所）Katz（1955）をもとに筆者が作成

　もっとも現場に近い主任や係長のようなロワーは，日常業務をこなしながら部下を監督しなければならないし，また営業や研究開発などの現場の知識を熟知していないと適切な指示を出せないだろう。それゆえ，ロワーは他の管理階層に比べ**技術的スキル**が強く求められる。

7.2　概念化スキル

　これに対して概念化スキルとは，問題・課題を発見し，その原因を分析して解決策を導く能力である。より簡単にいえば，何が正解か分からない状況下で，ある1つの解を導く能力といえる。トップは，5年や10年先を見据えて自社の進むべき方向性を決めなければならない。しかし，中長期的な将来を予想することは困難を極める。自分の人生を振り返ってみても明らかなように，人は遠い未来を予測することなど，できないからである。

　それでも，トップは答えのない将来へと組織を導いていかなければならない。だからこそ，あまり具体的な目標を立てるのではなく，ビジョンや戦略を抽象的なキーワードとして示し，組織メンバーをある程度自由度を持たせながら導く必要がある。この時不可欠となるのが，**概念化スキル**である。

　抽象的な概念としてビジョンや戦略を提示する理由は，その下のミドルという管理階層に具体的な方策を考えさせるためでもある。トップに何から何まで具体的にやるべきことを決められてしまったら，ミドルだってやる気を失うだろう。また，自分たちで具体的な取組みを考えさせないと，ミドルが育たないことだってあり得る。中長期的な全社的計画を戦略（strategy），

それを受けて立案される短期的な各事業部の計画を戦術（tactics）とよぶ場合がある（第15章参照）。つまり，トップは戦略を，ミドルは戦術を構想する概念化スキルが必要だということである。

7.3　対人関係スキル

　最後の**対人関係スキル**は，周囲の人々の考え方や感情を理解する能力で，すべての管理者に等しく求められる。俗に組織を離れる大きな理由の１つに職場での人間関係があるといわれるが，良好な人間関係の構築は，効率的な業務遂行に不可欠である。それゆえ，管理者は，対人関係スキルを駆使して，職場の潤滑剤にならなければならないのである。ただし，この対人関係スキルも，管理階層ごとにその重要度が，相対的に異なるかもしれない。Katz自身も述べているように，対人関係スキルが低くても，卓越した概念化スキルがあり，人々を束ねて組織を牽引できさえすれば，トップは務まる。

　創業者でありながら，そのエキセントリックな性格から首脳陣と衝突してApple社を一度追われたスティーブ・ジョブズがそうであったように，カリスマ性を帯びた経営者は必ずしも対人関係スキルが高くない。だからこそ，成長している組織には，そうしたカリスマ的なリーダー（第６章参照）だけではなく，その陰に必ずといっていいほど人心掌握術に長けた，対人関係スキルの高い補佐役がいるものである（第５章参照）。もちろん，上記の例は同じ管理階層内での役割分担とも受け取れるが，階層ごとに対人関係スキルのウェイトが異なる所以でもある。

8　管理者の素顔

　管理者の備えるべき原則をはじめて体系的に論じたのはファヨールだが（第12章参照），管理者が組織で行なう様々な仕事や役割についての研究にいち早く取り組んだ研究者は，ミンツバーグ（1973）である。

　ミンツバーグの研究関心は幼少期にまで遡る。彼の目に映った経営者としての父親の仕事は，あまりにも不可解なことだらけだった。そこで，経営者や管理者はいったい日々どのような仕事に取り組んでいるのかを見極めるため，彼は５人の経営者に１週間ずつ張りついて，彼らの行動をつぶさに観察

■ 図表 P-4　管理者の活動領域と役割

活動	役　割	内　容
対人関係	フィギュアヘッド	組織を代表するシンボルとしての機能
	連結	企業内の部門間や他企業間との接触
	リーダー	モチベーションをはじめとした自己より下位者との関係構築
情報伝達	モニター	組織の内外の情報収集
	情報伝播者	組織内や部門内の（主に部下）への情報伝達
	スポークスマン	組織外や部門外への情報伝達
意思決定	企業家	新しい事業・組織を創造するための変革デザイン
	障害処理者	事前に制御不可能な意図せざる出来事への対応
	資源配分者	経営資源の配分
	交渉者	リアルタイムな資源取引としての交渉

出所）　ミンツバーグ（1973）p.151をもとに筆者が作成

した。すると，意外な事実が明らかになっていった。

社長という言葉を聞くと，社長室の立派な机にふんぞり返って，山のような書類に目を通しながらハンコをついたり，また入れ替わり立ち替わり社長室に来る部下たちの報告を聞き，彼女・彼らに指示を出したりしている姿を想像しないだろうか。そのような勝手なイメージをよそに，ミンツバーグが調査した5人の経営者がデスクワークに費やしていた時間は，たかだか全体業務の22％に過ぎなかった。その代わり，様々な行事や会議への参加，あるいは現場視察など，経営者は非常に断片的な仕事を次々とこなしている実態が明らかになったのである。

そして，それら経営者の行動を丁寧に分析すると，①対人関係（interpersonal roles），②情報伝達（informational roles），③意思決定（decisional roles）という3つの活動に大別できることが分かった。3つの活動領域に対して，**図表P-4**にあるような10の役割を抽出することができたのである。

8.1　「対人関係」の領域

図表P-4から分かるように，この「対人関係」の領域には，「フィギュアヘッド」，「連結」，「リーダー」の3つの役割がある。

第1の**フィギュアヘッド**（figurehead）」は，組織や部門を代表するシ

ンボルとしての役割を果たすことをさす。典型的な例は，冠婚葬祭である。仕事とは直接関係のない儀式なのに，なぜ管理者が出席しなければならないかと問われれば，それはまさにフィギュアヘッドとしての務めを果たしていることに他ならない。新しい製品やサービスの発表会に社長が出演する機会が多いことや，部下に対して顧客からクレームが来た時に上司が同伴して謝罪に向かう光景からも明らかなように，階層が上になればなるほど，この役割を果たす場面が多くなる。

次の「**連結**（liaison）」という役割は，主に管理している組織や部門の外部との接触を持ち，繋げる役割である。トップなら自社と他社を，ミドルなら自部門と他部門をそれぞれ連結する機能を主に担っている。いわゆるヒューマンネットワーク（人脈）を構築する活動で，新たな情報を入手したり，自らの情報を伝えたり，あるいはそうしたやりとりのなかで提携やM&A などの交渉を行なう。

最後の「**リーダー**（leader）」としての役割は，主にモチベーションを中心とした部下たちへの働きかけである。先述のバーナードの指摘にもあったように，リーダーとして管理者が振る舞う時，個人人格として部下が持っている個人的な欲求と，組織人格として有する組織目的とをいかにすり合わせていくかが肝になる。

8.2 「情報伝達」の領域

この領域は，情報のやりとりにかかわる管理者の役割である。

最初の「**モニター**（monitor）」とは，組織や部門に重要な影響を与える可能性がある内・外の情報を収集する役割である。管理者が集めるべき情報には，①業務の進捗状況や問題状況，②顧客や競合企業などの外部環境の動向，③各種レポートや部下からもたらされる分析資料，④アイデアやトレンドの情報，そして，⑤何らかの脅威として認識されるプレッシャー情報などがある。

次に，「**情報伝播者**（disseminator）」の役割とは，管理者が自ら持っている情報を，主に部下へ伝える役割のことである。とりわけ管理者は，サイモンが提示した事実情報と価値情報（第10章参照）の２つのタイプの情報を伝

えることが求められる。つまり，管理者は，①様々な制約条件を事実情報として部下に伝え，彼女・彼らの意思決定を支援すると同時に，②迷いや戸惑いのある部下をあるべき方向へ誘うために，部下たちにビジョンや価値観などの価値情報も提供する必要があるのである。

最後の「**スポークスマン**（spokesman）」の役割とは，反対に組織や部門の内・外に組織にとって重要な情報を発信する役割のことである。日本人にはあまりなじみのないスポークスマンという言葉だが，記者会見などの場面で，政府や組織，団体の立場や見解を代弁する人のことを指す。管理者がスポークスマンとしての役割を担う際大事なことは，組織の内・外に存在する様々なキーパーソンたちに，組織や部門の立場や見解をきちんと伝え，納得してもらうことである。

8.3 「意思決定」の領域

「**企業家**（entrepreneur）」として管理者が果たすべき役割は，事業や組織を新たに創造するための変革をうながすことである（第19章参照）。管理者が組織変革を実行する際，周囲との関わり方には，全権委譲（基本的にすべてを任せる），部分的委譲（意思決定に部分的に関与させ最終的な責任を負う），監督（基本的にすべての意思決定に関与する）という３タイプがある。これらの関与方法は，管理階層によっても組織メンバーの状態によっても異なるだろう。

「**障害処理者**（disturbance handler）」の役割とは，想定していなかった問題や課題に管理者が事後的に対処することである。人は誰しも想定の範囲内であれば比較的冷静に対応することができるが，想定外の出来事に直面した場合，うろたえてしまうものである。周囲に安心感や冷静さを与える意味で，この障害処理者の役割を管理者が担う意義は大きい。

障害には，①部下間の衝突，②組織間の軋轢や摩擦，③資源の喪失やその脅威の３点が存在する。そして，これらの障害に介入する際注意すべきことは，介入するタイミングが極めて重要で，しかも日常的で反復的な仕事の流れのなかで障害が発見されることは稀であるという点だ。「もう少し早く相談に乗っていればこれほどまで事態は悪化しなかったのに」とか，「こん

なところに問題があったのか」と感じた経験は，みなさんも多々あるだろう。

「**資源配分者**（resource allocator）」の資源とは，金，時間，原材料や設備，労働力，世評など広い意味で使われており，その役割は3つの要素で構成されている。①自分や周囲の時間をスケジューリングする役目，②業務手続き（誰が何をどのように行なうか）を確立する役目，③周囲の行動を許可する役目である。

この3つの要素でも，とりわけ最後の行動認可が管理者にとって悩ましい意思決定である。革新的な発想は時に常識を逸脱しているので，自分の価値判断で認可できない場合が少なくないからである。この複雑な決定に直面した管理者がよく取る方法は，提案された案件の中身ではなく，提案した人物の有能さで認可をすることである。また，管理者自らが持っているビジョンや経験則で対処しようとする。

最後の「**交渉者**（negotiator）」としての管理者の役割は，リアルタイムで資源を取引することである。交渉者の役割を担う際，管理者はフィギュアヘッドとスポークスマンの役割も同時に担っている。飛び込みで営業に来た人の名刺をみたら，何も肩書きがない平社員と，代表取締役社長とか部長や課長などの役職があるのとでは，どちらを信頼する傾向にあるか，少し想像してみて欲しい。おそらく多くの人が，後者を信頼するだろう。

このように，肩書きというシンボルが人々に信頼を与える事実は，交渉においてフィギュアヘッドの役割をあわせて担っていることを物語っている。また，交渉においては，自社の事実情報や価値情報を伝えることも，交渉相手から安心を引き出すことに貢献する。したがって，スポークスマンの役割も交渉者のなかに組み込まれているのである。

9　まとめ

組織の経営を，個人の視点から眺める場合（**ミクロアプローチ**ともよぶ）と，組織の視点から眺める場合（**マクロアプローチ**ともよぶ）とでは，目に飛び込んでくる景色が異なっている。本書の最後のエピローグで，経営学の歴史的な変遷について書かれているが，その歴史を紐解くと，そこにも個人と組織の両視点の相互作用の解明に取り組もうとしてきた研究の軌跡が垣間

みられる。そして，そうした複眼的な視点を持ち合わせながら，経営に携わる管理者の素顔について触れてきた。

　先述したように，経営とは，個人の視点と組織の視点との葛藤について試行錯誤することだったが，本書の構成は，まさにこうした複眼的視点を養うように企図されている。主に個人の視点で組織を眺めている経営学は，PartⅠで描かれている。一方，組織の視点に拠って立つ経営学は，PartⅡで触れられている。そして，両視点の中間領域にあるようなトピックスについては，PartⅢで扱われている。最後のエピローグでは，経営における複眼的視点の解明に取り組んできた経営学の歴史の流れが書かれている。

　本書を読破する頃には，組織を様々な視点から観察する目が養われ，経営に携わることが多少なりとも楽しく思えるようになってくれれば幸いである。場合によっては，経営についてもっと深く考えを巡らせてみたいと思い，研究をスタートさせるかもしれない。本書の読者が，もし，そんな衝動に駆られてくれたなら，われわれのミッションは達成したことになる。

　さて，マネジメントへの航海の支度が調ったところで，実際に漕ぎ出していくことにしよう。

📖 さらに学習したい人への推薦図書

　ミンツバーグ，H. 著（1973），奥村哲史・須貝栄訳（1993）『マネジャーの仕事』白桃書房。

　本書でも多くの箇所で引用されているほど，パワーポリティクス論や戦略論など，経営学の多岐にわたる研究領域で業績があり，それらの著作で常に刺激的かつ挑戦的な主張や話題を提供し続けている，ミンツバーグのデビュー作である。

Part I

個人の視点で考えるマネジメント

Management from the perspective of individual

"You can't get away from yourself by moving from one place to another."
「あちこち別の国を旅してまわっても，自分から逃れることはできない」

アーネスト・M・ヘミングウェイ（アメリカの小説家。ノーベル文学賞受賞）
土屋政雄訳（2012）『新訳版 日はまた昇る（The Sun also Rises）』
早川書房（原著出版は1954年），p.11（20頁）。

どんなに組織や環境のせいにしても，結局それに向き合うのは，自分以外の
誰でもない。個人の視点とは，こうした自由意志を持ちながらも，組織を構成
する最小の単位である。

「生きているだけで楽しいと思える人と，成功しなきゃ楽しくない人がいたら，
生きているだけで楽しいと思えるほうが得だよね」

八幡暁（海洋冒険家。単独無伴走人力航海記録を複数持つ）
TBS テレビ「情熱大陸」2012年 2 月26日放送分より。

結果を求めてがんばろうとする人がいる。一方で，結果が伴わなくても過程
そのものを楽しめる人もいる。八幡は，ここで後者の重要性を示唆している。

第1章

組織と仕事

イントロダクション

　勉強が自分の将来に役立つもので，まじめに取り組まないといけないことは頭のなかでは分かっています。しかし，この勉強がくせもので，あまり好きではありません。正直，「楽しながら単位さえ取れればいいや」と考えたことも，しばしばありました。しかし，厳しい先生が多く，なかなか単位が取れません。

　そのようなみなさんをみかねて，みるからに几帳面な1人の先生が立ち上がります。そして，「君たちに何より必要なのは精神革命だ。これからは，先生たちに対する見方を変えなさい。単位をなかなか出してくれない人々だと思わず，みなさんの将来に欠かせない存在だと考えなさい。見方を変えると，これまで厳しいとしか思えなかった先生たちが，違ってみえてくるはずだ」。

　このように宣言してから，先生はいきなりスマートフォンを取り出しました。そして，ストップウォッチを操作しながら，1人ひとりの勉強のやり方をきめ細かく観察・記録します。それが終わると，先生は「僕の科学的な観察と分析で勉強における唯一最善の方法がみつかった，これから単位の心配はない，僕の方法さえ実践すれば，誰でも単位が取れる」と宣言するわけです。

　ちょっと変わった先生だと思いませんか。科学的分析を必要とするテーマは山ほどあるのに，なぜ勉強のやり方を科学的に分析しなければならないのでしょうか。また，十人十色で，勉強のやり方に唯一最善の方法など，あるわけがないと思いませんか。本章では，この一見風変わりの人物がマネジメントに及ぼした影響について，みなさんと一緒に考えていくことにしましょう。

! 学習ポイント

- ・仕事は，組織と人にどのような意義を持つのだろうか。
- ・仕事のやり方に唯一最善の方法は存在するのだろうか。
- ・科学的管理とは，一体何だろうか。
- ・科学的管理は，マネジメントにどのような影響を与えたのだろうか。

31

1　仕事の意義

ここでは，組織と個人にとって，仕事が持つ意義や重要性について考える。

1.1　組織にとっての仕事の重要性

「仕事と人，どっちが組織にとってより重要か」と聞かれた場合，多くの人々は，「それは人に決まっているでしょう」と答えるに違いない。実際，当たり前のように「企業は人なり」といわれている。しかし，よく考えてみると，仕事の方がより重要かもしれない。

車作りを考えてみよう。1台の車を作るためには，設計の仕事，エンジンを作る仕事，塗装の仕事，組立ての仕事など，様々な仕事を必要とする。なかでも，塗装の仕事は労働環境が悪く，人々があまりやりたがらない仕事である。とはいえ，塗装の仕事抜きには，顧客が望む色の車は提供できない。

そこで登場するのが，塗装ロボットである。つまり，人ではなく，ロボットでも構わないのである。この例は，組織の根幹が人ではなく，仕事であることをよく物語っている。組織とは，仕事が先にあって，人はその仕事をするために雇われた存在に過ぎないのかもしれない。

1.2　個人にとっての仕事の重要性

仕事は，個人にとっても非常に重要なことがらである。多くの人々が毎日8時間くらいを，仕事をしながら過ごす。通勤時間や残業，仕事の後の一杯，帰宅時間までを含めると，個人は1日のほぼ半分を仕事関連の活動に費やしている。

また，プロローグでも述べたように，仕事は生計を立てるほぼ唯一の手段となっており，多くの人々は仕事の代価としてもらう給料で生活している。仕事は人々の社会的な地位にも関係する。会社の重役や医者など，労働条件がいい仕事や職業に就いている人ほど，社会的な地位は高い。

それだけではない。仕事は個人の幸せとも深くかかわっている。自分の仕事を心から愛している人々は自負心・自尊心が高く，心理的・精神的にも幸せな生活を送る可能性が高い。逆に，仕事に不満を抱えている人々は，仕事

からくるストレスでうつ病になったりする。要するに，仕事は個人にとっても非常に重要なことがらなのである。

2　テイラーの人生と時代

上述したように，仕事は組織にとっても，個人にとっても非常に重要なことがらである。しかし，このように重要な仕事を科学的な研究対象として真剣にとらえた人物は長い間，現れなかった。19世紀の後半，ようやく１人現れる。経営学の父ともよばれているテイラー（1856-1915）である。

彼は，人々がほぼ毎日のように口にしながらも科学的な分析の対象とはならずにいた仕事を，真正面から取り上げた史上はじめての人物である（Drucker, 1976）。彼は，仕事に関する科学的分析を通じて，仕事のやり方における「**唯一最善の方法**（one-best way）」をみつけるとともに，「仕事と人間との関わり方」に革命を起こす（クレイナー，2000；スペンダー＆キーネ，1997）。彼は一体どのような人物で，どのような時代を生きたのだろうか。

2.1　人物像

テイラーは，アメリカ東部のペンシルベニア州のシャーマンタウンで，クエーカー教徒の裕福な家で生まれた（レン，1994；ネルスン，1980）。いわゆる上流階級の出身で，弁護士の父はかなりの財産家であり，母は熱心なクリスチャンだったという。アメリカ屈指の名門大学であるハーバード大学法学部を優秀な成績で合格したのだから，頭もよく，勉強もできたに違いない。しかし，進学をきっぱりとあきらめる。急に発症した目の病気が，入学辞退の公式的な理由とされている（レン，1994）。

彼を巡る最大の謎は，進学をあきらめた後の選択であろう。彼は，いわゆる上流階級出身の人がとても選択するとは思えない道を選ぶ。なんと彼は，機械工としての道を選んだのである。他の工具より頭が良かったに違いない。機械工として働きはじめてから，とんとん拍子で昇進・昇格していく。そして，当時，アメリカの生産現場が抱えていたマネジメントの問題に強く惹かれていく。

名門大学は辞退したが，勉強をあきらめた痕跡はまったくない。むしろ，

33

かなり勉強熱心で，働きながら通信制大学に通い，学位をとっている。彼の勉強熱心ぶりは，一時期ハーバード大学で非常勤講師として教鞭をとった事実と，全米エンジニア学会の初代会長に就任した事実から確認できる。

工場生活に区切りをつけた後は，生涯，経営コンサルタントとして活躍しながら，自らの**科学的管理法**の普及に残りの人生を捧げる。経営学の父とよばれているわりにはお金には無欲で，自らの著書である『科学的管理法』(1911) の印税をすべて，自分の活動を支えてくれた知人に譲っている (Wrege & Stotka, 1978)。1915年，講演から帰った後に肺炎を患い，59年と1日で生涯を閉じる。誕生日の次の日が，命日だった。

2.2　テイラーの生きた時代

人の考え方や行動を理解するためには，その人が活動していた時代や社会に関する理解は欠かせない。テイラーも同じである。彼が生きていた当時のアメリカ社会の特徴は，次の5点でまとめることができる（Fry, 1976；Locke, 1982；Shenhav, 1995；テイラー, 1911）。

①当時のアメリカはまさに移民社会で，生産現場では様々な国の言葉が飛び交っており，同じ仕事仲間であってもコミュニケーションがうまく取れないケースが珍しくない時代だった。②労働者の教育水準は全般的に低く，貧しい生活を強いられており，働く人々の最大の関心事は明日のパンにあった。それだけ，お金は人々のやる気に直結していた。③労使はいわば戦争状態にあり，協力的な労使関係は夢のまた夢の時代であった。④生産現場を仕切っていたのは管理者ではなく熟練工や職人たちで，生産の効率性は非常に悪かった。⑤その一方で，貧困から抜け出すための手段として，科学や効率性，進歩に対して揺るぎのない信念が寄せられていた時代であった。

要するに，テイラーは，社会のあらゆる非効率や無駄を科学の力でなくし，アメリカ社会が貧困から抜け出そうとしていた時代を生き抜いた人物なのである。

3　夢みた世界と情けない現実

ここでは，テイラーが夢みた世界と，彼が目の当たりにする当時の生産現

場の非効率性に注目する。

3.1 テイラーの夢みた世界

名門大学への進学を諦め，生産現場に足を踏み入れたテイラーには，1つの夢があった。その夢とは，「雇い主に『限りない繁栄』をもたらし，あわせて，働き手に『最大の豊かさ』を届ける」（テイラー, 1911, p.10）という夢だった。今時の言葉でいうと，労使が Win-Win の状態を作る，という夢である。

この夢だが，今日のわれわれにはあまりにも当たり前で，新鮮味に欠けている。しかし，労使が戦争状態にあった当時のアメリカの人々にとっては，夢のまた夢で，まったく新しい世界観でもあった。

テイラーが考えるに，夢を実現するために何より必要なことは，**精神革命**であった（ネルスン, 1992；レン, 1994）。具体的に，人々が「労使は利益の分配を巡って宿命的に戦う関係だ」という考え方を捨て，「労使の利害は一致しており，共存共栄できる道はある」という考え方を，心から受け入れることだった。

実際，彼は労使の利害は一致すると心から信じていた。効率性や生産性を上げ，分配できるパイそのものを大きくし，お互いの取り分を絶対的に増やせばすむ話である。パイさえ大きくすればお互いが得するのに，そのような努力はせず，小さなパイの分配を巡って当時の労使が繰り広げていた絶え間ない紛争は，彼にとっては馬鹿げた現象にみえたに違いない。彼は，精神革命こそ，科学的管理のエッセンスだといい切っている（ネルスン, 1992；レン, 1994）。

3.2 夢とはかけ離れた現実 1：組織的怠慢

理想に燃えて生産現場に足を踏み入れたテイラーだが，理想とはかけ離れた現実に唖然とする。彼はすぐ，当時の労働者を蝕む最大の悪習に気づく。「**組織的怠慢**（systemic soldering）」という悪習である（テイラー, 1911）。

彼によれば，人間の怠慢には2種類がある。1つは，人間が本来怠けもので楽をしたいという気持ちから起きる，自然的怠慢である。もう1つは，仕

事仲間など，一緒に仕事をしている他人との関係からあえて仕事のペースを緩めて充分な働きをしないですませる，組織的怠慢である（テイラー，1911）。例えば，「自分だけが頑張ると，仲間外れにされるかもしれない，いじめられるかもしれない」，という心配から行なう怠慢のことである。

テイラー（1911）は，組織的怠慢を根絶しない限り，企業の「限りない繁栄」も，働き手の「最大の豊かさ」もないと確信する。組織的怠慢が存在する限り，パイそのものを大きくすることはできないからである。

3.3 夢とはかけ離れた現実2：成り行き的な管理

組織的怠慢は働き手が最大限の努力をしないことを意味しており，組織にとって有利なわけがない。常識的に考えると，組織は組織的怠慢を防ぐためにあらゆる手段を講じて当然であろう。しかし，テイラーが目撃したのは，まったく違った実態であった。不思議にも現場のマネジメントは，組織的怠慢を起こしていた働き手である熟練工や職人たちに委ねられており，これらの人々の経験や勘に頼る**「成り行き的な管理」**が横行していたのである（テイラー，1911）。

本来なら熟練工や職人を指揮・命令する立場にあるのは，現場の管理者たちであろう。しかし，不思議にも，当時の管理者たちは熟練工や職人を管理・監督するどころか，仕事のやり方を躊躇なく彼らに任せていた。現場の管理職の主な仕事といえば，熟練工や職人たちが仕事に全力を尽くすように，彼らをお膳立てすることであった（テイラー，1911）。

要するに，現場の管理者たちは，組織的怠慢に毅然とした態度をとるわけではなく，むしろ働き手の機嫌とりに走っていたのである。このような状況が改善されない限り，組織的怠慢はなくならず，彼の夢は単なる夢で終わってしまう。彼は，問題解決に本格的に動き出す。

4 科学的管理による問題解決

解決すべき問題は定まった。組織的怠慢と成り行き的な管理の2つである。何事でも問題を根絶するためには，その根本原因を突き止めなければならない。そもそもなぜ働き手は組織的怠慢ができたのだろうか。なぜ現場の管理

者たちはそれを阻止できなかったのだろうか。

4.1　問題の根本原因

　テイラーは，仕事に関する知識における労使間の不均衡が，組織的怠慢と成り行き的な管理の根本原因であることに気づく。具体的に，現場で行われている仕事に関する知識や機能，コツ，やり方のほとんどを熟練工や職人たちが握っており，現場の管理者たちはこれらの知識や機能をほとんど持っていないことが，問題の根本原因だと突き止めたのである（テイラー，1911）。

　仕事に対して何も分からないので，管理者たちは熟練工や職人たちを管理・監督するどころか，口さえも出せない。すべてを任せるしかなく，働き手は組織的怠慢ができるわけである。「知識はパワーの源」とよくいわれているが，テイラーが目の当たりにしたのは，まさにこの現象だったのである。

4.2　問題の解決：科学的管理

　問題の根本原因がはっきりしてくると，その解決策もみえてくるものである。何も分かっていない管理者たちが，仕事に関するすべての知識や機能，コツ，やり方を把握して記録しておけばいい。問題は，働き手しか分かっていないこまごました暗黙知を，管理者たちがどのように把握するかである。

　ここで，テイラーは，当時の時代精神である「科学」をフルに活用する。つまり，現場で行われている仕事を科学的に分析して記録し，仕事をする上で必要なすべての知識や機能を，働き手から管理者の方へ移転する方法である。具体的に，次のように手順を踏めばよい（テイラー，1911）。

　①仕事を構成する様々な要素を非常に細かいタスク（課業：task）で分割する（極端な分業）。②細かいタスクをもっとも効率よく行なえる人間の動作，つまり，まったく無駄のない動きを研究し，確定する（**動作研究**）。③まったく無駄のない動作でタスクを行なった場合にかかる平均時間をストップウォッチで測り，それぞれのタスクにかかる標準時間を決める（**時間研究**）。④このような科学的な観察や分析を通じて，それぞれのタスクの「唯一最善の方法」を決め，それをマニュアル化しておく。⑤これらの作業と並行して，それぞれのタスクに最適な道具を改良する（テイラー，1911）。

これで仕事をもっとも効率的に行なう唯一最善の方法がみつかり，最適な道具の改良も終わった。次は，唯一最善の方法で仕事を行う人間の出番である。⑥ルールやマニュアル通りに仕事ができる人を選抜し，その人に唯一最善の方法を教え，会社が決めた1日の標準的な仕事を必ず行なってもらう。⑦人々の成果や業績に見合った給料を支払うことで，人々のやる気を引き出す（テイラー，1911）。

5 科学的管理の光と影

ここでは，科学的管理がもたらした光と影に注目する。

5.1 組織にもたらしたこと：限りない繁栄への道

科学的管理法が導入されると，現場のマネジメントは様変わりする。何より，働き手と管理者との立場が逆転した。管理者たちが，現場で行われる仕事に関する知識や機能，コツ，やり方をほぼ完全に把握できるようになったからである。それに伴い，これまで働き手の機嫌とりに走っていた管理者たちは，指揮・命令ができるようになった。

それだけではなく，科学的管理法は，仕事の効率性を格段に向上させた。理由は2つである。①非効率の最大の原因となっていた組織的怠慢がなくなった。②成り行き的な管理に取って代わり，無駄がなくもっとも効率的な方法で仕事が行なわれるようになった。要するに，科学的管理は，「雇い主に限りない繁栄への道」を切り開いてくれたのである。

5.2 一般大衆にもたらしたこと：経済的な豊かさ

科学的管理法は，一般大衆にも経済的な豊かさをもたらした。生産現場の効率性が上がるにつれ，物の値段がどんどん下がったからである。値段が下がると需要が増え，それに応えるために企業はさらに生産量を増やす（テイラー，1911）。その結果，物の値段がますます下がり，自動車など，昔は一握りの金持ちしか買えなかった物が，庶民の手にも届くようになる。いわゆる，大量生産と大量消費の時代の幕開けである。

労働者の多くが一般大衆であり，消費者としての顔を持っている点を考え

ると，大量生産と大量消費の時代の到来は，人々に「最大限の豊かさを届ける」という彼の夢が実現されたことを意味する。事実，われわれは科学的管理法の考え方にもとづいて作られたモダンな建物のなかで（Gullian, 1997），家電やパソコン，自動車など，科学的管理法にもとづき工場で組み立てられた文明の利器に囲まれ，科学的管理法で作られた既製服を着て，科学的管理法で作られた食を食べながら，便利で豊かな日常生活を送っている（Banta, 1993）。

5.3　労働者にもたらしたこと：職務不満

　一方，科学的管理法は，当時現場の主役たちだった熟練工や職人たちにとっては，決して歓迎できるものではなかった。なぜなら，科学的管理法は必然的に彼らの現場での地位を下げ，場合によっては雇用不安にも陥れたからである。当然，これらの人々は労働組合と連携して，科学的管理法に猛反発する。

　熟練工や職人だけではない。科学的管理法は一般労働者からもあまり歓迎されなかった。科学的管理法の下では，多くの人々が単調でつまらなく，やりがいのない仕事を繰り返し行なわなければならなくなったからである。働き手の仕事に関する不満は募るばかりで，このような**職務不満**は労働者の頻繁な欠勤や離職，ストライキを招いた。労使間の共存共栄というテイラーの夢は，残念ながら実現できなかったのである。

　さらに，科学的管理法は，職場で働く人々を「構想や計画を練る人（管理者たち）」と，「命令通りにただ実行するだけの人（一般労働者）」とに，二分化する弊害も生み出した。いわゆる，「**構想と実行の分離**」とよばれる現象である（ブレイヴァマン，1974）。その結果，後者の一般労働者たちのやる気は下がり，これらの人々が自律性や創造性を発揮できる機会も閉ざされてしまった。

まとめ

　テイラーは，人々が毎日口にしながらも研究対象とならずにいた仕事に，科学というメスを入れ，仕事のやり方における唯一最善の方法をみつけるために生涯を捧げた。一見，馬鹿げた問題設定のように聞こえるが，科学的管理法は仕事や組織のマネジメントに計り知れない影響をもたらした（クレイナー，2000；スペンダー＆キーネ，1997）。科学的管理法のおかげで生産性は格段に上がり，組織は限りない繁栄を，一般大衆は豊かな生活を手に入れることができた。

　しかし，科学的管理法は，働き手の職務不満という厄介な問題も生み出した。そして，この働き手の職務不満という問題は，以降，マネジメントの重要な課題として浮かび上がり，多くの研究者たちの悩みの種にもなる。続く第2章では，科学的管理法によってもたらされた職務不満をなくそうとする研究者たちの模索の始まりともいえる，ホーソン研究について学ぶ。

さらに学習したい人への推薦図書

① ネルスン，D. 編著（1992），アメリカ労使管理史研究会訳（1994）『科学的管理の展開——テイラーの精神革命論』税務経理協会。
② テイラー，F.W. 著（1911），有賀裕子訳（2009）『科学的管理法』ダイヤモンド社。

　①は，科学的管理法を緻密に研究した研究者が書いている研究書で，②は，科学的管理法のすべての側面がまとめられている必読書である。

第 **2** 章

組織と人

イントロダクション

　あなたは，２年生唯一の必修科目である経営管理総論を履修しています。必修というだけでも嫌なのに，初日，担当の先生がいきなり，教室の照明の明るさと成績との関係を調べるために実験を実施すると宣言します。「なんで照明なんだ」と思ったあなたにはまったく構わず，先生は100名もいる履修者のなかから先生好みの，たったの５名を適当に選び，隣の教室に連れて行きました。あなたは先生好みではありませんでした。

　選ばれた５名ですが，先生は「実験グループ」とよびました。そして，照明を上げ下げしながら毎回小テストを実施し，５名の平均成績を記録するといいました。残りの95名ですが，先生は「統制グループ」とよびました。しかし，名前とは違って教室の照明はまったく統制されず，いつも同じ明るさの下で普通に授業が行なわれました。そして，実験グループとまったく同じ問題で小テストが実施され，95名の平均成績が記録されました。

　最後の授業日，いよいよ結果発表です。その結果は驚くものでした。まず，照明の明るさと成績とはまったく関係がなく，５名の成績は一貫して上がったそうです。さらに，なんと統制グループの成績も上がったのです。

　ここでクイズです。Q１：５名の成績は，なぜ照明とは関係なく一貫して上がったのでしょうか。Q２：何の変化もなかった統制グループの成績は，なぜ上がったのでしょうか。本章では，２つのクイズへの答えを通じて，組織と人との関わり方について，みなさんと一緒に考えていくことにしましょう。

！ 学習ポイント

・なぜ「企業は人なり」といわれるのだろうか。

・ホーソン研究は，マネジメントに何をもたらしたのだろうか。

・マネジメントの善し悪しによって，人々の生産性は変わるのだろうか。

41

1 偶然と不思議に満ちたホーソン研究

研究をしてみたら予想もしなかった結果が現れ，その不可解な結果を掘り下げてみたところ，大発見につながる場合がある。マネジメント論にもそのような研究が1つある。1924年から1932年までアメリカのシカゴ郊外にある，当時AT&T社の子会社だったウェスタン・エレクトリック社のホーソン工場で行われた一連の研究である。

この**ホーソン研究**（Hawthorne studies）であるが，一般に，メイヨー（1933）をはじめとするハーバード大学の研究者たちが深くかかわっているとされている（例えば，Jones, *et al.*, 2000）。

ホーソン研究の面白いところは，多くの欠陥を持つ研究で，幾度となく厳しい批判にさらされてきたにもかかわらず（Carey, 1967；Franke & Kaul, 1978；Yorks & Whitsett, 1985），捨て去られるどころか，むしろ強い生命力で生き残り，科学的管理に匹敵するほど，マネジメント論に大きな影響を与えた点である（大橋・竹林, 2008; レン, 1994）。この章では，謎と偶然，不思議に満ちたホーソン研究を通じて，組織と人との関わり方について考える。

2 ホーソン研究の始まりと実施母体

ホーソン研究は，「照明が明るくなればなるほど，個人の生産性は上がる」という，一見単純極まりない仮説を検証するために始まった。ホーソン研究の謎の1つは，個人の生産性に影響する要因は数えきれないほど多く存在しているのに，なぜ照明が選ばれたのか，という点である。

その背景には，当時のアメリカ電器産業の思惑があった（Greenwood & Wrege, 1986）。電器産業としては当然，電球やランプなど，電器関連製品の需要を増やしたかったわけだが，そのためには「照明が明るくなると生産性が上がる」という科学的な根拠が必要だった。これが，照明が選ばれた所以である。

電器産業の思惑で始まった以上，ホーソン研究の実施母体はハーバード大学ではなく，アメリカの電器産業であった。複数の電器関連企業は研究資金

を出し合う。そして，全米学術調査協議会に働きかけ，傘下に「産業照明に関する委員会（以下，委員会）」の設置に漕ぎつける（大橋・竹林，2008；レン，1994）。1924年1月1日に正式に発足したこの委員会こそ，ホーソン研究の実施母体となる。

委員会の面々だが，名誉会長には発明王のあのエジソンが，委員長にはマサチューセッツ工科大学（以下 MIT）の元総長が決まった。最初の会合が開かれた1924年10月31日，研究の実施場所として，ホーソン工場が正式に決まる。理由だが，委員会のメンバーだった AT&T 社の関係者が買って出たからである。しかし，発足して間もなく，委員長が亡くなるという不幸に見舞われる。そこで，MIT の電気工学部の教授の Jackson 博士が新たに委員長に就任する。

3 美しい失敗としての照明実験

ホーソン研究は照明実験で終わらず，次々と新しい実験や聞き取り調査が実施され，結果的にほぼ8年間も続く。ホーソン研究をこのように長引かせた最大の理由は，最初の実験である照明実験の失敗にある。

3.1 照明実験

1924年11月24日，いよいよ照明実験がスタートする。実験の設計は，当時 MIT の電気工学部の専任講師だった Snow が担当した。しかし，現場で実験を仕切ったのは，当時，ホーソン工場の現場管理者だった Stroll，その部下で MIT 卒業生の Pennock，Pennock の部下である Hibarger の3人だった（大橋・竹林，2008；レン，1994）。特に，Pennock の関わりは深く，Hibarger に指示し，照明を月光レベルまで落とした月光実験など，いくつかの独自の実験を実施している。

あまりにも単純な仮説だったため，すぐ終わると思われた証明実験だったが，なんと2年半も続く。実験の基本的なやり方は，イントロダクションで先生が行なったやり方と似ている。つまり，当時，ホーソン工場で勤めた従業員は，**実験グループ**（test group）と**統制グループ**（control group）の2つに分けられた。そして，実験グループのみが別室に移動させられ，照明の

明るさと生産性との関係がきめ細かく測定され，統制グループの生産性と比較された。ただ，月光実験（2人が参加）を除けば，実験グループに参加した人数は知られていない。

照明実験の仮説が支持されるためには，次の2つの結果が必要である。①実験グループの場合，照明が明るくなると生産性が上がるのに対して，照明が暗くなると生産性は下がらなければならない。②統制グループの場合，照明をまったく変えていないので，生産性の変化があってはいけない。

実際の結果だが，①照明とは関係なく，生産性は一貫して増加した。②統制グループにおいても，実験グループに負けたくないという気持ちが働き，生産性が増加した（Greenwood & Wrege, 1986）。要するに，照明実験は失敗したのである。

3.2　実験の続投：美しい失敗

研究の実施母体だった委員会が，実験結果に大変失望したことはいうまでもない。実際，委員会は実験そのものを葬り去りたく，実験の打ち切りを承認する（Greenwood & Wrege, 1986）。ホーソン研究は，この段階で打ち切られても，決しておかしくなかったのである（レン, 1994）。しかし，あと5年間も続く。

実験の続投には，Pennock をはじめ，当時のホーソン工場の3人が深くかかわっている。とくに Pennock と Hibarger は照明実験のかなり早い段階から，照明以外の要因が生産性に影響する可能性に気づき，実験の続投を強く主張した。3人の実験への並々ならぬ情熱がなかったら，ホーソン研究は葬り去られ，マネジメント論に革命を起こすこともなかったであろう。その意味で，照明実験は美しい失敗ともいえる。

ただ，Pennock をはじめとする3人が，きちんとした科学的なトレーニングを受けたことがなく，ホーソン研究そのものの信頼性を根底から揺るがす，いくつかの決定的なミスを犯すこともまた事実である。

4　継電器組立実験と組織での人間の発見

ここでは，照明実験の失敗を受けて始まり，組織内での「人間の発見」に

つながったとされる継電器組立実験に焦点を絞る。

4.1　実験の概要と実験対象の選抜

　継電器組立実験は1927年4月末から始まる。研究の信頼性を高めるためには，実験対象の選び方も重要である。研究者の好みや都合ではなく，くじ引きなどで無作為に選ぶのが原則である。その意味で，継電器実験参加者の選び方は，決して科学的ではなかった。Hibarger が1人の女性に話を持ちかけ，その女性に当分の間に結婚の予定がない女性を4人選んでもらったのである。このように選ばれた5名にレイアウト作業者1人が加わり，計6名の女性が継電器組立実験に参加している（Greenwood, *et al.*, 1983）。

4.2　実験の内容と結果

　継電器組立実験は，休憩時間や労働時間，軽食提供の有無など，主に労働条件と生産性との関係に焦点が当てられた。労働条件をよくしたり，悪くしたりしながら，労働条件と生産性との関係が調べられ，統制グループと比較されたのである。

　ただ，継電器実験の場合，実験グループと統制グループとの間には，2つの決定的な違いがあった（Greenwood, *et al.*, 1983；Greenwood & Wrege, 1986）。1つは，管理・監督の違いである。当時ホーソン工場では作業中に会話が禁止されているなど，厳しい管理・監督が行われていたのに対して，実験グループでは自由な雰囲気で作業が行われた。

　もう1つは，給料の決め方における違いである。当時のホーソン工場の継電器組立部門と同じく，実験グループでも集団出来高給制度（集団の生産性によって個々人の給料が決まる制度）が適用された。しかし，制度は同じでも，実際は実験グループに有利だった。なぜなら，実験グループでは6名の平均で給料が決まったのに，統制グループでは100名以上の平均で給料が決まっていたからである。人数が少ないと，お互いに協力しあうことも容易で，個々人の努力が報われる可能性も高くなる。

　実験結果だが，実験が始まってからほぼ半年間は，生産性が上がらなかった。2名の女性がおしゃべりをし過ぎるなど，非協力的な態度をみせたから

である（Carey, 1967；Greenwood & Wrege, 1986）。そこで，この女性2人が交代される。その後は，労働条件の善し悪しに関係なく，生産性は持続的に増加傾向をみせる（Carey, 1967）。要するに，照明実験と同じく，継電器組立実験も失敗したのである。

4.3　継電器実験を巡る疑惑と第2次継電器組立実験

　2人の女性の交代劇は，ホーソン研究に対する批判のなかでも最大の論点の1つとなっている。新しく実験に加わった2人のなかで1人は，直近で母親を亡くしたうえ，父親も一時解雇となり，家計を支えなければならないという個人的な理由を抱えていた（Carey, 1967）。この女性にとって，実験グループへの参加は非常に魅力的だった。なぜなら，実験グループの場合，頑張れば頑張るほど，より多くの給料を家に持って帰ることができたからである。

　実際，この女性は以降，実験グループのリーダー役となり，残りの人々におしゃべりせず，仕事のスピードを早めるように積極的にうながすこととなる（Greenwood & Wrege, 1986）。非協力的な人々が協力的な人々へと交代させられたので，生産性が上がらないはずがない。しかし，この交代劇は，研究結果の意図的な操作として受け止められても仕方ない，決定的なミスといえよう。

　一方，この交代劇は，ホーソン研究でも経済的インセンティブは重要だったことを示す事件でもある。実際，ホーソン研究でもお金は重要だった。給料と生産性との関係を調べるために実施された第2次継電気組立実験でも，この点は確認される。

　第2次実験では，新たに選ばれた5名が別室に移ることなく，普段の場所で普段の仲間たちと一緒に組立作業に従事した。唯一の違いは給料の決め方で，実験グループでは5名の生産性の平均で，他の人々は従来通り100名以上の平均で給料が決まった。

　結果だが，5名の生産性は，統制グループに比べ112.6％に向上した。しかし，第2次実験は長続きしない。統制グループの人々が不公平感を募らせたからである。給料の決め方を元通りに戻したところ，5名の生産性は

96.2％まで落ちる（レン，1994）。要するに，ホーソン研究でも，お金は重要だったのである。

4.4　結果の解釈：組織内での人間の発見

　一般に，ホーソン研究といえば，照明実験の失敗を受け，その解釈に困ったPennockがハーバード大学のメイヨー教授に実験への参加を働きかけ，継電器組立実験からはハーバード大学の関係者たちが積極的にかかわっているというイメージが強い（Jones, *et al.*, 2000；Robbins, 2010）。

　しかし，ハーバード大学の研究者たちは，継電器組立実験にはほとんど関与していない（Greenwood & Wrege, 1986；レン，1994）。積極的に関与したのはPennockの依頼を受けて参加した，当時MITの生物学・公衆衛生学部の教授だったTurnerだった。彼は，実験のアドバイザーとして参加しただけではなく，第2次実験を計画・実施した人物でもある。

　Turnerは，継電器実験の解釈にも深くかかわっている。継電器実験における生産性向上に関する彼の解釈は，概ね次の3点に要約できる（レン，1994）。①リーダーシップのあり方である。彼は実験グループで実施された民主的な管理・監督が生産性向上につながった可能性に注目した最初の人物である。②給料の決め方における違いである。③人間の心理的・社会的・精神的要因である。

　このなかで③の解釈だが，人は注目されると頑張れる。照明実験や継電器実験で起きたのは，まさにこの現象だった。6名は自分たちが人々の注目の的となっていることを分かっていたし，それを誇りに思っていた。そして，自分たちに期待されていることはきっと高い生産性に違いないと思い，頑張った。要するに，組織には「周りの視線を意識し，感じ，考える人間」がいたのである。

　以降，この③の解釈は，**ホーソン効果**（Hawthorn effect）として有名となり（Landsberger, 1958），ホーソン研究の定番の解釈として定着する。

5　バンク配線観察実験における非公式集団の発見

　非公式集団の発見で有名なバンク（電話交換機の端子のこと）配線観察実

47

験は最後の実験で，1931年6月から約1年間行われた。バンク配線観察実験は，実験参加者たちが全員男性で，ハーバード大学の関係者が積極的にかかわっているという点で，他の実験とは違う。しかし，決定的な違いは，この実験では，生産性の向上がみられなかったという点であろう。

実験に参加した14名の男性たちであるが，公式的には3つのグループに分けられた。しかし，この14名は，自然発生的に2つの非公式集団を作っていた。そして，この非公式集団は，「働きすぎてもいけず，働きが少なくともいけない」という暗黙的なルールを作り（大橋・竹林, 2008），生産量を制限していた。

非公式集団がサボった背景には，頑張って生産性を上げても，給料にはほとんど反映されず，ノルマだけが増えるという，これまでの苦い経験があった。つまり，非公式集団としては，ほどほどに働いておいた方がもっとも有利なわけで，ルールを違反した仲間に対しては言葉の暴力やいじめ，軽蔑，あざけりなど，様々なペナルティーを与えていた（レン, 1994）。仕事仲間からこのような扱いを受けると，頑張りたくても頑張れない。生産性が上がるはずがなかった。

6　ホーソン研究の解釈

すでに触れたように，一般にいわれていることとは違って，メイヨーなどのハーバード大学のホーソン研究への関わりは決して深くない。ハーバード大学の主な関わりは1929年からのインタビュー調査と非公式集団で有名なバンク配線実験で，いずれもホーソン研究が終盤に差し掛かっていた時期である。しかし，メイヨーとその教え子のレスリスバーガーをはじめとするハーバード大学の研究グループは，ホーソン研究の解釈に決定的な影響を及ぼす。

ほぼ8年も続いた研究で，ホーソン研究は膨大なデータを蓄積している。この膨大なデータはハーバード大学に送られ，メイヨーを中心とした研究グループによって解釈されることとなる。そして，メイヨー（1933）やレスリスバーガー（1941）はホーソン工場で行なわれた一連の実験に対して積極的に執筆活動を行い（大橋・竹林, 2008；Roethlisberger, 1977；Roethlisberger & Dickson, 1966），ホーソン研究の存在やその意義を世の中に知らしめ

る。ホーソン研究といわれると，メイヨーをはじめとするハーバード大学が思い浮かぶようになった理由は，ここにある。

　ただ，ハーバード大学が介入してから，ホーソン研究の解釈は大きく方向転換する。給料などの経済的な要因は無視される一方で，ホーソン効果という心理的・社会的・精神的な要因が強調されるようになったのである。

　以降，ハーバード大学の影響力は決定的なものとなる。ハーバード大学は，ホーソン研究の解釈を通じて，組織のなかで人間的な側面を強調する**人間関係学派**と，それを継承・発展させた**組織行動論**という大きな流れを生み出す。なかでもとくに組織行動論の場合，個人の幸せと組織の有効性とを同時に達成するためには，人々の心や感情，考え方，非公式集団，監督やリーダーシップのあり方といった人間の心理的・社会的・精神的な要因を考慮したマネジメントが必要不可欠であるというホーソン研究の発見を，洗練された科学的な方法で次々と証明していく。

　この章に続くモチベーション論（第3・4章参照）やリーダーシップ論（第5・6章参照），組織内でのグループ・プロセス論（第7・8章参照）は，ホーソン研究から端を発しているといっても過言ではない。

まとめ

　ホーソン研究の最大の謎は，①科学的な訓練を受けていない素人たちが研究を仕切っており，②実験への参加者も非常に少なく（月光実験では2人，継電器組立実験で6名，バンク配線観察実験では14名），③その実験対象の選抜もいい加減で，④2人の交代劇など，研究結果の意図的な操作さえ疑われているのに（Carey, 1967；Franke & Kaul, 1978；Parsons, 1974），捨て去られるどころか，強い生命力で生き残り，テイラーの科学的管理と匹敵するほど大きな影響をマネジメントに与えたという点である。なぜだろうか。

　答えは簡単である。ホーソン研究は，これまで組織のなかでわき役にとどまっていた人間を，主役の座に押し上げたからである。第1章で述べたように，科学的管理法は人間を，何も考えず，つまらない仕事をマニュアル通りに黙々と行なう存在へと転落させてしまった。パイそのものを大きくするためには，しかたのない選択だったかもしれない。

しかし，人間は，ロボットのような機械なんかでは決してない。人間は，心と感情，自分独自の考えや価値観を持っている存在である。ホーソン研究は，この生身の人間を発見し，それに主役の座を与えたのである（クレイナー，2000）。

それだけではない。ホーソン研究は一歩進み，生身の人間が持っている感情や心理，考え方が組織の生産性にも大きな影響を与える可能性をみせつけてくれた。さらに，ホーソン研究は組織をみる目も変えた。われわれが組織を，ただ単に目標達成のために人間が機械のように黙々と仕事をする「**機械システム**」ではなく，人々が集まっている小さな世界で，その内部では人間の喜怒哀楽が繰り広げられる「**社会システム**」としてとらえるようになったのは，ホーソン研究のおかげである。穴だらけの研究が強い生命力を持って生き延び，マネジメント思想に革命を起こした理由は，ここにある。

長く続いたホーソン研究だが，アメリカを襲っていた大恐慌の影響を受け，1932年末に終止符を打つ。

さらに学習したい人への推薦図書

① 大橋昭一・竹林浩志（2008）『ホーソン実験の研究』同文舘出版。
② レン，D. A. 著（1994），佐々木恒男監訳（2003）『マネジメント思想の進化』文眞堂。

①は，日本の研究者たちが書いたもので，ホーソン研究の全体像やその意義が論じられている。②は，経営史を専門とする研究者が，ホーソン研究のエッセンスやその意義をよくまとめている。

第 **3** 章

モチベーションの要因

イントロダクション

　あなたは現在，「人々の生産性は何によって決まるか」というテーマで，卒論を書いています。このテーマにしたのは，個々人の生産性が高いほど，組織の競争力も高いと思ったからです。ただ，自分が学生ということもあり，学生たちの成績に注目することにしました。あなたが明らかにしたいことは，「やる気が高い学生ほど，成績も高い」という仮説です。

　この仮説を立てたのは，大学の授業ではやる気以外に成績に影響する要因はないと思ったからです。まず，能力ですが，みな同じく厳しい受験戦争をくぐり抜けてきているのでほぼ横並で，成績に影響するはずがありません。また，みなが同じ教室で，しかも同じ先生のもとで授業をとっているので，照明などの物理的環境や先生の教え方が成績に影響を与えるはずもありません。しかし，やる気は違います。高い学生もいれば，低い学生もいます。やる気が高い学生ほど勉強熱心で，成績も良いはずです。

　ゼミで自分の仮説を発表したところ，先生から「君の仮説はもっともだ，でも，より重要なことはやる気を高める要因ではないのか，なぜなら，その要因さえ分かれば，やる気のない学生たちからもやる気を引き出せるのだから」という指摘を受けました。この章では，人々のやる気に影響する様々な要因について，みなさんと一緒に考えていくことにしましょう。

❗ 学習ポイント

- モチベーションとはどのような現象だろうか。
- モチベーション論はどのように分類できるのだろうか。
- モチベーションの内容理論とは何だろうか。
- モチベーションの内容理論には，どのような理論があるのだろうか。

51

1　モチベーションの定義と分類

　ここでは，モチベーションとは何か，モチベーションの様々な理論はどのように分類できるかに注目する。

1.1　モチベーションの定義

　何かを手に入れるために，普段とは違って心が高ぶっており，すぐにでも行動を起こしたくてしかたがない気持ちが，長続きした経験はないだろうか。受験を控えていた時，重要な試合が目前に迫った時，就活が始まった時，大きなプロジェクトに取り組んだ時が，そうだったかもしれない。

　動機づけ，あるいはやる気ともよばれている**モチベーション**とは，まさにこのような状態である。つまり，モチベーションとは，①何か達成したい目標に向かって（方向性），②頑張ろうとする意志が強く（努力の意志），③しかもその意志が長続きする（持続性），心の状態のことである（Ivancevich, et al., 2008）。

1.2　モチベーション論の分類

　モチベーションに関しては，膨大な研究が蓄積されている。その背景には，次の2点がある。1つは，モチベーションが高い個人ほど生産性が高く，組織の業績や競争力に貢献する可能性が高いという点である。研究者だけではなく，実務家たちもモチベーションに強い関心を寄せてきた理由は，ここにある。

　もう1つは，モチベーションに影響する要因が非常に多いという点である。実際，モチベーションには，①性格や欲求，感情，認知といった個人要因，②リーダーシップ（第5・6章参照）や人間関係，集団の結束力といった集団要因（第7・8章参照），③人事施策（第9章参照）や組織構造（第13章参照），組織文化（第22章参照）といった組織要因など，数えきれないほど多くの要因が絡んでいる。それだけ，モチベーションに関する理論も数多く提示されており，それを分類するのも容易ではない（Schmidt, et al., 2012）。

　本テキストでは，モチベーションに関する様々な理論を「**内容理論**

（content theory）」と「**プロセス理論**（process theory）」の2つで分類する。内容理論が欲求や給料など，人々を「その気にさせる何か」に注目する理論だとすれば，プロセス理論は「どのような認知プロセス（cognitive process）を経て，人々はその気になるのか」に注目する理論である。本章では内容理論を，次の4章ではプロセス理論を取り上げる。

2　欲求とモチベーション

人々をその気にさせる「内容」として早くから注目されたのが，**欲求**（needs）である。欲求理論は，人々のやる気を引き出したり，行動を起こしたりする根本的な原因を，人々の内部にある欲求から求める理論である。代表的な理論としては，欲求5段階説とERG理論がある。

2.1　マズローの欲求5段階説

マズロー（1954）が提唱した**欲求5段階説**ほど，日本語訳がうまい理論や説もないであろう。日本語訳にはマズローの考え方のすべてが，コンパクトにまとめられている。つまり，欲求5段階説は，①「欲求」こそ，人々のやる気や行動の根本原因で，②その欲求は「5つ」あり，③低次元から高次元まで「段階」をなしている，④なぜ「理論」ではなく「説」なのかというと，データで科学的に証明することは難しいが，いわれてみるとなぜか「なるほど」と納得させられてしまうからである。

図表3-1から分かるように，欲求5段階説でもっとも低次元の欲求は「生理的欲求」で，食欲や性欲などの動物的な欲求である。次が「安全の欲求」で，地震や犯罪などで命が危険にさらされることなく，安全に暮らしたい欲求である。3番目は「所属と愛の欲求」で，周りの人々と良い関係を築きたい欲求である。4番目は「承認の欲求」で，周りから認められたいという欲求である。もっとも高次元の「自己実現の欲求」は，夢みてきたことや追い求めてきたこと，自分が良いと思っている生き方を実現したい欲求である（マズロー，1954）。

欲求5段階説を吟味すると，人々が，①なぜ給料を求めて就職したがるのか（生理的欲求），②なぜ危険・キツイ・汚い3K職場を避けたがるのか

53

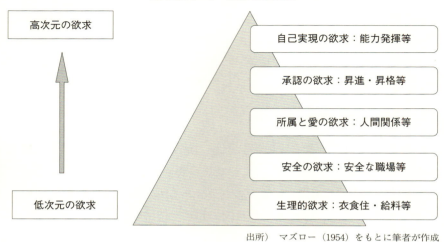

■ 図表 3-1　欲求 5 段階説

出所）マズロー（1954）をもとに筆者が作成

（安全の欲求），③なぜ人間関係を気にするのか（所属と愛の欲求），④なぜ昇進や昇格にこだわるのか（承認の欲求），⑤なぜ世の中をあっと驚かせる商品を生み出したり，歴史に残る仕事をしたがるのか（自己実現の欲求），が理解できる。

2.2　Alderfer の ERG 理論

Alderfer（1972）の **ERG 理論**は，欲求 5 段階説をより簡略化したものといえる。E（Existence）は「存在欲」の頭文字で，マズローの「生理的欲求」と「安全の欲求」がこれにあたる。R（Relatedness）は「関係欲」の頭文字で，「所属と愛の欲求」がこれにあたる。最後の G（Growth）は「成長欲」の頭文字で，「承認の欲求」と「自己実現の欲求」がこれにあたる。

　しかし，ERG 理論は次の 3 つの側面で，欲求 5 段階説と違っている。①人間の欲求をより単純化している，②欲求は必ずしも段階を踏んで進むわけではなく，複数の欲求の同時存在も認めている，③欲求の挫折を経験するとより低次元の欲求にこだわるなど，人間行動の退行も視野に入れている点である。③であるが，例えば，いくら努力しても人間関係がうまくいかず，「関係欲」が満たされなかった場合，より低次元の食べ物にこだわるなどの

行動である。

このような違いはあるが，2つの理論は，「人々をその気にさせるのが欲求である」と考える点では一致している。

3　仕事とモチベーション

次に，仕事とモチベーションとの関係に注目していくことにしよう。

3.1　仕事が注目されるようになった時代背景

1950年代になると，アメリカ社会は絶頂期を迎える。科学的管理法のおかげで企業の生産性は急激に高まり，世界一の国際競争力を誇るようになる。それに伴い，アメリカは世界一の経済大国となり，人々は経済的な豊かさを満喫できるようになる。

しかし，この時期は，第1章でも述べた科学的管理法の陰の側面である**職務不満**が表面化する時期でもある。貧困の時代にはつまらない仕事でも我慢できたが，豊かになると我慢できなくなったのである。極端的分業で何も考えず黙々と命令通りにこなさないといけない仕事，やりがいや達成感どころか，何の面白味も感じられない仕事に，人々はいら立ち，怒りを露わにし始めたのである。

1960年代になると，職務不満はアメリカ社会を蝕む重要な要因の1つとなり，連邦政府がそれを食い止めるために特別委員会を立ち上げるほど，深刻な社会問題となる（Special Task Force, 1973）。要するに，時代が根本的に変わったのである。テイラーの時代，人々はお金（給料）だけで十分だった。しかし，豊かになると，「意味ある仕事」，「良い仕事」，「やりがいのある仕事」を求め始めたのである。これから学ぶ理論は，このような時代背景と密接にかかわっている。

3.2　二要因理論：衛生要因と動機づけ要因

モチベーションの要因として早くから「仕事」に注目したのは，Herzbergら（1959）の**二要因理論**（two-factor theory）である。

3.2.1 衛生要因と動機づけ要因

モチベーションに影響する要因を調べるために，Herzberg ら（1959）は人々に，①「仕事をしながら，どのような時に喜びを感じるのか」という質問と，②「どのような時に，嫌になるのか」という，2つの質問を投げかけた。回答を分析したところ，「**衛生要因**（hygiene factor）」と「**動機づけ要因**（motivation factor）」という「2つ」の「要因」が浮かび上がった。

まず，衛生要因であるが，これは多くの回答者が，不満要因として言及した要因である。具体的に，会社の施策や管理・監督のやり方，労働条件，給料，同僚との関係などの要因である。いずれも，人々が快適に仕事をするために必要な環境要因である。

一方，動機づけ要因は，多くの回答者たちが満足要因として言及した要因である。具体的には，面白く挑戦的で責任感のある仕事，周りからの認められること，仕事からくる達成感や成長実感などである。ほとんどが，仕事そのものの中身にかかわっている。

3.2.2 二要因理論の最大の論点：衛生要因とモチベーションとの関係

二要因理論によれば，動機づけ要因だけがモチベーションにつながるという（Herzberg, *et al.*, 1959；ハーズバーグ, 1966）。当然，「なぜ衛生要因はモチベーションにつながらないのか」という疑問が浮かんでくる。これを理解するには，「満足」と「不満」に関する，ハーズバーグの独特の考え方を理解する必要がある。

ハーズバーグ（1966）にとって「モチベーション＝満足」であるが，興味深いことは，満足に関する彼の考え方である。普通の人々なら，満足の反対は不満で，不満の反対は満足だと思うに違いない。しかし，ハーズバーグは，「満足の反対は満足がまったくない状態で，不満の反対は不満がまったくない状態」と考える。

このような考えに従えば，衛生要因は満足を高められないので，モチベーションとは関係ない。確かに不思議に聞こえる。なぜなら，不満がなくなるにつれ，人々のモチベーションは上がると思えるからである。しかし，衛生要因の代表格である給料について考えてみると，ハーズバーグ（1966）の考えが，必ずしも的外れではないことが分かる。

給料がモチベーションの重要な要因だとすれば，給料が上がり，経済的に豊かになるにつれ，人々のモチベーションは上がって当然であろう。しかし，1960年代にアメリカで起きたことは，真逆の現象だった。豊かになったのに，人々のモチベーションは上がらず，不満ばかりが高まったのである。アルバイト先で時給があがると，確かに頑張る気にはなる。しかし，それはすぐ消えてしまう。ハーズバーグが考えたのは，このような現象だったかもしれない。

3.3　内発的・外発的モチベーション論と職務特性モデル

二要因理論は以降，次の2つの流れでモチベーション論をさらに豊かにする。1つは，「内発的・外発的動機づけ理論」で（デシ＆フラスト, 1995），もう1つは，**職務特性モデル**（job characteristic model：JCM）」である（Hackman & Oldham, 1975；1976）。

前者の内発的・外発的モチベーション論であるが，人々のやる気をもたらす要因を，「**内発的動機づけ**（intrinsic motivation）」と「**外発的動機づけ**（extrinsic motivation）」の2つに分けているという点で，二要因理論の伝統を継承している。ここで内発的動機づけとは，仕事そのものの楽しさや達成感，自己実現など，外部から受け取る報酬ではなく，個人が自分の内部から受け取る報酬のことである。まさに，二要因理論の動機づけ要因である。それに対して，外発的動機づけとは，給料やボーナスといった金銭的報酬，昇進，表彰，周りからの賞賛や承認など，外部から受け取る報酬のことである。まさに，二要因理論の衛生要因である。

内発的・外発的動機づけ理論は，内発的動機づけ要因の方が人々のモチベーションにより重要であるという点でも，二要因理論の伝統を継承している。実際，大学生たちにパズルの組立実験を行なわせてみた結果，金銭的報酬（つまり，お金）が介入しない場合，人々はパズルを遊びだと思い，早く組み立てた。しかし，金銭的な報酬が与えられた途端，遊びのはずだったパズルが急に面白くなくなり，組立てに長い時間がかかった。要するに，二要因理論の主張と同じく，金銭的報酬といった外発的動機づけよりは，パズルの組立てそのものの面白さといった内発的動機づけ要因の方が，人々のやる

気につながるのである（デシ＆フラスト, 1995）。

一方，モチベーションの重要な要因として仕事に注目している二要因理論の伝統は，職務特性モデル（JCM）にも受け継がれる（Hackman & Oldham, 1975；1976）。ただ，JCM は，二要因理論から一歩進み，人々のモチベーションにつながる「仕事の特性」の究明に挑戦する。

そして，JCM は，人々のモチベーションを高められる仕事の特性として，次の5つを提示している。①多様なスキルや知識を必要とすること（skill variety），②完結性があり仕事の全体がつかめること（task identity），③やりがいがあること（task significance），④自律性が与えられていること（autonomy），⑤フィードバックがあること（feedback）の5つが，それである（Hackman & Oldham, 1975；1976）。

3.4　応用：労働生活の質の向上

二要因理論をはじめ，モチベーションの要因として仕事に注目する諸理論は，以降，「**労働生活の質**（quality of working life：QWL）」の向上運動として経営現場で応用されるようになることでも有名である。QWL 運動だが，その中身は次の3つにまとめることができよう。

1)　**職務充実化**（job enrichment）：仕事を「縦」の面で充実化しようとする試みである。人々から取り上げてしまった責任と権限を再び本人に取り戻して上げる権限委譲や，仕事に必要な情報や資源，パワーを与えることで人々をエンパワーメント（Cho & Faerman, 2010）させることは（第21章参照），職務充実化の現代版ともいえよう。

2)　**職務拡大**（job enlargement）：仕事を「横」の面で広げようとする試みである。これまで1つのタスクしか行なわなかった人々に，複数のタスクを行なわせることによって，仕事に変化をもたらし，モチベーションを高めようとする方法である。

3)　**職務再設計**（job redesign）：テイラーの科学的管理法によって設計された仕事を，JCM にしたがって再設計しようとする試みである。つまり，反復的でつまらない仕事を，変化に富み，面白く，挑戦的で，自律性とフィードバックのある仕事へと再設計する方法である（Oldham & Hackman, 1980)。

4　上司の人間観とモチベーション

　仕事とモチベーションの関係は上述した通りだが，その際大きな影響力を
持っているのが上司の部下に対する人間観である。そこで本節では，モチ
ベーションと上司の人間観との関係に注目する。

4.1　2つの人間観

　マグレガー（1960）は上司の人間観，つまり，上司が人間一般に対して
持っている考え方を，大きく2つに分類した。1つは，人間を「否定的・受
身的な存在」としてとらえる人間観で，もう1つは，人間を「肯定的・能動
的な存在」としてとらえる人間観である。そして，前者を「**X理論**」と，後
者を「**Y理論**」と名づけた。つまり，XとYには，特別な意味があるわけで
はなく，彼が便宜的に名づけただけである。

4.2　X理論とY理論

　マグレガー（1960）によれば，X理論は，人間はそもそも仕事が嫌いで，
野心もなく，責任感もない存在としてとらえている。当然，X理論的な人間
観を持っている上司は，部下たちを信頼するどころか，アメとムチを使って
厳しくあたる。その結果，部下たちは常に上司の機嫌をうかがうばかりで，
指示・命令通りでしか動かない。部下たちのモチベーションが，高いはずが
ない。

　反対に，Y理論は，人間は仕事を嫌うわけではなく，むしろ仕事から満足
感を覚える存在で，責任感も強く，「自分が進んで身を委ねた目標のために
は，自らムチ打って働く存在」（マグレガー，1960, pp. 54-55）としてとらえ
ている。当然，Y理論的な人間観を持つ上司は，部下たちを信頼し，多くの
権限を委譲する。部下たちのモチベーションが低いはずがない。

　このように，X・Y理論は，上司の人間観が部下たちへの信頼や接し方，
管理・監督のあり方に影響し，結果的にモチベーションの違いを生み出すと
いう考え方である。

59

まとめ

モチベーションの内容理論は，この章で取り上げたものだけに限らない。他にも様々ある。なかでも重要な理論としては，**再強化理論**（reinforcement theory）がある。再強化理論とは，「刺激と反応（S-R）」の心理学で有名な行動主義心理学から生まれた理論で（スキナー，1971），簡単にいうと，賞と罰を繰り返すことで，モチベーションを高く維持しようとする理論である。つまり，成績や生産性が高い人々には昇進・昇格などのご褒美を，低い人々には叱りや降格などの罰を，外部から繰り返し与える方法である。

内容理論が，われわれのモチベーションに関する理解に大きく貢献したことは，確かである。しかし，人間が「考える存在」である点を無視している，という限界もある。例えば，給料は確かにモチベーションの重要な要因（内容）である。しかし，給料がまったく同額であっても，公平だと考え，モチベーションが上がる人もいれば，不公平だと考え，下がる人もいる。要するに，モチベーションにおいては，人々が「どのように考えるか」も非常に重要なのである。続く第4章では，この人々の考えとモチベーションとの関係に注目する。

さらに学習したい人への推薦図書

① マズロー，A. H. 著（1954），小口忠彦訳（2007）『人間性の心理学（改訂新版）』産能大学出版部。
② マグレガー，D. 著（1960），高橋達男訳（2004）『企業の人間的側面（新版）』産能大学出版部。

①は欲求5段階説，②はX・Y理論に関する必読書である。両方とも古典である。

第 **4** 章

モチベーションと認知

イントロダクション

　あなたのこれまでの自分を振り返ってみませんか。やる気が一番高かった時期はいつだったでしょうか。あなたが大学生なら，高校3年の時ではなかったでしょうか。受験という辛い時期を，第1志望の大学からの合格通知を手に入れるために，必死に頑張ったはずです。

　あなたが社会人になったばかりの人なら，就活の時期ではなかったでしょうか。適当に学生生活を満喫していたあなたは，就活が始まると，目の色が変わったかもしれません。髪の色とファッションには人一倍うるさかったあなたは，あなたをあなたらしくしていた髪の色を黒に染め直し，とても個性的とはいえないリクルートスーツに身を包み，内定をもらうために必死に頑張ったはずです。あなたの頑張りぶりにはゼミの先生も驚き，「君って，こんなに頑張れる人だった?!」と感心されたかもしれません。

　あなたが私のように中年男で，自分でもあまり目をやりたくないお腹回りを主治医から厳しくいわれたなら，あなたは今，若い時の腹筋を少しだけでも取り戻すために，旺盛な食欲と戦いながら，目下ダイエットと筋トレに励んでいるはずです。

　受験や就活，ダイエット，筋トレ，これらには共通点があります。どれも楽しい活動ではありません。できるものなら避けたい活動です。自分が好きなこと，楽しいことに頑張れるのはごく自然なことでしょう。しかし，なぜ人々は辛い活動にも精を出すのでしょうか。本章では，この問いに対する答えについて，みなさんと一緒に考えていくことにしましょう。

❗ 学習ポイント

- どのような目標が人々のモチベーションにつながるのだろうか。
- 実現可能性が低いと見積もると，なぜモチベーションは下がるのだろうか。
- 不公平感は，なぜ人々のモチベーションを下げるのだろうか。

61

1 認知革命とプロセス理論

　第3章で学んだモチベーションの内容理論は，欲求や仕事，賞罰，上司の人間観など，人々をその気にさせる「何か」に注目している理論である。それに対して，モチベーションの**プロセス理論**は人々をその気にさせる「認知プロセス（cognitive process）」に注目している。

　認知といわれると，結構難しく聞こえる。しかし，簡単にいうと，「考えること」である。つまり，モチベーションのプロセス理論は，人々が様々な情報を頭のなかでどのように処理し，行動に移すのか，その頭のなかで起きるプロセスに焦点をあてる理論といえる。プロセス理論が台頭した背景には，1950年代の後半で起きた「**認知革命**（cognitive revolution）」という，心理学における大きな発想の転換がある（ガードナー, 1985）。

　1950年代まで心理学といえば，スキナー（1971）で代表される行動主義心理学が主流であった。行動主義心理学において人間は，外部から与えられる刺激に反応する，受身的な存在でしかなく，人間の頭はブラックボックスとして処理されていた。認知心理学は，このブラックボックス，つまり，人間の「頭や脳」に注目している。

　認知心理学となると，人間に対する仮定も大きく変わってくる。もはや人間はただ刺激に反応する動物的な存在ではなく，「考える存在」，つまり，「情報処理者としての人間」として格上げされる。そして，人間の脳のなかで起きていること，つまり，人間はどのように外部から様々な情報を取捨選択し，頭のなかで組み合わせて処理し，最終的に判断を下すかに関する究明こそ，心理学の本来の使命だと考えている。

　認知心理学の登場によってモチベーション論も大きく変わり，内容理論からプロセス理論へと舵を取る。以下では，プロセス理論のなかでもとくに重要な3つの理論に注目する。

2 公平性とモチベーション

　成績（あるいは人事考課）通知が届いた。経営管理総論はCだった。試験の出来がいまいちだったので，単位が取れただけでも良かったと思った。友

だちからラインでメッセージが届く。自分はＡだと書き込まれている。

　納得いかない。私より欠席も多かったし，試験も明らかに私より悪かった。「なぜあいつはＡで，私はＣなの」と，怒りが込みあがってくる。先生に裏切られたような気がしてならない。そして，「もう二度とあなたの授業なんか，とるもんか，インターネットの掲示板に悪口を書きこんでしまおうか」という悪い心が頭をよぎる。Adams（1965）の**公平性理論**（equity theory）が注目しているのは，まさにこのような場面である。

2.1　公平性の概念と考えられる３つのケース

　給料の絶対額や絶対評価も重要だが，相対額や相対評価も重要である。われわれは，比較する存在でもあるからである。比較には，次の３つの要素が欠かせない。

　①**準拠者**（referent），あるいは**準拠集団**（referent group）とよばれる存在である。簡単にいうと，同じ授業をとっている友人や同じ仕事仲間たちなど，自分がよく比較する相手や集団のことである。②何かを手に入れるために自分が投入するインプットである。努力や時間，苦労，犠牲，忠誠心などはインプットの良い例である。③インプットの結果で得られるアウトプットである。具体的に，給料やボーナス，雇用保障，周りからの賞賛や承認，良いキャリアなどである。

　人はこれらの３つの情報を頭のなかで組み合わせて処理をする。**図表4-1**は，そのプロセスを示したものである。この図表から分かるように，人々は自分のインプットとアウトプットの比率を，他者のそれと比較する。比較の結果は，次のように３通りありうる。

　①自分が過大評価されるケースである。自分は70％しか努力しなかったのに100点を，友人は100％も努力したのに70点をもらっているケースである。②公平なケースである。自分は70％くらい努力して70点をもらい，友人は100％努力して100点をもらっているケースである。絶対的な数値は違っていても，比率は両方とも１で，公平である。③個人にとっては最悪のケースで，自分が過小評価されるケースである。

　このように，公平性とはあくまで他者との比較を前提とする相対的な概念

■ 図表 4 - 1　公平性理論：3 つの可能性

自分の成果	>	他者の成果
———————	=	———————
自分の努力	<	他者の努力

自分＞他者：自分が過大評価されている状態
自分＝他者：公平な状態
自分＜他者：自分が過小評価されている状態

出所）　Robbins ら（2010），p.155をもとに筆者が作成

で，他者と比較した時の自分のインプットとアウトプットの比率を意味する。

2.2　不公平さを感じる時の人々の対応

　公平性理論にしたがえば，とくに問題となるのは，個人が過小評価された時に感じる不公平感である。つまり，他者と比べて不公平に成績が低かったり，給料が低かったり，人事考課が低いと認識する場合である。不公平感を感じると，人々は強いいら立ちやストレスを感じ，公平な状態を取り戻そうとする行動に出る。その代表的な戦略としては，次の3つがある。

　①インプットを下げることで，公平感を取り戻す方法である。頑張っても無駄だから，適当に頑張る戦略である。②アウトプットを下げる戦略である。これまで10台を売るために必死だったが，「これからは8台で充分でしょう」という戦略である。③組織を去ってしまう戦略である。いくら努力しても不公平感を取り戻せない場合，「もう二度とこの先生の授業はとらない」とか，「こんな不公平な組織，やめてやる」などの意思決定である。

　3つのいずれの戦略も，組織にとって決して望ましくない。人々のモチベーションを高く維持し続けるためには，公平な人事考課や処遇が必要不可欠な理由は，ここにある。

3　期待とモチベーション

　諸外国に比べ，日本の大学生の勉学意欲は低いといわれている。勉学よりはアルバイトや部活に精を出しており，成績もあまり気にせず，「単位さえ

とれて卒業できればそれでいいや」と思う学生が多いともいわれている。なぜ，日本の大学生の勉学意欲は低いといわれているのだろうか。これを説明するのに有力な理論が1つある。ヴルームの**期待理論**（expectancy theory）である。

3.1 期待理論の重要な概念

図表4-2は，期待理論を示したものである。期待理論を理解するためには，円で囲んでいる3つの概念と，四角で囲まれている3つの概念を理解しておく必要がある。

まず，円で囲まれている3つの概念である。理解をより進めるために，図の右の方から説明する。③の長期成果とは，人々が究極的に手に入れたいことで，例えば，大学生にとっては良い企業への就職，社会人にとっては給料や昇進，雇用保障などである。②の短期成果とは，長期成果を手に入れるための手段，あるいは道具のようなもので，例えば，大学生にとっては単位取得の程度や成績，社会人にとっては毎年行われる人事考課の成績などである。①の努力とは，短期成果を手に入れるために，人々が投資する時間や努力，お金などである。

次は，四角に囲まれている3つの概念である（ヴルーム，1964）。**期待性**

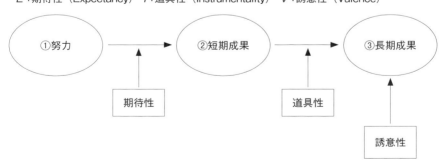

■ 図表4-2　期待理論

● $M = E \times I \times V$
　M：モチベーション（Motivation）
　E：期待性（Expectancy）　I：道具性（Instrumentality）　V：誘意性（Valence）

出所）Jonesら（2000），p.430をもとに筆者が作成

とは，努力と短期成果との関係について，個々人が頭のなかで考えている主観的な期待確率を意味する。個人が，努力すれば短期成果である単位が必ずとれると思っていれば，主観的な確率はほぼ100％であろう。一方で，いくら努力しても無理だと思っていれば，主観的な確率はほぼゼロであろう。

　道具性とは，大学での成績と就職との関係や，人事考課と給料や昇進との関係など，短期的成果と長期的成果との関係について，個々人が持っている主観的な期待確率のことである。最後の**誘意性**とは，組織が提供する長期成果が個々人にどのくらい魅力的なのか，その程度のことである。

3.2　期待理論とモチベーション

　図表4-2で示されているように，期待理論は個人のモチベーションを，「$M=E \times I \times V$」という式で表している。この式には，期待理論の2つの重要な考え方が含まれている。

　1)　期待理論の式には，人々のやる気を引き出す3つの要因が明確に示されている。期待理論の式にしたがえば，人々からやる気を引き出すためには，次の3つの条件が必要である。①期待性，つまり，努力と短期成果との関係が高くなければならない。②道具性，つまり，短期成果と長期成果との関係が高くなければならない。③誘意性，つまり，組織が提供する長期成果に対して人々が魅力を感じなければならない。

　言い換えれば，モチベーションには，努力すれば確実に良い人事考課をもらえるという確信，良い人事考課をもらえると確実に昇進や昇格できるという確信，昇進や昇格に魅力を感じていることの3つの要因が絡んでいるのである。

　2)　期待理論の式には，モチベーションが足し算ではなく，掛け算であることが示されている。モチベーションが掛け算であるということは，個人が3つの要因の中で1つでもゼロと見込んだ場合，他の2つの確率をいくら高く見込んでも，モチベーションはゼロとなってしまうことを意味する。極端に聞こえるかもしれない。しかし，日本の大学生たちの勉学意欲の低さは，モチベーションが足し算ではなく，掛け算である可能性を示す良い例かもしれない。

どう考えても日本の大学生だけが勉強嫌いだと思えないし，日本の大学の先生だけが成績に厳しいとは思えない。また，日本の大学生だけが就職に強い魅力を感じているなど，とてもいえない。つまり，期待理論の3つの要因は，どこの国でも同じのはずである。しかし，日本の場合，諸外国に比べ，1つ違った点がある。大学の成績と就職との関係，つまり，道具性が違っている。

　どのくらいの日本の大学生が，就職活動において大学の成績がものをいうと見込んでいるだろうか。多くの人々が，面接で好印象を与えることが成績より重要だと見込んでいるのではなかろうか。成績と就職との関係，つまり，道具性が低いのに，誰が勉学に励むだろうか。日本の大学生の場合，たとえ期待性と誘意性の2つがいくら高くても，道具性が低いがゆえに，勉学意欲が低い可能性は充分ありうる。ヴルーム（1964）の指摘通りに，モチベーションは足し算ではなく，掛け算かもしれない。

　ところで，いくら努力しても無駄だと見込んだ場合，人々はやる気をなくしてしまうというヴルームの期待理論は，以降，Porter & Lawler（1968）によって，より複雑なモデルへと発展していく。

4　目標設定とモチベーション

　受験や就活，ダイエット，筋トレ，国家公務員試験，会計士，TOEFL やTOEIC，英検1級など，何でもいい。精いっぱい頑張ったのに失敗した経験はないだろうか。失敗した時の気持ちを思い出してほしい。きっと，辛かったに違いない。また，「やっぱり私って駄目な人間かな」と思えて，自信喪失に陥ったかもしれない。周りの人々からも，能力のない人間としてみられているような気がしてならなかったかもしれない。

　反対に，難しいことに挑戦して成し遂げた時，どんな気持ちだったかを思い出してほしい。きっとバンデューラ（1995）のいう自己効力感（self-efficacy），つまり，「やっぱり私ってやればできるんだ」という気持ちとなり，自分が誇らしげに思えたに違いない。「失敗する時の挫折感を二度と味わいたくない，一方で成功した時の喜びや自己効力感をもう一度味わいたい」という理由だけでも，目標（goal）は人々のモチベーションにつながる。

Locke（1968）の**目標設定理論**（goal-setting theory）が注目したのは，まさにこの目標である。

4.1　目標とモチベーション

　目標設定理論の主張は極めて単純である。人々からやる気を引き出すのに，目標以上のものはないという主張である（Locke, 1996）。目標は人々に，理想と現実とのギャップを際立たせ，それを埋めるように働きかけるからである。

　第1志望の大学から合格通知を手に入れたいが，まだそのレベルに達していない受験生，一流会社に就職して世界を飛び回るという理想を持っているが，エントリーシートの自己 PR 欄さえも埋められずにいる大学4年生，筋肉モリモリの理想の体とはかけ離れている中年男はみな，理想と現実とのギャップに苦しむ人々である。

　目標は，これらの人々にギャップを埋めようとする強い意志を引き出す。そして，これらの人々は，目標と現実とのギャップを埋めるための具体的な戦略や戦術を練る。目標が人々のモチベーションにつながる理由である。

4.2　目標が持つべき特徴

　すべての目標が人々のモチベーションにつながるわけではない。目標設定理論によると，目標は次の3つの条件を満たしてはじめて，人々のモチベーションにつながる（Erez, 1977；Locke, *et al.*, 1981；Locke & Latham, 1990；2002）。

　1）「達成しにくい目標であること（goal difficulty）」：すぐ手に届く目標は人々のモチベーションにつながらない。なぜなら，やさしい目標には理想と現実とのギャップがほとんど存在せず，ギャップを埋めようとする気持ちが芽生えてこないからである。

　2）「具体的な目標であること（goal specificity）」：ただ「最善を尽くしなさい」とか，「頑張ってください」などの曖昧な目標ではだめである。なぜなら，これらの曖昧な目標は，行動の方向性を示してくれないからである。それに対して，「85点を取りましょう」とか，「生産性を5％アップしましょ

う」などの具体的な目標は，行動の方向性だけではなく，目標を達成するための具体的な戦略や戦術をはっきりさせ，人々のモチベーションにつながる。

　3）「フィードバック（feedback）があること」：せっかく目標を達成できたのに何の見返りもない場合，人々のやる気は続かない。賞賛や承認，人事考課，給料やボーナス，昇進や昇格などのフィードバックは，モチベーションの持続性に関わる重要な要因である。

4.3　目標管理

　目標設定理論は，モチベーションの諸理論のなかでも，かなり強力な理論である（Locke, *et al.*, 1981：Locke & Latham, 1990）。ここで強力な理論とは，他の理論に比べて当てはまりが良く，多くの人々からやる気を引き出せる理論である，という意味である。当然，実務家たちの関心も強く，目標設定理論は**目標管理**（Management By Objective：MBO）という制度で，早くから経営現場で応用されてきている。この MBO であるが，日本では非常に著名な経営思想家として知られているドラッカー（1974）によっても，早くから提唱された制度でもある。

　一般に，MBO とは，上司と部下とが話し合い，一定期間中（半年か 1 年間）に部下が達成すべき具体的な目標を決め，その目標達成如何によって待遇を決める制度である。MBO がうまく機能するために何より必要なことは，「**目標の受容性**（goal acceptance）」である。なぜなら，MBO は，個人が自ら自主的に設定する目標ではなく，組織や上司の意図が強く反映されている目標だからである。

　目標を上から一方的に押しつけられた場合，目標はモチベーションを引き出すどころか，それを損なう方向へと働く可能性が高い。個人を目標にコミットさせ，その達成にむけて頑張らせるためには，話し合いなどで本人が納得し，その目標を心から受け入れることが必要不可欠な理由は，ここにある。

まとめ

　第3章と第4章にわたって，モチベーションに関する様々な理論を学んだ。しかし，現実は決して単純ではない。すべての人々にあてはまる理論など，存在しない。理由は簡単である。人々が非常に多様で，個々人に効く理論が異なるからである。

　給料を重視する人もいれば，自己実現のために働く人もいる。仕事のやりがいや達成感，充実感を求めている人もいれば，公平な扱いを重んじる人もいる。これらのすべてのバランスを重視する人もいる。その意味で，モチベーション論の場合，1つの理論を深く掘り下げるよりは，多様な理論を幅広く知っておく方が望ましいかもしれない。

　病気の様々な症状を熟知した上でその人にぴったりの処方箋を出す医者と同じく，マネジメントする立場に立っている人々は，様々な理論を熟知した上で，個々人にぴったりの理論を適用しなければならないかもしれない。言い換えれば，モチベーション論は質より量で，美味しい一切れのチーズケーキをじっくり吟味するのではなく，ありとあらゆる種類のケーキが一口ずつ味わえる2時間制限の食べ放題としてたとえることができるかもしれない。

さらに学習したい人への推薦図書

　DIAMONDハーバード・ビジネス・レビュー編集部編訳（2009）『動機付ける力―モチベーションの理論と実践（新版）』ダイヤモンド社。

　ハーバード・ビジネス・レビュー（*Harvard Business Review*）という雑誌に掲載された，モチベーションに関する様々な議論を紹介している。

第5章

リーダーの機能と影響力

イントロダクション

　リーダーとかリーダーシップという言葉を耳にすると，自分の身近にいるどのような人物や行動を思い浮かべるでしょうか。普段何となく心に浮かべるこれらのキーワードは，例えば幼少期を思い起こしてみると，学級委員長，生徒会長，あるいは部活動のキャプテンなどをイメージするかもしれません。もう少し年輪を重ねてくると，アルバイト先の店長や職場の上司など自分を直接的に指導する立場の人間を連想するでしょうし，普段はなかなか直接お目にかかれない自分の会社の社長や，本で読んだことしかない偉人とよばれるカリスマ経営者や歴史上の人物を思い浮かべる人もいるでしょう。このように，リーダーやリーダーシップが持つイメージは，実に多種多様なタイプが存在することに気づかされると思います。

　リーダーは，どのような資質や行動の特性を持ち，仕事やメンバーなどの状況に行動をいかに適合させるべきでしょうか。また，リーダーシップを発揮する際のパワーや影響力には，どのような種類があるでしょうか。本章では，主に80年代くらいまでの一連の研究を概観しながら，これらの疑問に対する答えについて，みなさんと一緒に考えていくことにしましょう。

！ 学習ポイント

- リーダーとマネジャーとの違いは何だろうか。
- リーダーはどのような影響力やパワーを発揮するだろうか。
- リーダーの資質やスタイルには，いかなるタイプが存在するだろうか。
- 職場の状況とリーダーシップ・スタイルとは，何か関係があるだろうか。
- リーダーシップにも限界はないだろうか。

71

1　リーダーシップの意味

「リーダーシップ」という言葉は日常生活で何気なく使っているが，リーダーシップとは何かと改めて聞かれると戸惑うものである。この曖昧模糊とした言葉の意味について考えていくことから始めよう。

1.1　リーダーとマネジャー

リーダー（leader）とよく対比される概念として，マネジャー（manager）をあげることができる。例えば，これらの違いを主張する論者の1人，コッター（1999）によれば，リーダーシップ（leadership）が新たな目的を創造する概念であるのに対して，マネジメント（management）とは所与の目的のなかで組織を効率的に管理する概念であり，組織を変革する際は，とりわけリーダーシップが重要性を帯びてくると主張している。

マネジャーとリーダーは，一方が優れていて他方が劣っているということではない。組織を牽引する上で，両者は車の両輪の役割を担っているのである。本田宗一郎には藤沢武夫，松下幸之助には高橋荒太郎といったように，カリスマ性を帯びたリーダーの陰には，優れた参謀の存在がしばしば指摘される。このような事実からも，リーダータイプの人だけでも，マネジャータイプの人だけでも，組織はうまく機能しないことが分かる。なお，「management：マネジメント」は，「管理」とも「経営」とも訳されるが，ここでのマネジメントは，日本語のニュアンスからして「管理」に近い。そして，本章で経営とは，この管理という意味でのマネジメントとリーダーシップの両方を包括する概念であることを強調しておきたい。

1.2　リーダーシップの意味

リーダーシップとは，何であろうか。このとらえどころのない概念を整理するのは至難の業である。実際，これまで膨大な数のリーダーシップ研究が取り組まれており（Bass, 2008），リーダーシップの定義はその数だけ存在するといっても過言ではない。そこで，本書では，リーダーシップ研究の権威の1人，Yukl（2006）の定義に従うことにしよう。すなわち，リーダー

シップとは，「すべきことやその方法について他者に理解し同意してもらう
よう影響力を及ぼす過程，および共有された目的を遂行する個人や集団の努
力をうながす過程」（Yukl, 2006, p. 8）である。

この定義からも明らかなように，リーダーシップとは，実は職階において
自分よりも下位の人たちに対してのみ発揮されるものではない。仕事をする
上で，他者に同意してもらい協働をうながすことは，同じような地位の人に
対して（メンバーシップとよばれる）や，自分よりも立場が上の人に対して
（フォロワーシップとよばれる）も必要不可欠な能力だからである。

ところで，80年代くらいまでのリーダーシップ研究は，大きく分けて，
「資質アプローチ」，「行動アプローチ」，「状況アプローチ」，そして，「パ
ワー・影響力アプローチ」の４タイプが存在する（Yukl,1989）。個々にみて
いくことにしよう。

2　リーダーの資質と行動

冒頭でも触れたように，リーダーとかリーダーシップという言葉を聞くと，
リーダーという立場にある人物に備わった特有の性格や素質がありそうな気
が何となくしてくるものである。初期のリーダーシップ研究は，まさにこう
した問題意識に駆られてスタートしている。

2.1　資質アプローチ

Stogdill は，リーダーの資質や性格の決定要因を探すため，まず1948年ま
でに公表された128本，次いでその後から1970年までに公表された163本もの
リーダーシップに関する研究論文を分析して，リーダー固有の特性を導出し
ようと試みた（Stogdill, 1948；1974）。その結果，「身体的特徴（身長，体重
や年齢等）」，「社会的なバックグラウンド（学歴や地位等）」，「知性と能力
（知識，判断や雄弁さ等）」，「性格（適応力，感情制御，倫理観，自信やスト
レス耐性等）」，「課題に関連した特徴（達成・承認・責任の欲求や障害克服
の意志等）」，そして「社会的特徴（協調を求めたり監督する能力）」が，
リーダーを特徴づける要因として導かれた。

Stogdill を代表とする**資質アプローチ**を採用する研究者たちは，一定の研

究貢献を果たしたが，リーダーシップが人間の持って生まれた資質にすべて還元されてしまうと，リーダーを育成する余地がなくなってしまうことや，様々な研究者が別のサンプルに対して同じ調査を行なっても類似の資質に収束しないなどの批判にさらされるようになる。そこで次に登場したのが，先天的な資質に帰属させて考える必要のないリーダーシップ研究の行動アプローチである。

2.2　行動アプローチ

リーダーの行動に着目する研究は種々存在するが，基本的には人間関係志向と課題達成志向の2つのタイプを基軸としながら，いくつかのリーダーシップスタイルを分類しようとするものである。それゆえ，リーダーシップ研究の行動アプローチは，類型学あるいは形態論などともよばれる。

行動アプローチは，主に50〜60年代にかけてアメリカの2つの大学で取り組まれた一連の研究が契機となっている。1つは**リッカート**（1961）が牽引し，集大成として体系化されたミシガン大学での研究（ミシガン研究とよばれる），いま1つはShartle（1950）によって始められ，リーダー行動記述質問票（Leader Behavior Descriptive Questionnaire：LBDQ）の開発にも貢献したオハイオ州立大学での研究（オハイオ研究とよばれる）である。リーダーシップスタイルを分類する際，ミシガン研究では「従業員志向型（employee-centered）」と「仕事中心型（job-centered）」，オハイオ研究では「配慮（consideration）」と「構造づくり（initiating structure）」と呼び方は異なっていたが，基本的にこれらの分類は，前者と後者がそれぞれ先述した人間関係志向と課題達成志向に該当する。

行動アプローチは，その後様々な研究者によって取り組まれていくが，例えばブレーク＆ムートン（1964）は，**図表5-1**の［　］内に示されているように，縦軸に人間に対する関心度（人間関係志向），横軸に成果に対する関心度（課題達成志向）を，それぞれ9段階で得点化（9×9のグリッド状になる）する**マネジリアルグリッド**をモデル化している。

人間にも成果にも関心が低く与えられた仕事しかこなそうとしない1.1型（放ったらかし型），その対極として人にも成果にも高い関心を示す9.9型

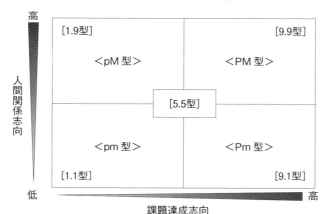

出所）ブレーク＆ムートン（1964）；三隅（1966）をもとに筆者が作成

（理想型），人には関心を示すが成果にはこだわらない1.9型（仲良しクラブ型），高い業績を出すことには邁進するが職場の人間関係にはあまり関心のない9.1型（成果至上主義型），これら4つのタイプの中間に位置づけられる5.5型（ほどほど型）と，5つのタイプにリーダーを分類している。

図表5-1の＜　＞内に示されているように，日本のリーダーシップ研究の創生期を築き上げた三隅（1966）も，彼らの研究と軸を同じくしながら（課題達成志向を Performance：P，人間関係志向を Maintenance：Mとそれぞれ呼称），人にも成果にも関心のない pm 型，その対極を PM 型，人には関心を示すが成果には関心の低い pM 型，成果をあげることに尽力するが人間関係には無関心な Pm 型の4タイプに分けた **PM 理論** を展開している。

人間関係志向と課題達成志向の2軸は，行動アプローチにおいてリーダーシップスタイルを分類する基軸になっており，次に紹介する状況アプローチでも継承されることになる。

こうしてリーダーシップ研究の行動アプローチは広く知られることになったわけだが，その研究前提に，例えばブレーク＆ムートンなら9.9型，三隅ではPM型が，いかなる状況にも万能な最良のリーダーシップスタイルであることが前提とされていた。しかしながら，幼稚園児や小学生のような未成熟な人間と，高校生や大学生のようなある程度成熟した人間とでは，教育

現場での様々な教授方法に大きな違いがあるのと同じように，未成熟な部下に対して人間関係に配慮するよりも，むしろ細かく指示をして成果にこだわるリーダーシップスタイルの方が適切ではないだろうか，という類の疑問が次第に呈されるようになっていった。

3　状況とリーダー

唯一最善のリーダーシップスタイルを仮定することに批判的な研究者たちは，部下の成熟度や与えられた課題の難易度など，リーダーが置かれている状況によって最善とするリーダーシップスタイルは異なるはずだ，と主張し出したのである。これが状況アプローチで，**リーダーシップのコンティンジェンシー（状況適合）理論**ともよばれる。

状況アプローチの代表的な研究として，フィードラー（1967），ハーシー＆ブランチャード（1977）や House（1971）らの成果をあげることができる。

フィードラーは，苦手意識を持つ職場の同僚に対してどの程度肯定的な評価ができるかを試す **LPC**（Least Preferred Coworkers）**テスト**によって，まずリーダーを人間志向（LPC 得点＝高い）と課題志向（LPC 得点＝低い）との 2 つのスタイルに分けた。その上で，「リーダーとメンバーの人間関係」，「課題の明瞭性」，「リーダーの権限に対するメンバーの認知度」の 3 つの変数によって全部で 8 つの状況を設定し，各状況とリーダーシップスタイルとの適合関係を明らかにしようとした。その結果，統制状況（リーダーがメンバーをコントロールできる程度）がもっとも高いか低い状況では課題志向型リーダーが，中程度の場合では人間志向型リーダーの方がそれぞれ成果が上がっている事実を発見した。

ハーシー＆ブランチャードの提唱した **SL**（Situational Leadership）**理論**は，**図表 5 - 2** にあるように，職務に必要な経験や知識などの能力によって部下の成熟度を M 1（職務を遂行する能力も意欲も脆弱）から M 4（職務を遂行する能力も意欲も充分）の 4 段階に分け，部下が一番未成熟な M 1 の場合には「教示的」なリーダーが適切となる。成熟度が増すにつれて，「説得的」，「参加的」と適合的なリーダーシップスタイルは変わり，もっとも成熟度の高い M 4 の時，「委任的」リーダーが高い成果を上げていることを，彼

■ 図表 5-2　部下の成熟度とリーダーシップスタイル

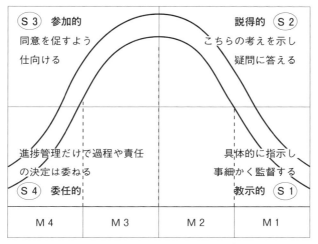

出所）ハーシー＆ブランチャード（1978），pp. 228-229をもとに筆者が作成

らは明らかにした。

Houseがモデル化した**パス・ゴール理論**でも，ハーシー＆ブランチャードと同様に，自立心や経験等の部下の状況要因と，課業構造や権限関係等の環境要因によって，「指示的」，「達成志向的」，「参加的」，「支援的」の4タイプのリーダー行動が規定される。

例えば，ある仕事を部下に任せる際，その部下の能力や経験が未熟なのに任せっきりにすることはできないだろう。反対に，優秀な部下にあれこれと指示を出したら，やる気が失せてしまうのは当然だ。このように，部下の成熟度や与えられている仕事の難易度によって，リーダーシップスタイルは様変わりさせるべきだ，と主張するのが状況アプローチである。

4　リーダーの影響力とパワー

前節までのリーダーシップ研究の成長・発展の軌跡とは別に，リーダーが周囲に及ぼす影響力やパワーに着目する研究群が存在する。これが，Yuklが4つ目に分類したパワー・影響力アプローチである。影響力とパワーの相違を明確にすることは困難だが，影響力はある行為主体が他の行為主体に対

して有する何らかの効果で，その行為主体自体を越えたところにも存在する（例えば個人の背後にまとっている企業ブランドなど）のに対して，パワーはある行為主体が他の行為主体に影響を及ぼす際，その行為主体に内在する能力を指す概念としておこう（Yukl, 1989）。

4.1　リーダーシップにおける影響力

影響力に関する研究の金字塔を打ち建てた研究者として，チャルディーニ（1985）をあげることができる。彼は，交渉のプロたちを観察しながら，他人を説得する術を，次の**6つの影響戦略**に分けて説明している。

1) 返報性（reciprocation）：人は何かをしてもらうと，その人を信じてしまう傾向にある。
2) 深い関与と一貫性（commitment and consistency）：人は周囲から信頼され自らを正当化したい欲求があることから，1つの物事に一貫して深く関与する傾向がある。
3) 社会的証明（social proof）：人は世間一般に流布しているデータや常識，あるいは慣習に従う傾向，すなわち大衆迎合の性を持っている。
4) 好意（linking）：人は接触頻度や共通点が多いなどの理由で，ある人に好意を持つと，その人の言動を信じ込む傾向にある。
5) 権威（authority）：専門知識や肩書きなどの権威を認めると，人はそうした権威ある人の言いなりになる傾向がある。
6) 希少性（scarcity）：「タイムセール」や「限定販売」など，時間や量などの希少性を感じると，人はそれらの価値を高く認識してしまう。

4.2　リーダーシップにおけるパワー

また，French & Raven は，**図表5-3**にあるように，ある行為主体(A)が他の行為主体(B)に対して，自己の意図に従わせる際の**パワーの源泉**を6タイプに分けて説明している（French & Raven, 1959；Raven, 1965）。

彼らは，これらのパワーの源泉として作用する行為主体(B)にとってインセンティブが実際には与えられていない状態，つまりパワーが実際には行使されていない状況でも，行為主体(B)にそれらのインセンティブを認知させるこ

■ 図表 5 - 3　6 つのパワーの源泉

パワー・ベースの類型	内　容
報酬パワー（reward power）	Bに対して報酬ももたらす能力を，Aが有するというBの認知にもとづくパワー
強制パワー（coercive power）	Bに対して制裁を加える能力を，Aが有するというBの認知にもとづくパワー
正当パワー（legitimate power）	Bの行動を規制する正当な権利を，Aが有するというBの認知にもとづくパワー
準拠パワー（referent power）	Aに対してBが同一視することにもとづくパワー
専門パワー（expert power）	Aの専門性をBが認知することにもとづくパワー
情報パワー（informational power）	AとBの間に情報の非対象性があることを，Bが認知することにもとづくパワー

出所）　French & Raven（1959）；Raven（1965）をもとに筆者が作成

とができれば，自己の意図に従わせることができることを強調している。これを，**パワーのシンボル性**とよぶ。

5　リーダーシップの限界

　こうして主に80年代くらいまでのリーダーシップ研究を概観してきたわけだが，90年前後を１つの契機にリーダーシップ研究は，リーダーからフォロワー（部下）中心の研究へと大きく舵を切ることになる（淵上，2002；福原，2010）。その理由は，従来のリーダーシップ研究に対して，次のような批判や課題が多く指摘されるようになったからである。

　まず，あるリーダーのリーダーシップスタイルは，どうしてもその人物のパーソナリティという重力に引っ張られてしまうため，状況に応じて臨機応変にスタイルを変えることが難しい。したがって，リーダーシップスタイルと部下の成熟度や課題の難易度との適合関係が明らかにされても，同じリーダーがそれに見合ったスタイルを常に採用できるほど柔軟性があるとは限らない。それゆえ，仮に因果関係を明らかにしても，ビジネスの現場で実践することに大きな制約が伴う。とりわけ，状況に応じてリーダーやメンバーの顔ぶれをがらりと変えることが困難な日本の組織では，実現性に乏しい。

　また，従来のリーダーシップ研究は，心理学をベースとした社会実験に

よって因果関係を検証する傾向が強かったので、自ずとリーダーが直接的に影響を及ぼせる集団規模が調査の対象となっていた。しかし、従業員を何千・何万人も抱える大企業にあって、直接的な相互作用のないメンバーに影響を及ぼすカリスマ的リーダーや、大規模な変革を成し遂げるリーダーが実際には存在する。従来の研究では、これらのリーダーシップが説明できない。

さらに、リーダーにばかり焦点をあてているがゆえに、リーダーとフォロワーとの双方向的な交換関係、フォロワーによるリーダーシップ認知など、フォロワーとの関係性を軽視していることも指摘されるようになる。

以上のような問題や課題に応えるような理論体系が90年代以降に勃興し、リーダーシップ研究はさらに成長発展していく（第6章参照）。

まとめ
　リーダーシップは普段何気なく使うわりに、その言葉の意味を改めて問われると答えるのが難しいものである。本章を読むことで、リーダーシップの持つ意味、リーダーシップの行動や状況、その手段としての影響力やパワーなど、リーダーシップへの理解が少しは深まったことだろう。大事な点は、リーダーシップは誰にでも発揮できるし、また発揮しないと良い仕事ができないという事実である。また、組織はリーダーの器以上には決して膨らむことができない。組織の正否をリーダーにすべてに還元して考えることはできないが、多様なメンバーを許容し、彼女・彼らを生かすのも殺すのもリーダーの手腕に拠るところが多いのは紛れもない事実である。

さらに学習したい人への推薦図書

① チャルディーニ, R. B. 著（1985），社会行動研究会訳（2014）『影響力の武器―なぜ、人は動かされるのか』誠信書房（訳本の原著は2009年版）。
② ハーシー, P., ジョンソン, D. E. & ブランチャード, K. H. 著（1996），山本成二・山本あづさ訳（2000）『入門から応用へ　行動科学の展開―人的資源の活用（新版）』生産性出版。
③ コッター, J. P. 著（1999），黒田由貴子・有賀裕子訳（1999）『リーダーシップ論―人と組織を動かす能力』ダイヤモンド社（訳本の原著は2012年版）。

　①は世界中で読まれている名著、②は状況的アプローチを代表する著書、③は組織変革などの研究分野でも優れた業績のある著者の押さえておきたい1冊である。

第 6 章
リーダーシップとフォロワー

イントロダクション

　あなたの所属する野球部に，新しい監督が来ることになりました。聞いた話では，その監督は，自身が監督する野球部を何度も甲子園に導いた凄腕の監督のようです。テレビでもこの人物がカリスマ監督として特集されていました。

　しかし実際に会ってみると「普通のおじさん」という印象でした。ただし，以前の監督と比べると部員とよくコミュニケーションを取り，よく褒めてくれる人物でした。部員は，この監督に愛着と信頼を持ち，期待に応えようと，監督の指示に従うだけでなく，効果的な練習方法も考え出しました。その結果，初の甲子園進出を果たすことができました。

　普通のおじさんでも，人やメディアから聞いた話だけで判断すると，カリスマ的なリーダーとして神格化されてしまうことがあるのです。それはとくに，そのリーダーと直接接点を持たない人間が，カリスマ視してしまうことも多いのです。この監督は，いわゆるカリスマ的な行動ではなく，フォロワー（部員）とよくコミュニケーションを取り，彼らと良好な関係を築くことで組織の目標（甲子園出場）を達成しました。また，組織（野球部）の成果において重要なのは，リーダーのみでなくフォロワーの頑張りも重要なのです。われわれは過度にリーダーに期待してしまいがちですが，それ以外のフォロワーも組織のために自ら考え，行動することが求められるのです。本章では，このような観点に立ちながら，リーダーシップとフォロワーの関係について，みなさんと一緒に考えていくことにしましょう。

！ 学習ポイント

- ・大規模組織のリーダーはどのように影響力を行使するのだろうか。
- ・上司と部下の関係性はリーダーシップにどのように影響するのだろうか。
- ・フォロワーはどのようにリーダーシップを認知し，評価するのだろうか。
- ・組織のなかでフォロワーには何が求められているのだろうか。

1 大規模組織のリーダーシップ

　第5章では，リーダーとして望ましい素質，行動に焦点をあてながらリーダーシップを説明した。これらのリーダーシップ理論は，比較的小集団におけるリーダーとメンバーの直接的なやりとりを前提に議論されてきた。一方，これから紹介するカリスマ型，変革型リーダーシップは，大規模であるがゆえに，対面的なやりとりを越えたところで組織のメンバーに影響を及ぼし得るリーダーの資質や行動に焦点があたっている（福原, 2010）。これら2つのリーダーシップは，フォロワーの感情や価値観に対し影響力を行使することによってリーダーシップを発揮していくものである（Yukl, 1999）。

1.1　カリスマ型リーダーシップ

　「偉大なリーダーを想像して欲しい」といわれた際，具体的にはどのような人物が浮かぶだろうか。スティーブ・ジョブズや本田宗一郎のような大企業を育てあげた人物や，田中角栄やアドルフ・ヒトラーといった，国家を主導した人物を思い浮かべる人もいるかもしれない。これらの人物に共通するキーワードは「カリスマ」である。彼らは直接的にフォロワーに対して指示を与えることによってではなく，強烈な個人的魅力・個性・才能によって人々を魅了してリーダーシップを発揮したリーダーの好例である。このようなリーダーシップは「**カリスマ型リーダーシップ**」とよばれる。

　カリスマとは，個人が持つ，非日常的な天与の資質であり，カリスマは被支配者から信仰・承認されることよって成立するとされている（ウェーバー, 1956b）。つまり，ある人物にカリスマ性があるか否かは，リーダーの客観的なパーソナリティ自体ではなく，フォロワーがリーダーをどう認知するかに依存する。したがって，フォロワーがそのリーダーにカリスマ性があると認知することによってそのリーダーのカリスマは成立するのである。そしてHouse（1977）は，このカリスマという概念を採用し，カリスマ型リーダーシップを提唱した。

　カリスマ型リーダーの主な特徴としては，**図表6-1**にあるように5つの点があげられる（Conger & Kanungo, 1998）。現在の環境のなかで何をする

■ 図表 6-1　カリスマ型リーダーの 5 つの特徴

1．戦略的ビジョンの創造と表明

　組織の未来に関する新しいアイディアを生み出し続け，メンバーを鼓舞するような戦略や組織目標を提示する。

2．環境への感受性

　制約条件となる技術的環境や資源的限界，メンバーの能力，スキルの限界を認識する。

3．メンバーの欲求への感受性

　メンバーの欲求や感情に対して敏感に反応する。

4．個人的リスク

　組織目標の追求のために，個人的なリスクをいとわない。

5．型にはまらない行動

　組織の目標を達成するために，従来の習慣にとらわれない行動をとる。

出所）　Conger & Kanungo（1998），p. 94をもとに筆者が作成

べきか，メンバーは何をしたいかを感じ取りながら，魅力的なビジョンを提示し，型にはまらない大胆な行動でリスクをいとわずにビジョンを達成していく。こういったリーダーに人々はカリスマ性を感じるのである。

　しかし，カリスマ型リーダーシップには問題点も存在する。1つは，リーダーへの過度な依存である。カリスマリーダーの存在によって成功した組織では，その人物にこれまで大きく依存してきたため，そのリーダーが組織を去った後も成果を維持することが難しいケースがある。例えば，スティーブ・ジョブズはそのカリスマ性によって，MacBook，iPod，iPhoneやiPadなどの革新的な製品の開発を主導し，アップル社に成功をもたらした。しかし，彼が死去した後の2014年現在のアップル社では技術革新は停滞している。もちろん2014年現在のアップル社の革新が停滞しているか否かは議論があるが，少なくとも組織内外の人間やメディアは現在のリーダーをスティーブ・ジョブズと比較して評価を下してしまうというデメリットを秘めている。

　もう1つの問題は，人々を社会的に誤った方向へと導いてしまう危険性があることである。例えば，ヒトラーはその強烈なカリスマ性で，ドイツ国民ないしゲルマン民族の圧倒的な支持を得ながら国力を増強した。しかし，その結果としてホロコースト（ユダヤ人の大量虐殺）を引き起こした。カリス

マ型リーダーシップにはこのような闇の部分も存在するのである。

1.2 変革型リーダーシップ

環境の変化が激しい現代において，組織やそのなかの個人は環境にあわせて変化し続ける必要がある。こういった組織変革を導くリーダーシップは**変革型リーダーシップ**とよばれている。変革型リーダーシップ研究の焦点は，比較的小さな集団レベルでいかに優れた成果を残すのかを考察することではなく，複雑な大規模組織をいかにリードするのかという点からリーダーシップを考えることである（東，2005）。

変革型リーダーシップの研究では，個人や組織を変革させる行動をリーダーシップとしてとらえ，リーダーの行動が研究されてきた。そのなかでももっとも重要な行動の1つとして，リーダーによるビジョン提示行動が指摘されている（例えばティシー＆ディバナ，1988；コッター，1991）。ティシー＆ディバナ（1991）は，変革型リーダーの果たすべき役割を「変革が必要なことをはっきりと述べ，新しいビジョンを創出し，こういったビジョンの遂行に必要なやる気を引き出し，そして最後には組織を変革させること（ティシー＆ディバナ，1991，p.6）」であると述べている。さらに，コッター（1991）はビジョンを提示し，コミュニケーションを通してビジョンにむけて組織メンバーを方向づけ，ビジョンを達成するためにメンバーのモチベーションを向上させることが必要であるとしている。

このようにリーダーが魅力的なビジョンを創出し，メンバーをそのビジョンの達成に向けて動機づけすることによって，個々の組織メンバーや組織全体を変革することが可能になるのである。

2 リーダーとフォロワーの関係性

従来のリーダーシップ研究は，主にリーダー自身の特性や行動に焦点をあててリーダーシップを説明してきた。しかし，リーダーシップを考えるにあたっては，重要な要素は他にもある。それはフォロワーの存在である。リーダーシップの受け手であるフォロワーも，リーダーシップを理解したり発揮したりする上で非常に重要な存在なのである。そこで，リーダーとフォロ

ワーの関係性がリーダーシップに及ぼす影響について説明していこう。

2.1　LMX 理論

　リーダーシップはどのフォロワーに対しても公平に発揮されるのが理想だが，実際にはえこひいきをするリーダーを多く目の当たりにするだろう。リーダーと個々のフォロワーとの関係性に注目しながらリーダーシップの効果を明らかにしようとしたものに，**リーダー・メンバー交換**（Leader-Member Exchange：**LMX**）**理論**がある。LMX 理論では，リーダー，フォロワー（メンバー），関係性の３要素に着目し，リーダーとそれぞれのフォロワーとの関係性によってリーダーシップが異なることが指摘された。また，LMX 理論では，リーダーとフォロワーが良好な関係を作り上げた時に，はじめて有効なリーダーシップが発現するというように考えられる。

　従来のリーダーシップ研究では，リーダーはフォロワーたちに対して一様にリーダーシップを発揮することが前提とされてきた。一方で，LMX 理論では，リーダーは一様にリーダーシップを発揮するのではなく，直属の部下１人ひとりとそれぞれ異なった関係を築き，その関係性によって発揮されるリーダーシップが異なることが明らかになった。そして，リーダーと相互に信頼・尊敬しあい，恩義を感じあうといった比較的良好な関係性を築いているフォロワー集団は**イングループ**，良好な関係を築けていないフォロワー集団は**アウトグループ**とよばれる（Graen & Uhl-Bien, 1991）。

　では，リーダーとフォロワーの間の関係性はどのように形成されていくのだろうか。リーダーとフォロワーの関係性の発展段階には，①他人的関係（stranger），②知人的関係（acquaintance），③成熟した関係（maturity）の３つの段階があることがわかっている（Graen & Uhl-Bien, 1995）。

　1)　他人的関係（stranger）：リーダーとフォロワーの関係は他人的関係から始まる。他人的関係においては，単に取引的・公式的な相互作用が行われる。この段階では，リーダーはフォロワーに対しタスクや役割を指示するのみにとどまり，フォロワーは，上司に指示されたタスクや役割を必要最低限こなすことにとどまる。

　2)　知人的関係（acquaintance）：次に，リーダーとフォロワーの両者の

関係が発展していくと，知人的関係とよばれる段階に入る。この段階では，取引的・公式的な行動以外もみられるようになってくる。

3) 成熟した関係 (maturity)：さらに関係性が発展すると，成熟した関係とよばれる段階に入る。この段階では，リーダーとフォロワーはお互いに忠誠と支持を期待しあえる関係が形成されているため，相互作用は行動面のみでなく，相互の尊敬，信頼，恩義など精神面にも及ぶ。そして，この成熟した関係においてもっとも効果的なリーダーシップが発揮される。

では，リーダーとフォロワーの関係性が良好なものになると，リーダーやフォロワーの行動にはどのような変化が起こるのだろうか。成熟した関係にあるリーダーとフォロワーの場合，両者の間には公式的に規定されていることを超えた行動が起こる。例えば，上司は将来のキャリアに対するアドバイスや昇進・昇給に結びつくような機会をフォロワーに与えたり，仕事上の意思決定に関する権限を委譲したりする（鄭, 2012）。一方，フォロワーはそのリーダーに対する高いコミットメントを持ち，仕事に関しても積極的になり，より多くの努力をするようになる（Yukl, 2013）。

このように，リーダーとフォロワーの関係性の良さはフォロワーからより多くの貢献を引き出すことになり，組織の成果や生産性も高まる。そのため，リーダーとフォロワーの間で良好な関係を構築していくことが重要になる。

3 フォロワーからみたリーダーシップ

あなたは，あなたの組織の代表者や，上司，先輩のリーダーシップについて他のメンバーと話しあったことはあるだろうか。あるならば，その時に同一人物に対する評価が人によって異なることに気づいたことはないだろうか。そして，その人物をリーダーとして高く評価している人ほどそのリーダーの要求に応えようと努力していると感じたことはないだろうか。

ここでは，リーダーシップをフォロワーからの視点に着目して説明する。そこでは，フォロワーがリーダーシップを認知，受容した時にはじめて現れる現象としてリーダーシップをとらえる。そして，リーダーシップを理解する上でリーダー個人のパーソナリティや行動のみではなく，フォロワーの認知に焦点をあてることの重要性を説明する。

3.1 リーダーシップの社会的構成

Meindl（1995）は組織の成功や失敗の原因が不明瞭な時，人はそれらをリーダーシップの成否と関連させて考えてしまいがちだと指摘し，この過度なリーダーへの期待を**リーダーシップのロマンス**（romance of leadership）と呼んだ。こういったことは，例えば，国の景気が良くなった時に，それを総理大臣が適切なリーダーシップを発揮したからだと国民が考え，支持率があがることからも理解できる。実際には国の景気を左右する要因は無数にあるにも関わらず，その原因をリーダーに単純に帰属させてしまうのである。

こういったことを受けて，Meindl は新たな研究として，**社会構成主義的リーダーシップ研究**を提唱し，それ以降，積極的な議論が展開されている（Fairhurst & Grant, 2010）。これらの研究では，リーダーシップはリーダーとフォロワーの相互作用を通じて，社会的に構成されることが前提とされている（福原, 2010）。「社会的に構成される」というのは，ある現象（例えばリーダーシップ）は人々の認知が共有されることによって創り出されるということを意味する。つまり，フォロワーたちの間で「あの人はリーダーシップを発揮している」という認知が共有された時，その人はリーダーシップを発揮しているととらえられることを意味する。それゆえ，リーダーシップを理解する上で重要なのは，リーダーの本当のパーソナリティや行動ではなく，フォロワーたちの間でイメージとして共有されたパーソナリティや行動となる（Meindl, 1995）。

本章の始めで紹介したカリスマ型リーダーシップも，実は社会構成主義的アプローチから研究がなされている。そのような研究では，あるリーダーのカリスマに対する認知や評価がフォロワー間でどのように共有されていくのか（カリスマの**社会的伝染**プロセス）が解明されている（Bligh, *et al.* 2011）。カリスマは，あるネットワークのなかでフォロワーどうしが相互作用をすることによって伝染していく。例えば，あるリーダーに関する逸話や武勇伝はリーダーのカリスマを伝染させる媒体となる。あるフォロワーが新入社員に自分の会社のカリスマリーダーについて語ることによって，その新入社員のリーダーのカリスマ性をより強く認知していく。このようにしてリーダーのカリスマは他のフォロワーへと伝染していく。こういったカリスマの伝染は，

フォロワーどうしの間に親密なネットワークが存在する場合や，ネットワーク内で相互作用が頻繁に発生する場合において起こりやすいことが明らかになっている（Pastor, *et al.*, 2002）。

このように Meindl によって提唱されたリーダーシップのロマンスはリーダーシップ研究に大きな影響を与えた。社会構成主義的リーダーシップ研究では，これまでのところ，リーダーシップとよばれるものがどのように構成されているのかを解明することに研究関心が集中している。今後は，これらの研究を現実の組織や実務家に対してより大きな示唆を提供できるよう発展させていくことが必要とされるだろう。

4　組織におけるフォロワーの役割

これまでに紹介してきたリーダーシップ研究は必ずしも明示的にではないが，上司を研究対象としてきた。たしかに，企業において上司は公式的な権限を持っているため，部下に対して影響力を発揮することが期待されるが，上司の命令に部下が従うことに対して疑問を持つ人は多くないだろう。

しかし，組織を成功に導くことができるのはリーダー（ないし上司）だけなのだろうか。リーダーをサポートするフォロワー（ないし部下）の存在も組織の成功に大きな影響をもたらすということは考えられないだろうか。組織を成功に導くためにフォロワーがリーダーに対して影響力を発揮することを，**フォロワーシップ**とよぶ。組織を成功に導く上で，このフォロワーシップは非常に重要であり，組織に対するリーダーの貢献度は10〜20％に過ぎない一方で，残りの80〜90％にあたるフォロワーシップこそが，組織の成功を支える真の人的要因であるとされている（ケリー，1993）。

フォロワーに求められるのは，①独自の批判的思考と，②組織や仕事への積極的関与である。①独自の批判的思考というのは，組織のために既存の枠にとらわれず自分で考え，創造性を持ち革新的なアイデアを提示しながら，建設的な批判をすることである。また，②積極的関与とは，イニシアティブをとり，自発的で，担当業務以上の仕事をすることである。このように，①独自の批判的思考と②積極的関与の2軸を用いて，ケリー（1993）は，フォロワーシップスタイルを**図表6-2**にあるように5つに分類している。

独自の批判的思考を持っているが，積極的に関与することが欠けているフォロワーは②孤立型フォロワーとよばれる。孤立型フォロワーは既存の組織体制や思考パターンに対してしばしば異議を唱え，上司と対立することをいとわないフォロワーである。しかしながら，日ごろから組織に積極的に関与しようとしないため，リーダーや周囲のメンバーからの支持を得られずその主張の正当性を担保できない。そのため，孤立型フォロワーは最終的にはリーダーや周囲のメンバーから単に厄介な人間だとみなされ，自ら職場環境を悪化させてしまう。

一方で，積極的な関与はみせるが，独自の批判的思考を持たないフォロワーは③順応型フォロワーとよばれる。順応型フォロワーは組織の仕事を積極的に引き受け，組織の潤滑油として組織に貢献する。しかし，その一方で順応型フォロワーは上司の意見に対して異議を唱えることや自分の意見を積極的に発言することを避ける。環境変化の激しい時代において，創造性やイノベーションを生み出すためには，時には組織内の既存の考え方にとらわれ

■ 図表6-2　フォロワーシップスタイルの5類型

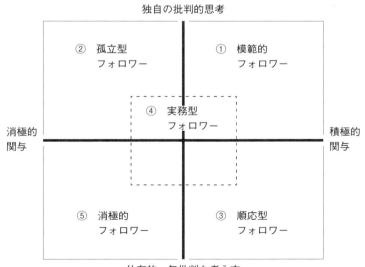

出所）ケリー (1993), p. 99をもとに筆者が作成

ず，新たな価値を生み出すことが求められる。しかし順応型フォロワーでは，組織やリーダーと異なる視点や考え方を持つことができないのである。

したがって，①模範的フォロワーには独自の批判的思考と積極的関与の両方が求められる。模範的フォロワーは積極的に関与することにより，リーダーや周囲のメンバーとの関係性を形成しながら，独自の批判的思考を持つことで，既存の体制や思考パターンから脱却する契機を組織にもたらすことを通して付加価値を生み出すことが可能となる。

まとめ

　この章では主にフォロワーに焦点をあてながらリーダーシップを説明してきた。第5章でみてきたリーダーシップ研究はリーダーのみに焦点があたってきていたが，有効なリーダーシップの発揮にはリーダーのみでなくフォロワーも重要な役割を果たす。例えば，フォロワーと友好的な関係を築くことがより良いリーダーシップの条件になるし，そもそもフォロワーからリーダーとして認められないとリーダーシップを発揮することはできない。つまり，フォロワーをみずに独りよがりにリーダーシップを発揮するだけでは，有効なリーダーシップを発揮することはできないのである。また，組織目標はリーダー1人の力によって達成されるものではなく，フォロワーの役割も非常に大きい。したがって，フォロワーの立場にいる人間も当事者意識を持ってリーダーをサポートすることが求められる。

さらに学習したい人への推薦図書

①　コッター，J. P. 著（1996），梅津祐良訳（2002）『企業変革力』日経 BP 社。
②　チャレフ，I. 著（2003），野中香方子訳（2009）『ザ・フォロワーシップ—上司を動かす賢い部下の教科書』ダイヤモンド社。

　①はリーダーが組織に変革をもたらすために必要な8段階の変革ステップを示した図書で，②はいかにしてリーダーと良好な関係を築きながらフォロワーシップを発揮することができるかを説明した図書である。

第 **7** 章

組織とグループ

イントロダクション

　営業成績が良かったという理由で，あなたは課長に抜擢されました。念願の昇進ということで家族を含め，周りは祝賀ムード一色です。しかし，肝心のあなたは，内心ちょっと不安です。グループのまとめ役を務めたことが1回もないからです。上からの指示・命令に従い，ただ顧客に誠心誠意で接すれば良かったこれまでとは違って，これからは15名もいる部下たちを引っ張っていかなければならないのです。

　しかし，何事にも真面目なあなたです。毎日が勉強の連続で，部下1人ひとりの性格や人間関係，コミュニケーションのあり方など，課内で起きていることすべてを詳細に把握するために全力を尽くしました。1ヶ月くらい経った頃でしょうか，あなたは1つの謎に悩まされることになります。グループとしてのまとまりは抜群なのに，営業成績はいまいちという謎です。

　課内で行なわれているコミュニケーション，助け合いの精神，部下たちの明るい表情や笑顔，どれをとっても申し分なく，部下たちは職場に来ることを本当に楽しんでいる様子です。飲み会となると，他の課の人々たちが参加を申し出るほど，盛り上がります。しかし，営業成績となると，4つある営業課の中で決まって最下位です。一体，なぜでしょうか。

　この章では，この謎の解明とともに，組織内でのグループの重要さとその働きについて，みなさんと一緒に考えていくことにしましょう。

学習ポイント

- 組織と個人にとってグループの意義は何だろうか。
- グループマネジメントの目標は何だろうか。
- グループの結束力が持つ両面性とは何だろうか。
- 生き生きとしたグループ作りに貢献する要因としては何があるだろうか。

1 組織におけるグループの意義と種類

　組織は人の集まりでもあるが，グループの集まりでもある。まず，組織内で結成されている様々なグループの意義やその重要性について考えてみよう。

1.1　グループの定義と意義

　グループとは，①2名以上の人々が集まり，②お互いにコミュニケーションをとりながら，③共通の目的を達成する，④相対的に規模の小さい人々の集まりである（池田ら，2010；武田・藤田，2011）。グループが組織の目標達成にどのくらい貢献しているかは，組織の生き残りや業績，競争力にとって決定的に重要である。それだけ，グループマネジメントは，組織にとって重要な課題である。

　グループは，個人にとっても非常に重要である。組織ごとに労働条件が異なり，どのような組織に就職するかによって，個人の人生は大きく変わってくる。しかし，いったん就職して働き始めると，個人は組織生活のほぼすべてを，様々なグループに配属されて働く。つまり，人々は，雇われているのは組織だが，毎日仕事をするところは巨大な組織ではなく，職場や部門，課といったグループなのである。

　それだけ，働く人々の日々の喜怒哀楽は，自分が属しているグループによって左右される。たまたま人間関係が良く和気あいあいとした職場で働く個人は，たとえ世間的には有名な会社ではなくても，朝起きて職場に行くのが苦ではない。逆に，言葉の暴力やいじめなどが平気で行なわれている職場で働く個人は，いくら世間的に有名な会社であっても，職場に行くのが辛い。グループは個人にとっても非常に重要なことがらなのである。

1.2　グループの種類

　組織の中で存在する様々なグループは，大きく**公式グループ**と**非公式グループ**とに分類できる。公式グループとは，組織が意図的に作ったグループで，組織図に描かれているグループである。公式グループは，指揮・命令の関係がはっきりしており，グループごとに明確な目標や責任，権限が与えら

れている場合が多い。企画課や人事課，営業第1課などのように，公式グループのほとんどは，多くの組織で同じ名前が付けられている場合が多い。また，組織変革などで大きな変化が起きない限り，長続きする特徴を持つ。しかし，組織には，グループを作る段階ですでに解散が決まっている，臨時的グループも存在する。タスクフォースやプロジェクトチームは，その良い例である（第13章参照）。

　一方，ホーソン研究で注目されたように，組織には人々が自然発生的に作った非公式グループも数多く存在している。非公式グループが作られる理由は，同じ趣味や同じ故郷，同じ大学など，様々である。非公式グループのほとんどは，同好会のようにメンバーたちの交流や親睦をはかることが主な目的で，組織の目標達成を妨げたりはしない。しかし，派閥やホーソン研究で発見された非公式グループのように，組織の目標達成を妨げる非公式グループも存在する。非公式グループにも注目しなければならない所以である。

2　グループをみる2つの見方・規範・倫理性

　ここでは，グループをみる2つの見方と，グループの持つ規範と倫理性について考える。

2.1　グループをみる2つの見方

　グループの同意語としては，チームと集団という言葉がある。「チーム」といわれると，どのようなイメージが浮かぶだろうか。肯定的であろうか，否定的であろうか。一方，「集団」といわれると，どうであろうか。答えは，人それぞれであろう。

　しかし，「チームワーク」や「チームプレイ」といわれると，どうであろうか。急に肯定的なイメージが浮かぶのではないだろうか。一方で，「集団主義」といわれると，どうであろうか。急に否定的なイメージが浮かぶのではないだろうか。それに対して，グループといわれると，なんとなく中立的なような気がする。本テキストが，グループという言葉を使う理由である。

　チームと集団とで微妙なニュアンスの違いがあるように，グループをみる目も実は，否定的な見方と肯定的な見方とで分かれている。まず，否定的な

見方であるが，その背景には，①グループはメンバーどうしが足を引っ張り合うので，グループの生産性は個々人の生産性の合計より小さい，②グループでは，個人や少数が犠牲となりがちである，という2点が潜んでいる。

グループにこのような否定的な側面があることは，テイラー（1911）が解決に苦悩した組織的怠慢（第1章参照）と，ホーソン研究で明らかになった非公式集団（第2章参照）ですでに確認した。2つの例はともに，グループの生産性は個々人の生産性の合計より低いだけではなく，グループには個々人が周りの圧力に屈し，自分独自の考えや主張をいえなくなる可能性があることをよく物語っている。

一方，肯定的な見方の背景には，グループには協力・協働という強力な武器があり，グループの生産性は個々人の生産性の合計よりはるかに大きいという認識がある。簡単にいえば，1人では持ちあげられない重いものであっても，2人が力をあわせれば持ちあげられる，という話である。グループが持つこのような肯定的な側面の代表的な例は，日本の品質管理（Quality Control：QC）サークルである。

1980年代になると，とくに日本の自動車産業の国際競争力は世界を圧倒するが，その原因の1つとして注目されたのが，QCサークルである（ウォマックら，1990）。組織的怠慢やホーソン研究の非公式集団とはまったく違って，日本のQCサークルは，会社の成長や繁栄は従業員の生活水準の向上に直結するというスローガンの下で，メンバーどうしが密接に協力・協働しながら，積極的な改善活動を行ない，欠陥の少ない高品質の自動車を，低コストで生産できる原動力となったのである。

2.2 グループマネジメントの重要性

グループに対して相反する2つの見方が存在するということは，グループそのものは価値中立的であることを強く示唆する。つまり，グループは良い方向へも，悪い方向へも転ぶ可能性があるのである。それを決めるのは，グループマネジメントの善し悪しであって，グループそのものではない。

グループマネジメントが良ければ，協力・協働が活発に行われる，生き生きとしたグループが生まれる。しかし，悪ければ，個々人を苦しめるグルー

プが生まれる。良いグループを作るためには，グループに関する深い理解や知識が必要不可欠な理由はここにある（Levine & Moreland, 2006；Turner, 2001）。

2.3　グループの規範と生産性

　グループに関する相反する2つの見方の存在は，グループの**規範**（norm）の重要性を浮き彫りにしている。規範とは，グループのメンバーたちが守らなければならないルールのようなものである。「欠席や遅刻，私語はしてはいけない」とか，「コンパや合宿には，必ず出席しなければならない」などは，規範のいい例である。これらの規範は明示されている場合もあるが，明示されず暗黙的な場合も多い。しかし，たとえ明示されていなくとも，みな何となく分かっている。

　規範を破った個人には，バッシングが行なわれるのが普通である。例えば，「働きすぎてもいけず，働きが少なくともいけない」という暗黙的な規範を持っていたホーソン研究の非公式集団は，働きすぎた仲間に対しては「賃（金）率壊し屋（ratebusters）」と，働きが足りない仲間に対しては「詐欺師（chisellers）」と名指しすることで，規範を破ったメンバーたちにバッシングを行なっていた（大橋・竹林, 2008）。

　このように，グループがどのような規範を持っているかは，グループの生産性に大きくかかわってくる。「会社には協力するな」という規範を持っていたホーソン研究の非公式集団の生産性と，「会社の繁栄はわれわれの生活向上につながるので，生産性向上とコスト削減には積極的に協力しないといけない」という規範を持っていた日本の QC サークルとを比較すれば，答えは簡単に分かるはずである。

2.4　規範の倫理性

　規範は，**グループの倫理性**にも深くかかわっている。規範の倫理性は，一気飲みや体罰を許さない規範を持っている部活と，部活の盛り上げやルールを違反した者への戒めとして，これらを平然と認めている部活とを比較すればよい。後者の部活の規範は，今の社会では容認できない，非倫理的で反社

会的な規範である。

いじめを行なうグループや組織ぐるみの犯罪を起こすグループが問題となる最大の理由は，これらのグループが非倫理的で反社会的な規範を持っているからである。このように，規範はグループの倫理性に深くかかわっているのである。

3　グループマネジメントの目標と有効性

ここでは，グループマネジメントの目標と，グループがうまく機能しているかを判断する基準について考える。

3.1　グループマネジメントの目標

ゼミや茶道サークル，クロスカントリースキー部，アルバイト先，大手企業の営業部門，どのようなグループでもいい。これらのグループは，集まっている人材の面でも，掲げている目標の面でもまったく違う。

ゼミは一般生の集まりで，卒論を書くことが目標であろう。クロスカントリースキー部はスポーツ一筋で頑張ってきた人々の集まりで，優勝という2文字を目指している。大手会社の営業部門は主に正社員たちの集まりで，上から与えられた目標を達成することが求められている。

このように，世の中には多種多様なグループが存在するのだが，これらのグループのマネジメントに共通する目標というものは存在するだろうか。千差万別だから，存在するはずがないと思われるかもしれない。しかし，存在する。どのようなグループであろうと，グループマネジメントには，次の3つの共通の目標がある。

1) メンバーからいかに協力・協働を最大限に引き出すか，という目標である。グループが持つ最大の可能性や強みはメンバーどうしの**協力・協働**にあるからである。

2) **ただ乗り**（free riding）や**社会的手抜き**（social loafing）をいかに防ぐか，という目標である。ここでいうただ乗りとは，自分の役割や責任は果たさず，グループの成果だけは共有しようとする個人の行動である。それに対して，社会的な手抜きとは，個人がグループに入ると，適当に

しか努力しないことを指す（Karau & Williams, 1993；Kidwell & Bennett, 1993）。

3）グループのなかで個人や少数が持つ可能性をいかに活用するか，という目標である。グループには常に多数にあわせるよう，圧力がかけられており（アロンソン，1992），個人や少数が犠牲になる危険性があるからである。

これらの3つの目標は，グループのまとめ役やリーダーの立場にいる人が常に意識しなければならない，グループマネジメントの究極的な目標といえる。

3.2　グループの有効性：生き生きとしたグループの判断基準

ここではしばらく，あなたが経営コンサルタントだと仮定しよう。ある大手組織から依頼が入ってきた。その組織に存在する様々な公式・非公式グループの生き生き度を評価してほしいという依頼だった。あなたなら，どのような基準を持って，グループの生き生き度を評価するだろうか。

ここで役立つのが，**グループの有効性**（group effectiveness）という概念である。グループの有効性とは，グループがどのくらいうまく機能しているか，掲げている目標をどのくらい達成しているのかなどを意味し，簡単にいうと，グループの生き生きさの程度のことである。上述したグループマネジメントの3つの目標が，グループの有効性を判断するもっとも重要な基準であることには間違いない。しかし，グループの有効性を判断できる基準は，他にもある。

①グループの生産性や目標達成の程度である。生産性が高いほど，掲げている目標を達成できているほど，グループの有効性は高いといえる。②メンバーたちの満足度である。メンバーたちが満足しており，笑顔や笑い声が飛び交っているグループほど，有効性が高い。**③グループの凝集性**（group cohesiveness）の程度である。

③のグループの凝集性とは，グループのメンバーどうしがお互いを引きつける程度のことを意味する（Schachter, et al., 1951）。メンバーどうしが，お互いを引きつけている力が強ければ強いほど，凝集性が高いグループとい

える。当然，凝集性が高いグループの場合，有効性も高いと思われがちである。しかし，このグループの凝集性には，注意すべき点がある。

4　グループの凝集性の持つ両面性

　グループの凝集性が持つ両面性は，Schachter ら（1951）によって早くから注目された。彼らの研究の面白いところは，「凝集性が高ければ，生産性も高いはずだ」というわれわれの常識に挑戦し，凝集性の高いグループが実は最悪の生産性を生み出す場合もあり得ることを，見事に証明してくれた点にある。彼らは，**図表 7 - 1** のように，それぞれ 3 人で構成されている 4 つの実験グループを作った。

　この実験の醍醐味は，グループの努力を方向づける「誘導（induction）」にある。その誘導だが，肯定的（＋）な誘導と否定的（－）な誘導の 2 つの状況が人為的に作り出された。

　肯定的に誘導されたグループは，「作業スピードを早くする」ように働きかけられたのに対して，否定的に誘導されたグループは，「作業スピードを遅らせる」ように働きかけられた。言い換えれば，肯定的な誘導とは，日本の QC サークルのように，グループが会社に協力する方向へと誘導されたのに対して，否定的な誘導とは，ホーソン研究の非公式集団のように，グループが「会社には協力するな」という方向へと誘導されたのである。

　実験の結果は，2 点に要約できる。①グループの生産性に影響を与えたのは，グループの凝集性が強い時だけであった。凝集性が低い場合は，グループの生産性はほとんど変わらなかった。②凝集性が高い場合だが，グループの生産性は，グループがどのような方向へと誘導されるかによってまったく

■ 図表 7 - 1　グループの凝集性と誘導との関係

	凝集性・誘導の組み合わせ	グループの生産性
実験グループ 1	高い凝集性・肯定的（＋）誘導	最高
実験グループ 2	低い凝集性・肯定的（＋）誘導	中間から最高の間
実験グループ 3	高い凝集性・否定的（－）誘導	最低
実験グループ 4	低い凝集性・否定的（－）誘導	最低から中間の間

出所）　Schachter, *et al.*（1951）をもとに筆者が作成

違った。実験グループ１のように，肯定的な方向へと誘導されたグループの場合，生産性が最高だったのに対して，実験グループ３のように，否定的な方向へと誘導されたグループの場合，生産性は最低だった。

　Schachterら（1951）の研究は，凝集性が持つ両面性を見事にみせてくれている。高い凝集性は確かに，グループの有効性を判断する重要な基準の１つであり得る。しかし，そこには，決定的な落とし穴が１つある。グループのリーダーがグループを悪い方向へと導いたり，グループの規範が反社会的だったりする場合，グループの高い凝集性は有効どころか，組織や社会に最悪の結果をもたらしかねないという落とし穴である。

　実際，われわれの身近にも，このような例は多い。いじめを行なうグループや反社会的なグループ，組織不祥事を起こすグループなどが，それである。興味深いのは，このようなグループほど，凝集性が高い傾向をみせているという点である。なぜそうなるのか，検討が必要なところである。

5　グループの有効性に影響する要因

　生き生きとしたグループ作りには，様々な要因が絡み合っている。グループの有効性は，集まっているメンバーたちの特性など，個人要因からも影響を受ける。メンバーたちが持っている能力や知識，スキルが高ければ高いほど，グループの有効性は高くなる。性格の面では，内向的な性格よりは，協調性に富む性格の持ち主が多く集まっているグループほど，グループ内でのコミュニケーションが活発となり，グループの有効性も高くなる。

　一方，グループの有効性は，組織要因からも影響を受ける。例えば，個人主義の組織文化（第22章参照）に比べ，グループを強調する組織文化を持っている組織ほど，グループがうまく機能する可能性が高い。また，人的資源管理制度（第９章参照）も，グループの有効性に影響する。成果主義のように個人の成果を重視する待遇システムに比べ，協調性やグループの成果を重視する待遇システムほど，グループはうまく機能する可能性が高い。要するに，組織が理念的に，制度的に，実質的にグループをサポートすればするほど，生き生きとしたグループが生まれやすいのである。

まとめ

　組織はグループの集まりでもある。そして，生き生きとしたグループ作りには，個人要因や組織要因など，様々な要因が絡みあっている。しかし，同じ能力の持ち主が選抜され，会社からのサポートもまったく同じであるのに，生き生きとしたグループもあれば，そうではないグループもある。

　これは，個人要因や組織要因よりも，グループダイナミクス（レヴィン，1948；ジョウ，1976），あるいはグループプロセス（ブラウン，1988）と呼ばれている，グループそのものの要因によって，グループの有効性はかなり違ってくる可能性が高いことを示唆している。実際，この章で学んだように，グループの規範や凝集性によって，グループの生産性や倫理性，有効性はかなり違ってくる。次の第8章では，これらのグループプロセスに焦点を絞る。

さらに学習したい人への推薦図書

① アロンソン, E. 著（1992），古畑和孝監訳（1994）『ザ・ソーシャル・アニマル』サイエンス社。
② ブラウン, R. 著（1988），黒川正流ら訳（1993）『グループ・プロセス―集団内行動と集団間行動』北大路書房。
③ 池田謙一・唐沢穰・工藤恵理子・村本由紀子（2010）『社会心理学』有斐閣。

　①は，グループでの人間行動について一般むけに書かれている本で，②は，グループプロセスに関する本である。③は，グループを主なテーマとしている社会心理学のテキストである。

第8章

グループプロセス

イントロダクション

あなたは演劇部員で脚本担当です。今年の学園祭では，6人の宇宙飛行士と高校教師マコーリフさんの命を奪ったチャレンジャー号の事件を舞台に上げることにしました。あなたは Harris ら（2000）の資料をもとに，打ち上げが決まる会議シーンを書き終えたばかりです。このシーンに登場するルートンとジェラルドですが，NASA と取引する会社の重役たちです。

ルートン（技術責任者）：（躊躇しながら）実は欠陥のある部品が1つみつかりました。技術屋の私も調べましたが，爆発する恐れがあります。7人の命がかかっている問題です。打ち上げは中止すべきです！

ジェラルド（副社長）：（呆れた顔だが強い口調で）いまさら何言ってるの！君はもう技術屋ではないんだよ，重役だよ重役！　その技術屋の帽子はさっさと捨てちまって経営者の帽子をかぶりたまえ！

NASA の関係者：（重い表情，低いトーンで）ここ数年，NASA は税金泥棒のようにみられてきた。マコーリフさんを宇宙に送る今回の打ち上げは，国民や政治家にアピールできる絶好のチャンスだ。ぜひとも協力してほしい。

ルートン：（しばらく沈黙，何かを諦めた様子で）承知しました（ため息）。

脚本を書きながらもあなたはルートンの行動がとても理解できませんでした。爆発の危険性を知っていたのに，なぜ同意したのでしょうか。本章では，この問いとともに，グループマネジメントにおける重要なことがらについて，みなさんと一緒に考えていくことにしましょう。

！ 学習ポイント

- グループプロセスとは何であろうか。
- グループ内で個人の役割はどのようにマネジメントすべきだろうか。
- 集団浅慮はなぜ起こるのだろうか。

101

1 グループプロセス

第7章で触れたように，メンバーたちの性格などの個人要因と，組織のサポートなどの環境要因によって，グループの働きはかなり違ってくる。しかし，より重要な要因は，**グループダイナミクス**（レヴィン，1948; ショウ，1976），近年では**グループプロセス**とよばれている要因である（ブラウン，1993）。グループプロセスは，グループの働きに影響するグループそのものの要因の集合と考えればよい。個人要因と環境要因を除いて考えてほしい。

第7章で指摘したように，マネジメント次第で，グループが大きい力を発揮する場合もあれば，メンバーが足を引っ張り合う場合もある。第7章で学んだグループの規範や凝集性はこれらを決める重要な要因である。しかし，グループの働きに影響する要因は，リーダーシップ（第5・6章参照）をはじめ，他にも様々ある（Levine & Moreland, 2006；Turner, 2011）。この章では，それらの要因に注目する。

2 グループの規模と構成

まず，グループの規模と構成の問題について考えていく。

2.1 グループの規模

グループがうまく機能するかどうかには，**グループの規模**もかかわってくる（Thomas & Fink, 1963）。誰でも，最適な規模の人数を知りたがるに違いない。しかし，残念ながら，正解は存在しない。規模は，大きければ大きいなりに，小さければ小さいなりに，長所と短所がある。大きいグループの場合，多様な知識やスキルの持ち主が集まっているので，グループの目標達成や問題解決が容易にできる可能性がある。また，規模が大きいと，多様なバックグラウンドや価値観，考え方の持ち主が集まっているので，問題解決にも有利である（ショウ, 1976）。

しかし，大きなグループには短所もある。人数が多いだけにコミュニケーションがうまくいかず，メンバー間の葛藤も増え，意思決定のスピードが遅くなる可能性がある。また，規模が大きくなると，グループのなかで個人が

みえなくなり，ただ乗りや社会的手抜きをする人々が増える可能性がある。

　一方で，規模の小さいグループは，規模の大きいグループとちょうど正反対の長所と短所を持つ。とすれば，グループの規模は，グループの目標達成に必要な最小限の人数にとどめておく必要がある。なぜなら，「必要最小限」以上の人数が集まると，ただ乗りや社会的手抜きが増える一方で，肝心な協力・協働行動はみられなくなり，グループの働きを阻害する可能性があるからである。

2.2　グループの構成

　グループの構成は大きく，同質的グループと異質的グループの2つに分けることができる。**同質的グループ**とは，「日本人の男性正規従業員」のように，似た者どうしの集まりで，メンバーたちのバックグラウンドや雇用形態，考え方，価値観などに共通点が多いグループを指す。一方で，**異質的グループ**とは，日本人の男性従業員だけではなく，外国人や女性，高齢者，非正規従業員など，多様性に富むグループを意味する。

　グループの規模と同じく，グループの構成もそれぞれ長所と短所を持つ（Hebl & Avery, 2012）。同質的グループの場合，阿吽の呼吸でコミュニケーションが行なわれ，メンバー間の葛藤が少なく，マネジメントしやすい。しかし，似た者どうしの集まりなので，異質なことや新しいことへの抵抗感が強く，革新性の面では問題を抱える可能性がある。

　反対に，異質的グループの場合，メンバーたちの考え方や価値観などが違っているので，グループ内で葛藤や対立が起こりやすく，コミュニケーションもうまくいかない可能性がある。一方で，異質的グループは，メンバーたちがお互いに多様な意見や考え方，価値観を受け入れ，自分のアイデアと組み合わせることで，より質の高い意思決定や革新的で創造的な何かを世の中に生み出せる可能性を秘めている（Hebl & Avery, 2012）。

　このように考えると，同質的グループは達成すべき目標がはっきりしており，メンバーどうしが効率よくそれを達成することが求められる際に，望ましいかもしれない。一方で，異質的グループは，新製品開発のように，何か新しいことや創造的なことを目指す際に，望ましいかもしれない。

3　グループと役割

　ここでは，グループのなかでの個人の**役割**（role）に注目する。

3.1　役　割

　新しい生活も落ち着き，アルバイトを始めることにした。面識のまったくないグループのなかに飛び込むわけだから，ドキドキしながらアルバイト先に向かう。無事，初日が終わる。幸いにみな協力的である。でも，最初の1ヶ月間はどうも居心地がよくなく，常に周りが気になる。自分に期待されていることがいまひとつ分からず，いら立ちが募る場合もある。しかし，時間がたつにつれ，何となく周りからの期待が分かってくる。すると，急にアルバイトが楽しくなり，いつの間にか頑張っている自分がいる。

　この例は，役割がいかに重要かを示す身近な例である。役割とは，周りの人々が個人に対して持つ様々な期待の集合である（池田ら，2010；Jacobson, *et al.*, 1951; Kahn, *et al*, 1964；Katz & Kahn, 1966）。役割理論に従えば，われわれはみな演技者である。なぜなら，われわれは家庭では息子や娘，父，母としての役割，学校では学生や先生としての役割，組織では社長や課長，平社員としての役割など，様々な役割を演じながら生きているからである。

　演じ方がうまいと褒められたり，ご褒美をもらえるが，下手だと嫌がらせを受けたり，叱られる。それだけ，人々は役割に敏感である。人々の役割への敏感さを，ぞっとさせる形でみせつけてくれた実験が1つある。偽刑務所実験である。

3.2　役割の怖さ：偽刑務所実験

　1971年，Zimbardo（2014）をはじめ，何人かの心理学者たちは，アメリカの名門大学の1つであるスタンフォード大学の心理学部棟の地下に，偽刑務所を作った。そして，実験への参加を呼びかける広告を出し，1日15ドルで24名の学生を雇った。これらの学生たちであるが，犯罪歴や刑務所とはまったく縁のない人々だったことは言うまでもない。

　雇われた学生たちはコイン投げで，看守と囚人の2つのグループに分けら

れた。囚人の役割を演じなければならなかった学生たちはきっと，「今日は
ついてないな」と思ったに違いない。しかし，どうせアルバイトだし，看守
といっても所詮偽物である。確かに運は悪かったが，「自分の人生で決して
経験するはずのない，異色で面白い体験ができる絶好のチャンスだ」と思い，
実験を楽しみ，一生忘れない思い出を作ればよかったはずである。

　しかし，実験は意外な展開をみせる。悲劇の始まりは，偽看守と偽囚人の
両方がともに，自分たちの役割をすんなり受け入れてしまったことから始
まった（Haney *et al.*, 1973）。ほとんどの偽看守たちは本物の看守になりきっ
てしまい，偽囚人たちが自分たちと同じく1日15ドルで雇われ，囚人の役割
をただ演じているに過ぎない同じ学生仲間であることをすっかり忘れ，本当
に罪を犯した悪い人間だと思ってしまったのだ。偽囚人たちも同じであった。
彼らもまた，自分たちが本当に罪を犯した悪い人間だと思ってしまったので
ある。

　結果は悲惨だった。偽看守たちは偽囚人たちに平気で言葉の暴力を浴びせ
ただけではなく，独房に監禁したり，目隠しをしたり，足に鎖をつけたり，
素手でトイレを掃除させたり，禁止されていた暴力まで振るうなど，平気で
偽囚人たちの人権を踏みにじった（Zimbardo, 2014）。一方で，偽囚人たち
は本当の囚人になりきってしまっていたので，このような扱いに従順に従っ
た。当初，2週間を予定していた実験は，早々と1週間で打ち切られた。実
験を続けると，参加した学生たちの精神的・心理的なトラウマが心配された
からである。

3.3　役割のマネジメント：役割曖昧性と役割葛藤

　偽刑務所実験は，確かにわれわれをぞっとさせる。しかし，実験の想定場
面が刑務所ではなく，人質救出のために集められたタスクフォースか，新製
品開発のために集まったプロジェクトチームか，災害現場に駆けつけたボラ
ンティアグループだったらどうであろうか。

　偽刑務所実験は，これらのグループにおいても，役割さえきちんと決まれ
ば，人々は非常にうまく自分の役割を演じ，グループの目標達成に貢献する
可能性が高いことを，ぞっとする形ではあるものの，見事にみせてくれてい

る。同時に，偽刑務所実験は，グループがうまく機能するためには，メンバーたちの**役割曖昧性**（role ambiguity）があってはいけないことを証明してくれてもいる。一般に，役割曖昧性とは，役割に関する情報が不足し（Kahn *et al.*, 1964；House & Rizzo, 1972），個人が頑張りたくても頑張れない状態のことである。

　一方，**役割葛藤**（role conflict）にも気をつけなければならない。役割葛藤とは，グループに所属している個人が，両立できない役割期待に狭まれ，頑張りたくても頑張れない状態のことである。冒頭のイントロダクションで述べた，「技術屋の帽子（役割）」と「経営者の帽子（役割）」との間で揺れ動いたルートンが経験したのは，まさにこの役割葛藤である。また，役割葛藤は，多くの女性が非正規従業員として働いている理由でもある。残業など，縛りの多い正規従業員だと，主婦・母親としての役割とうまく両立できないからである。

　役割葛藤は，個人のグループ内での居心地を悪くし，グループの有効性を阻害する重要な要因の１つである（Fisher & Gitelson, 1983；Jackson & Schuler, 1985；Netemeyer *et al.*, 1990）。グループをマネジメントする際に，役割葛藤にも細心な注意を払わなければならない理由は，ここにある。

4　同調圧力と集団浅慮

　ここでは，グループ内で存在する同調圧力と，それが原因で起きる集団浅慮に注目する。

4.1　同調と Asch の実験

　グループに入ると，他のメンバーたち，とくにグループのなかで多数を占めている人々から，自分たちの考え方や行動パターンにあわせるように強い圧力がかかる。個人が，自分の持っている考え方や価値観，場合によっては道徳観念や信念などを曲げて，グループにあわせることを，**同調**（conformity）という（アロンソン，1992；武田・藤田，2011）。人々が同調しやすい存在であることは，もはや古典的な実験となっている Asch (1951) の実験で，早くも確認されている。

図表8-1をみてほしい。2つのカードがある。Xと同じ長さのものを，A，B，Cの中から選ぶようにいわれる。誰がみても正解は，Bである。あなたは，自分が馬鹿にされているような気がして，機嫌を損なう。しかし，その悪い機嫌を抑えながら，あなたは正々堂々とBと答える。

しかし，Asch（1951）教授の実験に参加したアメリカの学生たちは，あなたと違った答えを出した。なんと，多くの人々が，Bと答え・な・か・っ・たのである。ただし，あなたとアメリカの学生たちとの間には，決定的な違いが1つある。あなたは周りに誰もおらず自分1人で答えたのに対して，Asch教授の学生たちは7～8名に囲まれていたという点である。この点が，決定的な違いを生む。

円卓テーブルに，あなたを含めて8名が座っている。ただ，この8名のなかであなただけが何も知らず，実験に参加している。残りの人々はみなサクラで，前もってAsch教授と口裏をあわせている。もちろん，あなたはその事実を知らない。

実験が始まり，上記の問題に解答するように求められる。なぜか，あなたは最後に答えるようにいわれている。解答が始まる。最初のサクラが，口裏あわせ通りにCと答える。あなたは，「馬鹿ではないの」と，笑いをこらえるのに必死である。しかし，その後のサクラたちが，次々とCと答える。あなたは，唖然となる。心拍数が高まり，緊張する。いよいよあなたの番が来

■ 図表8-1　Aschの同調実験

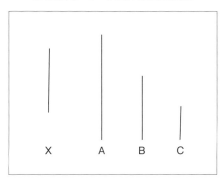

出所）アロンソン（1994），p. 21

る。どう答えればいいのか，しばらく躊躇する。そして，あなたも，Ｃと答える。これこそ，Asch 教授の狙いだった。

　Asch 教授の目的は，人々がグループに入ると，どのくらい自分の信念を曲げ，周りに同調するのかを調べることであった。そして，状況をいろいろ変えて実験を繰り返してみた結果，約32％の実験で同調者が出た。つまり，100回の実験が行われた場合，32回において人々が自分の信念を曲げ，相手にあわせたのである。一方で，実験に参加した50名のなかで，１回も同調しなかった人はたったの13人で，残りの37人は最低１回は同調した（Asch, 1951）。

　Asch 教授の実験は，人々がグループに入り，強い同調圧力にさらされると，多くの人々が自分の信念を曲げ，たとえそれが明らかに不正解な場合であっても，いとも簡単に多数にあわせる傾向が強いことを雄弁に物語っている。

4.2　同調圧力と集団浅慮

　Asch 教授の実験結果を解釈する際には，注意すべき点がある。Asch 教授が小学生でも正解率がほぼ100％に近い，非常にシンプルな問題を出しているという点である。しかし，よく考えてみてほしい。グループで行われる意思決定は，決して Asch 教授の問題のように，正解が明確なわけではない。むしろ，曖昧で不確実なことがらの方が，はるかに多い。

　冒頭で述べたチャレンジャー号の事故でも，シャトルの爆発はあくまで確率の問題で，爆発の「恐れ」，「可能性」があっただけである。ゼミ合宿を山に行くか，海に行くかに正解があるだろうか。成長が見込まれるといって，アフリカに投資すべきか，すべきではないかも同じである。正解は，のちのち分かってくる。Asch 教授の実験のように，正解がはっきりとしている問題に対してさえも，人々が同調しやすいとすれば，曖昧で不確実な意思決定に対しては，ほとんどの人々が同調するに違いない。

　同調には，確かにメリットがある。個人としては，同調して多数にあわせてしまった方が楽だし，メンバーたちからもすんなり受け入れられるし，嫌がらせや仲間外れなどの罰も受けずにすむ。一方，グループ全体としては，

みなが同調してくれるので，意思決定のスピードが速くなり，グループの目標も効率的に達成できる。しかし，同調は，グループを**集団浅慮**（group-think）に陥れる危険性をも持っている。

　一般に，集団浅慮とは，グループ内で強い同調圧力が働いており，個々人が持っている健全で常識的な思考や現実感覚が麻痺し，道徳的で合理的な判断ができなくなる現象のことである（ジャニス，1982）。グループがいったん集団浅慮に陥ると，少数の意見はグループの和を妨げる逸脱的な行動としてみなされ，のちのちに正しいと判明される意見や考え方，価値観，道徳観を持つ少数は黙ってしまう。その結果，意思決定の際に，検討に値する貴重な選択肢や解決策が検討されず，グループは表面的で浅い判断で終始してしまい，決定的に誤った意思決定をしてしまう場合もありうる。

　冒頭で述べたチャレンジャー号の事故の背景には，同調圧力と集団浅慮があった。のちのち正しいと判明される意見の持ち主は，ルートンだった。しかし，ルートンは，NASA や経営陣から強い同調圧力をかけられ，同調せざるを得なかった。その結果，貴重な少数の意見は検討されずに打ち上げが決まり，7 人の尊い命が奪われた。

　チャレンジャー号の事件だけではない。世間を騒がせた大きな事件や不祥事の背景には，集団浅慮という問題が潜んでいる（Harris *et al*, 2002；ジャニス，1982）。グループとはいえ，少数，場合によっては 1 人の意見や考え方，価値観を尊重しなければならない理由は，ここにある。

　集団浅慮を防ぐ方法もある。個々人が自由に意見やアイディアを出し合う**ブレインストーミング**（brain storming）は，集団浅慮を防ぐ 1 つの方法である。しかし，より重要なことは，①グループには常に同調圧力が存在しており，集団浅慮に陥りやすい傾向があるという点，②多数が同意したからといって，それが必ずしも正解とは限らないという点の，2 点を常に意識することである。

　場合によっては，1 人が，あるいは少数の人々が正解を持っている可能性だってある。グループマネジメントに携わっている人々が，たった 1 人や少数が多数に同調せず，自由に意見がいえるグループ作りに悩まなければならない理由は，ここにある。

まとめ

　お互いが協力しあうグループとなるのか，それとも足を引っ張りあうグループになるのかは，グループマネジメント次第である。グループをうまくマネジメントするためには，何よりグループに関する深い理解が欠かせない。

　生き生きとしたグループを作るためには，必要最小限の規模を維持しながら，グループが掲げている目標と整合性のとれたグループの構成（同質的グループ対異質的グループ），個々人の役割曖昧性をなくす一方で，役割葛藤を減らす努力，同調の持つ可能性とその危険性とを充分に認識したマネジメントが欠かせない。

　いずれにせよ，グループマネジメントの最大のポイントは，グループが持つ可能性，つまり，協力・協働を積極的にうながしながらも，個々人に犠牲や同調を強いるのではなく，個々人が生き生きと活動する状態をいかに作り出すかである。部活やアルバイトのリーダー，係長や課長など，グループマネジメントに直面している人々が常に問いかけなければならないのは，まさにこの課題につきる。

さらに学習したい人への推薦図書

① アロンソン，E. 著（1992），古畑和孝監訳（1994）『ザ・ソーシャル・アニマル』サイエンス社．
② ブラウン，R. 著（1988），黒川正流ら訳（1993）『グループ・プロセス―集団内行動と集団間行動』北大路書房．
③ 池田謙一・唐沢穣・工藤恵理子・村本由紀子（2010）『社会心理学』有斐閣．

　①と②はともに，グループのなかで起きる様々な現象を取り上げている。③は，個人と集団との関係に焦点をあてた社会心理学のテキストである。

第 9 章

人的資源管理と日本型経営

イントロダクション

　みなさんが仕事を選ぶ場合，何が一番気になりますか。給料や休み，勤務時間は誰もが興味を持ちます。適切な給与体系や，働きやすい環境を整えておくことで，上司は部下をリードしやすくなります。どのように働けば自分が評価されるかが明示されていれば，従業員はモチベーションを維持することができます。このように組織や従業員にとって望ましい姿となるよう，人が働くことに関する制度を考える領域を人的資源管理とよんでいます。

　働くことに直接影響を及ぼすものは，上司の態度，仕事の内容，組織の風土などが他に考えられます。これらは，いずれも人的資源管理の影響を強く受けます。失敗を許さない方針で作られた制度の下では，上司は厳しく接するとともに，従来通りに仕事をすすめるようになり，堅苦しい組織風土が形成されます。一方，挑戦をうながすことを推進する方針で制度が設計されれば，上司は部下の挑戦を支援し，新しいことに取組む仕事が与えられ，活き活きとした組織風土が作られるでしょう。人的資源管理は，現場のマネジメントの柱なのです。

　みなさんが働いているアルバイト先や仕事場では，どのような制度が実践されていますか。その制度は，何を目指しているのでしょうか。本章では，そのような制度を理解する手助けとなるとともに，将来，どのような制度が望ましいかについて，みなさんと一緒に考えていくことにしましょう。

❗ 学習ポイント

- 人的資源管理は実際に，どのような施策が行なわれているのだろうか。
- 日本型経営の柱である長期雇用は，崩れてしまったのだろうか。
- 人事異動は何のために行なわれているのだろうか。
- 能力開発の方法には，どのようなものがあるのだろうか。
- 人事評価はどうして難しいのだろうか。

111

1 人的資源管理と採用

この領域は，様々なよび方がなされている。一般的には，工場労働者を対象としたマネジメントを労務管理，ホワイトカラーを中心としたマネジメントを人事管理とよんでいた。また，様々な労務や人事の機能を統合し，コスト削減や新たな価値を生み出すことが期待されるようになり，人的資源管理とよばれることが多くなってきた（廣石, 2005, pp. 6 - 7 ）。

人的資源管理の領域は広範囲に渡る。個々の議論には，企業内の問題だけではなく，社会的な課題解決に向けたものもある。また，その背景に大きく影響を及ぼしているのが終身雇用や年功序列といった日本型経営である。本章では，そのうち，中心となる雇用と採用，配置とジョブローテーション，能力開発，人事評価と給与について，日本の特徴を交えながら取りあげる。

1.1 雇用管理と採用

企業において，人のマネジメントは，その総量を考えることから始まる。そこでは，量と質の面を考慮しなければならない。一般に雇用管理では，量の側面が強調される傾向にある。従業員数や労働時間の管理がそれに該当する。従業員の数を増やす方法が採用であり，数を減らす方法が**雇用調整**である。

1.2 新卒と中途採用

日本において，従業員を採用する方法でもっともウェイトを占めるのが4月一括採用（**新卒採用**）である。高校や大学を卒業したばかりの人が大量に労働市場に出回る時期に，安定して労働力を確保する方法として，新卒採用が定着している。

これに対して，必要な時に採用する方法は，通年採用あるいは中途採用とよばれている。昨今，留学していた学生や，秋に大学を卒業した学生を対象とした採用も通年採用とよばれる場合もある。

新卒採用は，多くのケースにおいて，将来不足すると予測される従業員数を確保するために行なっている。そのため，企業が欲している人材像につい

ては，抽象的であり，将来のノビシロを予測した採用となる。これに対して，中途採用は，具体的に現在不足している人材確保を目指しているため，企業が欲している人材像は明確である。

新卒採用では，学生側はこれまで勤務経験がないため，自分がどのような業界や職種に適性があるのかわからない。一方，企業側も人材像を明確にしていないため，企業と学生との間の情報の非対称性が大きく，人材のミスマッチが発生する可能性が高い。そこで注目されているのが，インターンシップである。企業側としては，インターンシップ経験者は，採用の際のミスマッチのリスクが低いと考えている。学生側としては，自分の適性やアピールポイントを的確に伝える経験を得ることができる。

1.3　正規従業員と非正規従業員

昨今問題となっているのが，正規と非正規の違いである。一般に正規従業員として採用された場合，雇用は安定的であり，固定化する傾向が強く，給与が高い。一方，非正規従業員として採用されると，雇用が不安定で，流動的であるとともに，給与は低い。両者の間には大きな差がある。

正規採用された従業員が固定化するもっとも大きな原因は，日本では，解雇権が制限されているからである。戦後，労働力が不足している時代には，従業員をとどめておく必要があった。そのため，長期雇用を前提としながら，継続的に働くと給料が上昇する**年功序列・終身雇用**の枠組みが普及した。さらに，1979年10月29日の東洋酸素事件の東京高等裁判所の判決で，整理解雇を行なう場合，次の4つの要件を満たすことが示された。すなわち，①解雇を行なう合理的理由，②配置転換や新卒採用の停止，希望退職者の募集など解雇回避努力を十分に行なっているか，③解雇対象者の人選は，客観的・合理的基準に則したものか，④解雇の手続きが妥当であるか，である（廣石，2005, pp. 119-120）。

このように正規採用された従業員が固定化したため，雇用量を調整する方法として，非正規従業員（パート，アルバイト，**派遣従業員**等）が活用されてきた。雇用が不安定であることは，従業員の生活を脅かすことにつながるため，派遣従業員が従事できる職種が制限されていた（1986年当初はソフト

第9章 人的資源管理と日本型経営

113

ウェア開発, 事務用機器操作, 秘書など13業務)。しかし, 1996年には26業務に, 2003年には製造業が加えられた。さらに, 派遣従業員の生活を安定させるために, 2012年には, 日雇派遣を原則禁止するとともに, 1年以上勤務した場合, 希望に応じて無期雇用へとつながる措置をとることが努力義務化された。

1.4 雇用調整の手段

企業の活動を支える雇用を調整する方法は, 究極的には採用と解雇であるが, その間を埋める方法がいくつかある。具体的にはゆるやかなものから順に, 残業規制, 休日・休暇の増大, 臨時・季節・パートタイム労働者の再契約停止・解雇, 中途採用の削減・停止, 配置転換, 出向, 一時休業（一時帰休）, 希望退職者の募集・解雇である。

製造業がどれくらい雇用調整を実施しているかを示したグラフが**図表9-1**である。この図表から, リーマンショックといった大きく景気が後退

■ 図表9-1 製造業の雇用調整の実施の有無

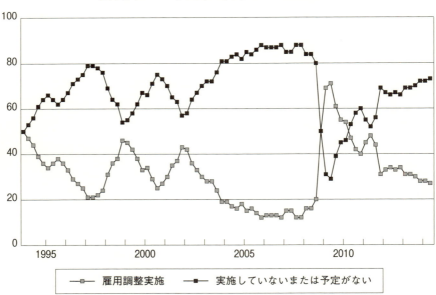

出所) 『労働経済動向調査』をもとに筆者が作成

した状況に直面すると，企業は雇用調整を実施し対応している様子がわかる。

雇用調整の具体的内容を示しているのが**図表9-2**である。実際に行なわれている方法はマイルドであり，可能な限り雇用を守ろうとしている様子がわかる。

かつて日本企業が長期雇用を目指したのは，労働力が不足している時代の

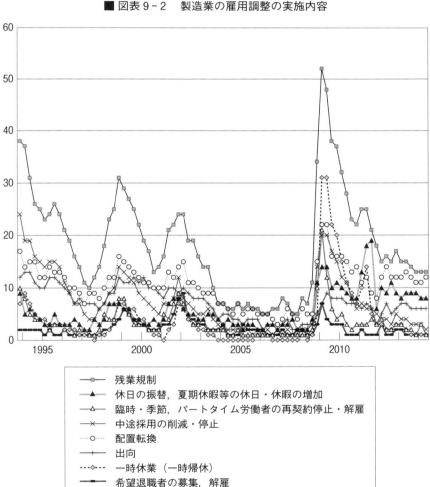

■ 図表9-2　製造業の雇用調整の実施内容

出所）『労働経済動向調査』をもとに筆者が作成

雇用の確保がきっかけであった。しかし，現在において，長期雇用が実現しているのは，他の狙いがあるからである。

その大きな理由の1つは，企業の社会的責任の遂行である。日本において，雇用を守ることがもっとも大きな社会への責任と考えている経営者は少なくない（岡本ら，2012, p. 276）。また，企業の価値をより高めるための積極的な視点もある。例えば，組織へのコミットメントの高揚や，独自の価値を創造することを狙って雇用の維持をはかっている（馬場，2005）。

2　配置とジョブローテーション

雇用調整の1つとして，労働力が余っているところから労働力がより求められているところへ配置転換（**ジョブローテーション**）する方法がある。配置転換は，雇用調整機能という消極的な手段だけではなく，以下のような積極的な目的のために推進している企業も数多くみられる。

2.1　適材適所と経験による学習

従業員の配置は労働量の問題だけではなく，質の問題も問われる。企業内には，様々な職種があり，その仕事をする上で必要な能力が問われる。その職種を全うする上で相応しい人材を，相応しい職場に配置することによって，個人のパフォーマンスは最大限に発揮される，という思想が適材適所の背景にある。

一方で，様々な仕事を経験することによって，従業員の能力が高まることも期待できる。多様な経験をうながすことで，ゼネラリストを育成することができる一方，特定の経験を深めることで，スペシャリストを育成することができる。工場においては，関連する作業を複数経験させることで，**多能工**化が進む。多くの従業員が単一の作業だけではなく，複数の作業に取り組むことによって，需要の増減への対応がスムーズになるとともに，1人で責任をもって完成品へと組み立てるセル生産を可能にする。また，互いの仕事を理解することによって，コミュニケーションが円滑となり，作業全体がより効率的になる。

また，同一部署に長くとどまることにより，その職場のことをよく知るこ

とができる反面，顧客との癒着が問題になる場合がある。金融機関では，同じ支店に長く勤めると，特定の顧客のみを優遇する可能性が増す。すべての顧客に平等なチャンスを提供するため，とくにバブル崩壊後は，一定期間で異動させる取り組みが定着した。

2.2　情報共有・社内の人的ネットワークの構築

　事業部や職能部門を越えた異動にせよ，限られた職能のなかでの異動にせよ，従業員が異動することにより，社内の情報共有が進み，人的ネットワークが構築される。部品製造の事業部から組み立ての事業部へ異動することによって，垂直的なモノの流れを円滑に進めることができる。また，営業部門を担当していた者が，開発部門へ異動することによって，開発部門に顧客の情報を提供することができる。

　さらに，人と人との結びつきは，社内の人脈形成に大きく貢献する。社内の人脈が豊かになれば，社内で発生する問題の解決に取り組む場合，大いに役立つことが予測できる。

　情報交流や情報共有そして豊かな社内人脈は，企業内の問題解決に大いに貢献することから，ジョブローテーションは，イノベーション創出の基盤となっている（馬場 , 2007; 2009; 2011; 2012）。これまでの経験が活かしにくい職場への異動は，短期的には成果が下がるが，長期的には，個人にとっても組織にとっても高いパフォーマンスの向上が期待できるのである。

2.3　個人の視点としてのキャリア開発

　異動は，転勤を伴う場合が多い。同じ地域であれば，個人の生活に大きな問題はないが，海外への赴任や国内でも引っ越しが伴う場合であれば，個人の生活を一変させる。また，個人の経験の積み重ねが，個人が目指している仕事の成否のカギを握るため，ジョブローテーションは，個人のキャリア開発に大きな影響を及ぼす。

　かつては，企業が優位に立っていた異動も，昨今は，程度の差はあるが，個人の希望や状況を加味した形へ変質してきている。高齢化とともに，親の介護の問題が家庭のなかで大きくなってきていることも一因である。企業，

個人双方にとって可能な限り望ましい異動を実現できれば，双方にとってプラスに働くこととなろう。

3　能力開発

　従業員の能力を高めることで，パフォーマンスの向上が期待できる。雇用の流動化が進まず，長期雇用が定着していた日本企業では，計画的に人材を育成しなければ，必要な人材を確保することができなかった。ローテーションによる能力開発が進んだのは，このような背景もあったと考えられる。

　能力開発の方法は大きく，仕事をしながら取り組む**OJT**（On-the-Job Training）と仕事を離れて行なう Off–JT に分けられる。Off–JT（Off-the-Job Training）は，特別な目的に沿った研修（例えば，新人研修や部課長研修）と個人が自分の希望に沿って様々な能力開発機会を選択できる自己啓発が主要な取組みである。

　日本企業では，最低限の研修を行ない，仕事の多くを OJT で学ばせる傾向が強かった。個人の職務内容が明確に定められていないため，個々人の業務を正確にマニュアル化することが難しかったこともその一因である。先輩社員が会社の文化，慣習も含めて，時には丁寧に時には見守るスタイルで指導が行なわれた。

　グローバル化が進み，国際競争が激しくなると，組織が抱える人材の層の厚さが問われることとなる。そのため，より体系だった幹部候補生の育成がはかられる傾向が強くなってきた。かつては，子会社出向や海外転勤は，出世街道から外れていた。しかし，小さくても企業の経営に携わった経験が将来の幹部には欠かせないとの発想から，昨今では将来を担う人材を積極的に子会社の社長に据えるケースも増えてきている。

4　人事評価と給与

　人事施策の中心は人事評価である。給与だけでなく，採用や配置，能力開発は個々人を評価した結果，適切な対応をとることができる。そのため，多くの領域と関係があるが，ここでは，主に給与とのかかわりで説明していきたい。

4.1　人事評価の主眼の変化

　日本企業は，年功評価の割合が高かった。勤続年数に応じて昇給させることにより，従業員の定着をはかり，労働力を確保することが当初の狙いであった。これは，経験によって能力が向上すること，また，儒教の精神から年長者を敬う文化とも合致し，ある程度の合理性があった。

　しかし，高度成長を終えると，技術をはじめ，様々な局面でより高度な能力が求められるようになってきたことに加え，大学進学率が上昇した。その結果，年功だけを評価するよりも，実際の能力を評価することが合理的である場合が多くなってきた。

　そこで導入されたのが，**職能資格制度**である。職務ごとに求められる能力が異なる。それを遂行する能力があるかどうかを試験で判定し，資格を与えるというものである（日本経営者団体連盟，1969）。一見すると能力主義にみえるものであったが，受験資格にある程度の経験を求めているため，実際は，年功的な要素が強い運用となってしまっている。

　バブルが崩壊し，不安定な社会へ突入すると，より短期間で合理性を達成する風潮が蔓延した。その1つが，短期的な個人の成果を評価しようとする**成果主義**の導入である（日本経営者団体連盟，1995）。目標管理制度（第4章参照）の導入は，この動きと連動している。

　しかしながら，成果主義は，企業全体にとって良い情報を隠し，個人の秘密主義を横行させ，チーム運営を困難にする。むしろ，従業員に同一組織への定着を長期的にうながし，仕事そのものの楽しさを伝えるために年功評価は再評価されている（高橋，2004）。

　評価の方法は人事考課が中心となる。一般に直属上司が，普段の従業員の働きぶりを観察して，評価シートに従って評価を進める。直接給与に関係するのは，成果を判断する場合の目標管理にかかわる部分であるが，その後の配置転換や昇格などにも大きな影響を及ぼす。

4.2　評価の課題

　人が人を評価することは難しい。人を評価せず，仕事を評価しようという発想が，職務分析と職務給である。それぞれの仕事はどのくらいの価値があ

るかを分析し，それに応じた給与を支払うというものである。ただこの方法では，仕事が変わると給与が変わってしまうため，ローテーションを前提とした職場には不向きとなる。

　人が人を評価する際，どのように客観性を担保するかが問われることとなる。その取組みの1つが，360度評価である。直属上司だけではなく，さらに1つ上の上司から評価されることで，個人のバイアスが減る可能性が高まる。加えて，評価項目によっては，同僚（ピア）や部下からも評価されることによって，より客観性が増すこととなる。一方，評価の負担が高く，業務に支障が出ることも少なくない（佐藤ら，2011, pp. 83-85）。

　企業の存続のためには，新たな取組みを進め，イノベーションを喚起させることが期待されている。新たな取組みには，失敗はつきものである。もし，失敗をしたらマイナスの評価が与えられるようでは，誰も新しい取組みに挑戦することはしないだろう。そこで，失敗に対する寛容が注目されている（Farson & Keyes, 2002）。

まとめ

　人的資源管理の内容は，従業員個人にとって，モチベーションに影響を及ぼす。自分が納得する評価は，高いモチベーションにつながる。一方，企業にとって，人的資源管理は，従業員の望ましい活動を引き出す直接的なツールである。きっちりした行動を引き出すのか，あるいはミスがあってもチャレンジングな活動を引き出すのかは，人的資源管理の制度設計に大きく依存する。本章が，実際に行なわれている人的資源管理の施策を考察するとともに，日本型経営や，様々な人事評価方法の善し悪しを理解する一助となることを期待している。

さらに学習したい人への推薦図書

① 佐藤博樹・藤村博之・八代充史（2011）『新しい人事労務管理（第4版）』有斐閣。
② 廣石忠司（2005）『ゼミナール人事労務』八千代出版。
③ 須田敏子（2010）『戦略人事論』日本経済新聞出版社。

　①②は広く，人事労務管理にかかわる話を体系的に学ぶことができる。また，戦略との結びつきについては，その議論の流れも含めて③が詳しい。

Part II

組織の視点で考えるマネジメント

Management from the perspective of organization

"Nul vent fait pour celui qui n'a point de port destiné."
「目的地の港がないならば，いかなる風も役立たずでしかない」

ミッシェル・ド・モンテーニュ（フランスの哲学者）
宮下志朗訳（2008）『エセー　3（Les Essais Livre Second Chap. I）』
白水社（原著出版は1927年），p.140（21頁）。

　進むべき方向が定まってないと，個々のメンバーの力は分散し，組織という船に推進力を与えられない。メンバーが組織の視点を持ち合わせてはじめて，個々の力を組織的な力へ転換できる。

「同じ性格の人たちが一致団結しても，せいぜいその力は『和』の形でしか増さないけれども，それぞれ異なる性格の人たちが団結した場合には，それは『積』の形でその力が大きくなる」

西堀栄三郎（第一次南極観測隊副隊長兼越冬隊長）
西堀岳夫（2009）『とにかく，やってみなはれ』PHP 研究所，p.115。

　異質な人々とコミュニケーションを取ることは，決して容易ではない。しかしながら，多様性こそが，これまでになかった発想や発見をもたらすのである。

第10章

組織と意思決定

イントロダクション

　会社で働く目的は何でしょうか。もっとも重要な目的は，生活の糧となる給料を得ることです。しかしそれだけで会社や職業を選ぶことはないでしょう。どのような働く喜びがあるか，自分の活躍がどのように評価されるか，人から尊敬されるか，自分の仕事と会社の活動が社会の発展や人々の幸せに貢献するかなど，人によって選択の理由は違います。

　どのような理由で仕事を選んだとしても，仕事そのものは会社の利益のために行なわれる行動です。しかし自分の仕事が会社に利益をもたらすと同時に，仕事をすることを通じて，自分にとっても金銭的・非金銭的な様々な利益が得られることがあります。つまり，仕事という行動には，自分自身にとっての目的と会社にとっての目的の両方が伴うのです。本来は，会社の発展と自分の喜びや幸せとを両立することが理想なのです。

　しかし現実には，そうでない状況があります。厚生労働省（2014）の発表によれば，平成25年度の精神障害の労災請求件数が1,409件（前年度比152件増）と過去最多とのことです。つまり，会社で働くことで不幸になる人が増えているのです。本章では，会社の存在意義とは何なのだろうかという問題について，みなさんと一緒に考えていくことにしましょう。

！ 学習ポイント

・なぜ組織というものが存在するのだろうか。

・人間はなぜ組織に参加し，また組織を辞めるのだろうか。

・経営者にとってもっとも重要な役割とは何だろうか。

・人間はなぜ失敗するのだろうか。

123

1 バーナードの組織概念

バーナードは経営学の研究者ではなく，企業の経営者であった。彼が1938年に著した『経営者の役割』は，組織の本質と，組織とそれに属する個人との関係を明らかにし，組織の存続発展と個人の幸福の両立を図ることが経営者の役割であると主張した。彼がとらえた当時の社会は，大小様々な組織が存在し，本来は個人を幸せにするために存在するのが組織であるにもかかわらず，現実には組織が個人を不幸にしてしまうことが多いことに疑問を抱いた。

1.1 協働システムと組織

個人がある目的を持っているとして，それを達成するためには能力や手段などで限界がある。それを克服するために人は他の人と協働をする。それが一般に組織とよばれるものであるが，現実にはその形態も活動も多様である。このように現実に存在する様々な形態の組織をバーナードは「**協働システム**（Cooperative System）」とよぶ。さらに，協働システムは，人的システム，物的システム，社会的システム，組織の4要素から構成されているととらえる。

物的システムは，原材料や設備，機械といった物的手段の集まりであり，組織の活動によって価値を与えられる。人的システムは組織メンバーとしての個人の集まりである。また，組織は他の組織と交換関係を持っており，これが社会的（交換）システムとよばれる。これら3つの人的システム，社会的システム，物的システムは実体としての協働システムの多様さをもたらしているが，抽象概念としての「組織」というものがすべての協働システムに共通して存在するという。占部（1974）は協働システムと組織との関係を，**図表10-1**のように表している。

バーナード（1938）の定義によれば，抽象概念としての組織とは，「2人以上の人びとによる意識的に調整された諸力または活動のシステム」である。この定義にもとづき，**組織成立の三要件**として，①**共通目的**，②**協働意欲**，③**コミュニケーション**が必要であると述べている。

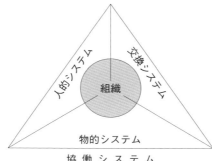

■ 図表10-1　協働システムの構造

出所）占部（1974），p. 165をもとに筆者が作成

1.2 共通目的

　組織メンバーは，組織から与えられる誘因を期待して貢献するが，その貢献はある1つの方向に向かうように調整されなければならない。その向かうべき方向が第1の要件としての共通目的であり，それが達成されなければ，組織の存在意義はなくなってしまう。

　メンバーが自身の誘因を期待しながらもその貢献が組織の共通目的の達成に貢献するという二面性について，バーナードは，組織メンバーは**組織人格**と**個人人格**という2つの人格で説明している。組織人格とは，個人が組織の目的達成に向けて行動する側面をさし，個人人格は自分自身の目的や動機を満たすために行動する主観的な側面である。個人人格に対応して個人目的が，組織人格に対応して組織の共通目的が存在することになるが，個人が組織メンバーとして行動する限りは，個人人格を放棄して組織人格として行動する。そして組織目的はメンバーにとって客観的なものとして存在することになり，その達成にむけて全メンバーの努力を集約していくことになる。

1.3 協働意欲

　第2の要件である協働意欲は，組織メンバーが組織の目的達成にむけて貢献しようとする気持ちを持つこと，すなわち，「諸力または諸活動」がそこに存在することを意味している。では，どのような状態であればメンバーは

組織に貢献する意欲を持つのであろうか。それは，組織に提供する**貢献**（contribution）よりも組織がその報酬としてメンバーに提供する**誘因**（incentive）が大きいとメンバーが考える場合である。貢献よりも誘因が大きい状態を実現するために，組織は様々な誘因を提供しようとする。金銭的報酬（物的誘因）ばかりでなく，昇進や地位，名誉のように個人的に価値を覚える誘因（特殊的誘因），職場の良好な人間関係や環境のようにメンバー全体に共通して提供する誘因（一般的誘因）などがあり，メンバーはこのような誘因の価値の総計と自身の貢献の価値とを照らし合わせて，貢献するかどうかを判断する。

1.4 コミュニケーション

第3の要件であるコミュニケーションは，メンバーの協働意欲と共通目的とを結びつけるものである。経営者は，組織メンバーに対して，どのような貢献をすればどのような誘因が与えられるかを知らせることによって協働意欲を引き出す。これによって引き出された貢献が組織の目的達成にむけて整合的であるためには，組織全体の目的と個々のメンバーに割り当てられる目的や目標，役割を明示し，メンバーそれぞれの活動を相互に調整しなければならない。

このように，コミュニケーションは，協働意欲と共通目的との仲立ちをするという点で，3要件の中でも中心的な位置にある。

2 組織均衡

第1節では，組織の成立条件という面から，組織の本質を説明してきた。しかし，組織は生まれればそこに存在し続けることができるのではなく，存在し続けるための条件があり，その条件を満たすためのマネジメントが必要である。組織が存続する状態は，組織均衡という言葉で議論されている。組織均衡については，個人と組織の関係からみた狭義の組織均衡論と，それを拡張して，組織にかかわる様々な個人・集団との相互作用の観点にもとづく広義の組織均衡論とがある。

2.1　狭義の組織均衡論

　バーナードは，個人と組織との間の誘因－貢献の交換関係のバランスという視点から，組織均衡を説明している。一般に交換関係における均衡とは，二者の交換される価値が等しいことを意味しているが，ここでは，メンバーの主観により誘因のほうが貢献よりも価値が大きい（すなわちI≧C）と判断されることを意味している。また，このように考えると，個人としてのメンバーは組織に対して貢献を提供する集団の1つにすぎず，その意味では，株主や顧客などと同様に，組織の外部に位置するといえる。組織の均衡状態とは，組織が外部の様々な集団と誘因－貢献の交換関係において能率的な状態を維持して，存続ができているということである。そしてバーナードは，組織が存続し発展し続けていくために必要な3つの条件として，**有効性**（effectiveness）と**効率性**（efficiency），**道徳性**（morality）をあげている。

　組織の有効性とは，組織の目的達成の度合いを示している。そもそも，組織が目的を達成できなければ，その存在意義を失い，崩壊してしまう。組織の有効性の条件が満たされるためには，常に変化する環境条件に対応して組織の目的を見直し，その達成のために適切な意思決定を行ない，メンバーに対しては，目的達成のために技術的に正しい選択をさせなければならない。このように，組織の有効性とは，組織活動と環境との適合性を実現する問題である。

　バーナードのいう効率性は，一般的な概念とは異なる。ここでの効率性とは，協働システムに対して必要な個人の貢献を確保することに関するものであり，組織の目的を達成するために必要な個人的貢献を確保し，維持する能力を意味している。

　上述のように，組織はメンバーの貢献を引き出すに充分な誘因を提供しなければならない。しかし，その誘因はメンバーの貢献から生まれる。そこで，組織は，個々のメンバーが組織に属さずに行動した場合の総計よりも大きな成果を生まなければならない。組織の本来の存在意義は個人の能力の限界を超えて目的を達成することにあるから，金銭的報酬という物的誘因の原資をより大きくするための経営を行なわねばならず，同時に，特殊的誘因と一般的誘因の面では，その組織に属してはじめて得られる満足を提供できなけれ

ばならない。これらが実現して，はじめて効率性が確保される。

　有効性と効率性は組織と個人との関係について交換関係からみた存続条件であるが，組織と社会との存続条件としては，道徳性も必要な条件である。組織も個人と同様に社会のメンバーであり，社会のルールや道徳を守ることが当然のこととして求められる。たとえ有効性と効率性の条件が満たされて組織のメンバーとの関係が良好であったとしても，その目的や行動，成果配分が非社会的であれば社会から批判・排斥され，その存続が危うくなるのである。

2.2　広義の組織均衡論

　バーナードの組織均衡論を引き継いでいるのがサイモン（1945）およびマーチ＆サイモン（1958）による研究である。サイモンは，1947年の著書『経営行動』において，必要な貢献を得るために充分な量と種類の誘因を持つならば量と種類において充分であるならば，その組織は存続し成長することができるが，その均衡が達成されなければ，組織は縮小し，消滅するであろうと指摘している。

　誘因と貢献との価値の関係は一定不変ではない。参加者は不満が生じると，他の組織に移動する機会をさがすが，それを発見できない時にはこの均衡状態が変化し，現在の組織への参加を続ける。マーチ＆サイモンによれば，個人が，同様の誘因が得られる機会が組織外部にあることを知るほど，他の組織に移動する可能性が高くなり，また経済活動の水準が高いほど，組織外部にそのような機会が多くなる。この組織外部の代替的機会を利用するかどうかは，従業員のパーソナリティによる。

　サイモン（1947）およびマーチ＆サイモン（1958）の組織観自体は，バーナードのものを引き継いでいるとみなすことができる。マーチ＆サイモンは組織を行動のシステムととらえ，メンバーを組織の外部に位置するとみなすと同時に，顧客のように組織に貢献を提供するすべての集団を組織の参加者とし，誘因－貢献の関係から組織均衡を説明している。

　これによれば，組織の参加者のタイプは顧客，従業員，経営者の３つに分類され，それぞれに参加の形態が異なる。

128

1）顧客：企業が提供する製品・サービスによって得られる満足が誘因であり，顧客は製品・サービスに対する対価を支払うことで企業組織に貢献する。しかし，企業は顧客に対して命令をすることはできず，基本的には，製品・サービスを購入した時だけの一時的な関係にある。

2）従業員：従業員は貢献として労働を提供し，誘因として給与などの報酬を受け取る。また，従業員は企業と継続的な権限関係を結び，ある範囲内で企業によって拘束されることを受け入れる。この範囲を「**受容圏**（area of acceptance）」という。従業員は，組織のルールや命令・指示に対して，期待される誘因が貢献に対して十分であると思われる範囲内では従うが，それが受容圏を超えると思った場合には，従うことを拒み，場合によっては組織を離れることになる。

3）経営者：経営者にとっては，組織の維持と成長自体が経営者の利益につながり，また名誉欲や権勢欲といった非経済的な動機の満足が，組織の成長によって得られる。このように，経営者においては，組織の目的と個人の目的とがより密接な関係にある。

またサイモンは，組織均衡において「効率性の基準（criterion of efficiency）」が意思決定の重要な基準となることを主張する。ここでいう効率性はバーナードの効率性概念とは異なり，一定の資源の運用に対して最大の成果を生み出す手段を選択することを意味している。

組織にとって資源の量と組織の目的が与えられているならば，経営者の意思決定において効率性の基準は重要な価値基準である。誘因が減少し不足しているならば，効率性の基準が満たされていないことを意味する。組織が参加者に対して充分な誘因を提供できる状態を維持し続けるためには，この基準に合致した意思決定を行い，組織の存続・成長をはからなければならない。

3　組織における意思決定

これまで述べてきたように，バーナードは企業の本質である組織の概念を提示し，サイモンとマーチ＆サイモンがさらに組織均衡論という形で組織存続の理論を展開した。これが，経営学が社会科学として発展する契機となったが，サイモンの研究のもう1つの大きな柱は，**意思決定**（decision-making）

の概念である。

3.1　意思決定の合理性

　サイモンによれば，社会科学の研究対象としての人間の行動は，意思決定の結果である。サイモンは，意思決定のメカニズムを明らかにすることによって，人間行動の合理性が高められると考えた。それゆえ，古典的な経済学では，人間は合理的な行動をすることを前提としている。合理的とは，論理的に正しいことを意味する。しかし現実の人間行動は，完全に合理的であるとはいえず，①常に選択の結果に関する知識が不完全であり，②結果の予測が困難であり，③実行可能なすべての代替的行動を思い浮かべることはできないという3つの理由により，**限定された合理性**（bounded rationality）の下で意思決定をしている。この限定された合理性ゆえに，意思決定における手段選択基準は効用の最大化ではなく，満足できるかどうかという**満足化基準**（criteria of satisfaction）が用いられる。

　また，意思決定には，その選択が最終目的の達成に結びつくための中間目標の選択という価値要素に関する判断と，その目標の手段の選択に関する事実判断の2つの要素が含まれる。人間の合理性は限定されているが，中間目的とその実現手段の選択が最終目的の達成に結びつくならば，その意思決定は，目的にとって合理的であるとサイモンはいう。この意味での合理性を高めるために，組織は，権限，組織への忠誠心，能率基準の設定，助言と情報の提供，訓練などの手段を用いるのである。

3.2　組織による意思決定

　これまで述べてきたように，個人の意思決定は完全に合理的であるとはいえない。しかし，組織による意思決定はさらに合理性が低いという研究がある。

　アリソン（1971）は，1966年のキューバ危機などの外交問題におけるアメリカ政府の対応を，合理的行為者，官僚制の手続きの集合体，政治的過程という3つのモデルにもとづいて分析し，アメリカ政府がとった行動を合理的に説明することは困難であり，官僚制や組織内政治によって合理性とはかけ

離れた選択が行なわれたことを明らかにしている。

　また，コーエンら（1972）は，組織における意思決定の曖昧さを，**ゴミ箱モデル**（garbage-can model）によって説明している。組織における問題解決を目指す選択機会をゴミ箱になぞらえ，そこに問題，解，参加者が投げ込まれることによって意思決定がなされるが，これらの要素の何が選択機会に入るかは流動的である。そこには，3つのタイプの決定がある。

1)問題解決による決定：選択機会に，決定の参加者によって問題解決に必要なエネルギー量が投入され，問題が解決される場合。

2)見過ごしによる決定：本来の選択機会に問題が投入される前に，他の選択機会に紛れて解決されてしまう場合。

3)やり過ごしによる決定：問題解決に必要なエネルギーが大きい場合には，選択機会では解決されずに放置され，よその選択機会に預けることで問題が解決されてしまう場合。

　このように，組織は公式の手順にのっとって問題解決の意思決定をしているとは限らず，偶然の結果として問題が処理されていることが多いことをコーエンらは指摘している。

　また，第11章以降で述べるように，組織の活動は外部の環境との相互作用という側面を持っている。経営者は外部環境の変化を予測し，それに対応するための意思決定をしなければならない。しかし，環境変化を完全に予測することは，組織内部に関する意思決定の場合よりも合理性は低いといえる。

　このように，組織による意思決定は，そのプロセスが複雑で組織内外の多様な要因がかかわっているために，個人の場合以上に合理性の程度がいっそう低下するということができる。

まとめ

　バーナード以前の伝統的な経営論は，経営を成功させるための方法を提示することが目的であった。このような経営論は，経営者がとるべき方法を具体的に示すという点で有用であるかにみえるが，それらは過去の経験によって正しいと言い継がれてきたに過ぎない。これに対して，バーナードからサイモン，マーチ＆サイモン，コーエンらの理論は，組織と意思決定という抽象的な概念を提示することで，科学として経営研究が発展するための基礎を築いたといえる。

　本章の締めくくりとして，バーナードの著書のタイトルにもなっている「経営者の役割」とは何かという点に言及しておこう。

　冒頭にも述べたように，バーナードの研究の出発点は，組織が本来の存在意義から逸脱して，個人を不幸にしてしまうという現実への疑問であった。バーナードは，経営者のもっとも重要な役割は「個人目的と組織目的との統合」であると述べている。経営者は，単純に貢献以上の誘因を金銭面で配分するだけでなく，組織目的の達成が同時に個人目的の達成にも結びつくように努めなければならない。これが実現されれば，個人は組織に属することでより大きな幸福を得られる。また同時に，道徳性も確保されれば，組織が社会的存在として受け入れられることになるとも主張している。

さらに学習したい人への推薦図書

① バーナード，C. I. 著（1938），山本安次郎訳（1968）『経営者の役割』ダイヤモンド社。
② サイモン，H. A. 著（1945），二村敏子・桑田耕太郎・高尾義明・西脇暢子・高柳美香訳（2009）『経営行動─経営組織における意思決定過程の研究（新版）』ダイヤモンド社（訳本の原著は1997）。

　①②ともに，学部のレベルとしては抽象度が高く歯ごたえのある本であるが，企業や経営の本質を知るという意味では，必読書といえる。また，出版から長い年月が経っているにもかかわらず，現代においても示唆に富んでいる。

第11章

システムとしての組織

イントロダクション

『桃太郎』という昔話があります。桃太郎は，イヌ，サル，キジをお供につれて鬼ヶ島にむかいます。戦いの詳細については諸説ありますが，あるストーリーでは，キジが素早く飛んでいって門の錠を開け，イヌは噛みついて，キジは目を突き，サルは引っ掻いて，桃太郎は刀を振り回し，協力して鬼と戦って勝利を収めます。

鬼を退治することができたのは，イヌ・サル・キジの助けがあったからこそですし，もし桃太郎が3人いたとしても勝てなかったかもしれません。1人でできないことでもみなが協力すれば可能になり，能力の違うものどうしがそれぞれの強みを生かして協力しあうことで，よりいっそう大きな力となるのです。

異能のヒーローやヒロインが協力して戦うという設定は，現代のテレビドラマや映画でも数多くみることができます。子供たちが夢中になって観るヒーロー戦隊の源流は，桃太郎の昔話にあるのかもしれません。そして，実は桃太郎たちはシステムとして機能したからこそ，成功したといえるのです。本章では，企業をシステムとしてとらえることの意義について，みなさんと一緒に考えていくことにしましょう。

! 学習ポイント

- 日頃よく耳にするシステムとは，どういう意味だろうか。
- 組織をシステムとしてみることで，何がわかるのだろうか。
- システムがオープンであるとは，どういう意味なのだろうか。
- 組織の中と外の境はどこにあるのだろうか。
- なぜ組織は変わり続けなければならないのだろうか。

1 システムの概念

　現代の社会で**システム**という言葉は，様々な分野で使われている。情報システムは，情報処理と通信のためのハードウェアとソフトウェアの集合であり，時計や家電製品は，ある機能を果たすために多数の部品から構成されたシステムである。それらと同様に，企業などの組織をシステムとしてとらえる研究方法があり，それをシステムズアプローチという。

1.1 システムの意味

　ある全体を，意味のある最小単位にまで対象を分解したものが要素であり，諸要素とその間の関係を記述したものがシステムである。フォン・ベルタランフィ（1969）によれば，一般に全体としてのシステムはさらにサブシステムによって構成され，それぞれのサブシステムが相互に作用しながら調和し，全体としてまとまることによって，全体システムが目的達成にむかって動いていく。企業などの組織もシステムとしてとらえることにより，その構造や活動のプロセスが明らかになる。

　システムはその要素の総和以上の効果を生むものであり，それは，個々の要素だけを観察して明らかになるものではない。要素間の連携からより大きな効果が生み出されるメカニズムは，バーナード（1938）の組織の定義にも通じるといえる。

1.2 オープンシステム

　システムがその外部と相互作用をしている状態を，**オープンシステム**の性格を持つという。システムはそれ自体である機能を果たすが，そのためには外部から情報やエネルギー，資源などを取り入れるし，また，システム自体が外部に対して何らかの機能を送り出すことを目的として作られている。

　企業のような組織も，原材料・部品など，それ自身が持たない経営資源を外部から調達し，生産した製品・サービスを顧客に提供することから，すべてがオープンシステムとみなすことができる。これにより，オープンシステムとして組織を理解する場合には，組織の境界，環境，環境との相互作用を

明らかにする必要がある。

2　組織境界

　組織境界とは，システムの内部と外部とを規定するものである。しかしオープンシステムである限り，境界を規定することは容易ではない。第10章で述べたように，バーナードは，組織の構成要素がコミュニケーション，協働意欲，共通目的の3つであると主張している。したがって，この3つの要素が組織の内部を規定する条件であり，それらが存在する範囲が組織の内部であるといえるが，そこでは，組織境界の概念は明確に論じられていない。

　彼の理論にもとづけば，構成要素が1つでも欠ければ組織の外部ということになる。したがって企業の場合には，協働意欲を持つ従業員は共通目的のために労働という貢献を提供するので組織の内部といえるが，顧客は製品・サービスの対価を提供するが，共通目的を持たないという理由で，組織の外部とみなすことができる。

　しかし，本節の後半で述べるように，**組織境界**は薄れつつあり，それゆえに，これほど単純に組織境界を規定することはできない。組織境界を理解することは，現代の組織の実像を知る上で大切な問題である。

2.1　組織の境界の規定要因

　経済学の分野でコース（原著 1937）が提唱しウィリアムソン（1975）らが継承した「**取引費用理論**」では，資源調達のコストが，組織の内部と外部では，異なった理由からコストが発生すると考える。

　企業が市場から資源を調達する場合には，不確実性や情報の偏在によって，市場がその機能を充分に果たすことができなくなる**市場の失敗**のために，その提供者をみつけるための探索コストや，提供者との交渉に要する時間などからコストが発生する。一方，組織の内部から資源を調達する場合にはこのようなコストは発生しないと考えがちであるが，サイモン（1957）のいう限定された合理性から引き起こされる「**組織の失敗**」によって，取引費用が発生する。完全に合理的な意思決定が存在するならば，取引費用はゼロである。しかし，企業内部でも資源調達のための調整や探索が必要となる場合があり，

これらが費用発生の原因となる。

　ここで企業組織と市場との境界を規定しているのは，資源を提供する者のコントロールが可能であるかどうかである。組織内部では，取引のコントロールが可能であることを前提としているが，費用発生の原因を意思決定の非合理性に帰しており，外部としての市場に関しては，コントロールが不可能であるからこそ，その行動の予測不可能性などから費用が生じるとしている。

　マーチ＆サイモン（1958）によれば，組織の参加者のなかで，顧客と従業員とは決定的な違いがあると述べている。すなわち，企業と顧客との関係は売買契約が結ばれる時にのみ存在するが，従業員とは継続的な契約を結び，従業員が企業の指示に従うという権限関係を持つ。これによって企業は組織としての実体を維持しているという意味から，受容圏（第10章参照）が継続的に存在する範囲が組織の内部といえる。

　組織の境界を規定するという考え方は，次項で述べる「薄れゆく組織境界」という状況において極めて重要である。なぜならば，現代の企業において，組織活動に用いられる資源は組織の内部にとどまらず，組織内外の知識をはじめ様々な資源が活用されており，活動そのものが他の組織との連携として行なわれることが多くなりつつあるという現実がある。組織外部との相互作用や資源の出入が増す状況において，自らの組織による管理が十分に可能か否かで境界は決まるといえよう。

2.2　薄れゆく組織境界

　現代の組織境界を正しく理解するためには，組織境界が薄れつつあるという事実を踏まえる必要がある。現代の企業は，活動に必要なすべての資源を内部でまかなうことは困難であり，また，活動や資源交換の実体は企業組織の境界を越えているという現実がある。前項で述べた組織の境界は旧来の企業組織においては妥当したとしても，現代の企業組織をみると，組織境界はより薄れつつあるといえる。次項からは，その最近の代表的な事例として，ステイクホルダー，サプライチェーンマネジメント（Supply Chain Management：SCM），組織のアライアンスをあげる。

2.3　ステイクホルダー

　組織の外部に位置するが，その行動に影響を受ける個人またはグループは
ステイクホルダーとよばれている。企業の場合であれば，株主・投資家，債
権者・金融機関，従業員・労働組合，顧客，消費者，関連企業，取引企業，
地域住民などが**ステイクホルダー**である（第18章参照）。組織はオープンシ
ステムであり，産出する製品・サービスばかりでなく，組織の活動そのもの
がステイクホルダーに様々な利益・不利益を与える可能性がある。組織の経
営者は，意思決定に際しては，ステイクホルダーの利益・不利益にも配慮し
なければならない（プロローグ参照）。

2.4　サプライチェーン

　企業活動は，１つの企業のなかで完結するものではない。原材料の獲得か
ら始まり，部品製造，製品製造，流通，販売を経て消費者に手渡されるまで
の一連の流れは**サプライチェーン**とよばれ，サプライチェーン全体を統合的
に管理することをサプライチェーンマネジメントという。1970年代には主に
流通効率化に重点が置かれていたが，80年代には生産・流通の一体的な管理
による在庫圧縮やコスト削減に焦点が移り，さらに90年代以降は，顧客満足
の最大化を目的として，顧客の要求に応じた製品・サービスを適時・適所に
提供するためのマネジメントという考えとなり，経営戦略の重要課題となっ
てきた。サプライチェーンマネジメントは，主導権を握る企業が，サプライ
チェーンの川上と川下の両方向の企業に向かって統合的管理の働きかけをし
ていく。

2.5　組織間のアライアンスとオープンイノベーション

　以前は組織間の**アライアンス**（連携）というと，大手製造業が部品や原材
料の製造・流通に携わる小規模な企業と取引関係を結ぶことや，同業種の複
数企業が合弁会社を設立することを意味し，１つの企業単独では不足してい
る経営資源を，複数企業でまかなうという意味合いが強くあった。これに対
して，1990年代からは，戦略的目的のために結ばれる**戦略的アライアンス**が
注目されるようになった。

しかし，ハメル＆ドーズ（1998）によれば，複数の企業が協力関係を結び，それぞれの資源を持ち寄って新しい競争力を創造することを意味している。

例えば，2000年代から世界の自動車メーカーは国際的な提携を結び，安全技術や環境対応技術などを相互に提供しあうことによって，国際的競争力を高めてきている。また，2010年頃から日本の家電業界は，液晶テレビの製造において，液晶パネルなどの部品は韓国・中国などの企業と提携して安価に調達し，テレビのソフトウェア開発と組み立ては自前で行うことによって，低価格と高機能を両立しようとしてきた。従来のアライアンスが規模の経済を追求することが主目的であったのに対して，近年は，それぞれの企業が自社の強みを生かすために戦略的アライアンスを組むことを目指している。

さらに2000年代に入ると，経済の停滞を背景としてイノベーションが盛んに議論されるようになり，企業間が何らかの協力関係の下でイノベーション創出に取り組むという，オープンイノベーションが注目されるようになった。これも，戦略的提携の発展型と考えることができる（第21章参照）。

3　組織の環境

「組織は常に変わり続けなければならない」という命題があったとして，それは正しいだろうか。組織を取り巻く環境は常に変化しており，環境との相互作用によってその目的を達成しているからこそ，存続することができる。組織は環境の動向をにらんで行動を変えていかなければならず，それを実現するためには組織構造やマネジメントの方法も変えていかなければならない。本節では，環境とは何か，環境に適したマネジメントとはどのように考えればよいかを知る手掛かりを説明していく。

3.1　環境の構造

組織の**環境**には，目的達成のために活動する直接の場としての市場があるが，それ以外にも様々な種類の環境が存在している。一般的な分類では，①政治・法（Political/legal）②経済（Economic）③社会・文化（Social/cultural）④技術（Technological）の４種類である。この分類にもとづいて行なう環境分析は**PEST 分析**とよばれている。Johnson & Scholes（1993）

によれば，組織の環境は**図表11-1**のような構造になっている。

　企業の場合には，市場において製品・サービスといった産出物を消費者に販売しており，代替的な製品・サービスを同様に販売している競争相手が存在する。利益獲得という企業の基本的目的を達成するためには，市場はもっとも重要な環境である。

　しかしながら，市場はその他の種類の環境によっても影響される。なぜならば政治，自然などの動向は，企業の製品・サービスの生産活動や，消費者の行動を大きく左右するからである。それゆえに，企業は現在と将来の環境の動きを常に観察・分析し，それをもとにして市場の動向を予測して意思決定をしなければならない。

　また同時に，企業活動は市場以外の環境に対して影響を与える。

3.2　環境適合（コンティンジェンシー理論）

　企業は現在の環境を分析し将来を予測することで環境適合をはかるが，現代社会では，市場以外の環境の変化が速まりかつ複雑化している。その結果として，市場の変化も急速化・複雑化し，変化を正確に予測し対応策をたて

■ 図表11-1　PEST分析における環境分類

| 1．組織に影響を及ぼす環境要因は何か |
| 2．最も影響力が大きい環境要因は何か |
| 3．将来はどうなるのか |

①　政治・法律 独占禁止法，環境保護法，税制。輸出入規制，政府の安定性	②　経　済 景気循環，経済成長率，金利，通貨供給量，インフレーション，失業，可処分所得，エネルギー利用コスト
③　社会・文化 人口動態，所得配分，社会移動，ライフスタイル，労働と余暇に対する態度，コンシューマリズム，教育水準	④　技　術 政府の研究開発費，政府と企業の技術発展への努力，新発明，技術移転の速度，陳腐化の程度

出所）　Johnson & Scholes（1993），p. 83をもとに筆者が作成

ることが困難になりつつある。そのような傾向が強まった1960年代からイギリスを発端として組織の環境適合に関する研究が行なわれ，環境の特性と組織の特性，またはマネジメントの方法との適合関係がその対象となった。

適切な組織構造や管理システムを決定する要因に関する一連の研究は**コンティンジェンシー理論**とよばれており，唯一最善の組織特性やマネジメントは存在せず，それらは環境特性によって異なるという前提に立っていることが共通点である。

バーンズ＆ストーカー（1961）の研究では，イギリスのエレクトロニクス企業20社の調査から，管理システムを**機械的管理システム**と**有機的管理システム**とに分け，比較的安定的な環境の下では機械的管理システムが有効であり，比較的不安定な環境の下では有機的管理システムが有効であることを発見した。機械的管理システムは規則，手続き，権限体系が明確に規定されており，高度に集権化された官僚的組織構造を持っている。一方で有機的管理システムは，これらが不明確で分権化された組織構造の下で水平的・垂直的なコミュニケーションが活発に行われていた。

また，ウッドワード（1965）は，さらに大規模にイギリスの100社の調査から，製造技術の違いに着目し，生産技術が単品生産，小規模バッチ生産という特徴を持つ業種での成功企業は，連続・装置生産の技術を用いる業種での成功企業に比べて，監督の範囲が広く，階層段階の数も少ないことを発見した。

さらに，ローレンス＆ローシュ（1967）は，これらの研究を踏まえ，アメリカにおける3つの産業の計10社に対して調査を行った。その結果，市場環境の不確実性に応じて全体組織と部分組織のそれぞれのレベルで適切な組織特性が異なることを明らかにした。不確実性の高い環境の下では，部分組織の分化の程度が高く，部分組織の内部ではメンバー間のコミュニケーションが活発という有機的組織の特性を持っていた。その結果として，それぞれの部分組織が部分環境に適合していた。その一方で，全体組織のレベルでは，タスク環境の不確実性にかかわらず，高業績企業は統合化の程度が高く，とくに不確実性の高い環境における高業績企業は，有機的な部分組織の調整を高度に行なう統合化機能を持っていることを指摘した。

140

こうした考えは，アシュビー（1956）によって提唱されたサイバネティクスにおける必要多様性の法則（low of requisite variety）に通じる。すなわち，環境の多様性に対応できるまでの多様性を組織の内部に保持しつつ，組織としての一貫性を同時に実現する仕組みを持った組織が，もっともよく環境に適合するということである。

3.3　環境適合（戦略的選択論）

　1980年前後になると，コンティンジェンシー理論は大きな方向転換をすることになる。チャイルド（1972）は，コンティンジェンシー理論が環境決定論的であること，すなわち，環境にあわせて組織を変更するという受動的な環境適合を論じていると批判する（エピローグ参照）。組織には，環境に対して積極的に働きかける意思決定（戦略的選択）をするという主体性があり，適合のあり方を選択する幅が組織自身にあると主張する。このアプローチは，コンティンジェンシー理論と対比させて，ネオコンティンジェンシー理論とよばれている。

　マイルズ＆スノー（1978）は，組織の環境適合パターンが必ずしも合理的であるとは限らず，むしろ経営者の行なう意思決定に一貫性がみられることがあることを発見し，その環境適合パターンを，1）防衛型，2）攻撃型，3）分析型，4）受動型の4種類に分類している。

1)防衛型：限定された市場に積極的に働きかける。

2)攻撃型：変動性に富む環境を選択し，自ら積極的に変化を生み出す。

3)分析型：複合的な環境の下で，マーケティング志向の市場進出と製品開発を通じた安定的な成長を図る。

4)受動型：一貫したパターンを示さない。

　この研究にみられるように，主体論的な環境適合理論は，経営戦略論からのアプローチが数多くみられる。その背景には，経営戦略策定のための分析方法論にとどまっていた経営戦略研究が行き詰まり，環境・戦略・組織の間の適合関係に注目したこと，戦略の策定のみならずその実行が環境適合にとって重要な課題であることが議論されたこと，戦略策定過程を組織的意思決定として理解されるようになったこと，トップダウン的戦略と並んで創発

的戦略の意義が認識されたことなどが背景にあったといえる。

まとめ

　本章では，3つの視点からシステムを論じてきた。第1に組織はオープンシステムであること，第2に組織境界が薄れることにより，境界の曖昧ないわゆるグレーゾーンがますます増えつつあり，アライアンスのようにシステムどうしの連携が生まれつつあること，第3に，組織の環境適合は環境の特性が重要な要因であるという受動的側面と，組織が自ら環境に働きかけるという能動的側面があるということである。このことは，組織の内部，組織と組織，組織と環境のすべてに関して，システムという視点が必要であることを意味している。これをシステム思考といい，企業行動やマネジメントを考える上で不可欠であるといえよう。

さらに学習したい人への推薦図書

①　バーナード, C. I. 著（1938），山本安次郎訳（1968）『経営者の役割』ダイヤモンド社。
②　マーチ, J. G. & サイモン, H. A. 著（1958），高橋伸夫訳（2014）『オーガニゼーションズ（第2版）』ダイヤモンド社（訳本の原著は1993年版）。

　2冊ともに，経営学の古典となっている著名な本であり，経営学を学ぶ上で一度は触れるべき図書である。抽象性の高い内容だが，そこに述べられていることは，現代の企業や経営の本質を知る手掛かりとなりうる。

第12章
管理プロセスと組織化の原則

イントロダクション

　あなたは大学に入学して，新たにテニスのサークルを作りました。仲間内で楽しく過ごしたいと思ったのです。既存のサークルは，どうもいろんな規則があって堅苦しいと感じていました。このような考え方に共感して，8～10人程度の固定メンバーに加えて，時々参加する10人を加えた20人程度でサークル活動はスタートしました。授業がある時は2週間に1回くらいみんなで集まってテニスをし，長期の休みには合宿を楽しみました。

　1年経過して，新入生の獲得を目指しました。先輩といっても1学年しか変わらない人たちのサークルに，多くの1年生が集まりました。何をしたらいいのか分からず戸惑っている1年生の姿をみて，計画的に取り組むようにしました。サークル活動を維持するために，コート取りや試合相手の探索，合宿の準備，新メンバーの獲得などの役割を決め，それぞれ適切な人に任せました。

　人数が増えるにつれて，メンバーの目的が多様化してきました。次第に何を目指しているサークルなのか分からなくなり，組織への求心力が弱まり，メンバーの不満がたまってきました。そこで，目標を明確にするとともに，組織運営のルールを決めました。次第にきっちりと運営するようになってきたのです。しかし，当初，自分たちが嫌った既存のサークルに近づいてきていることには，まだ誰も気づいていませんでした。

　本章では，組織運営のプロセスとルール，さらにはその弊害，加えて，ルールにもとづいて運営される階層組織である官僚制について，みなさんと一緒に考えていくことにしましょう。

！ 学習ポイント

- 管理はどのようなプロセスで行なわれているのだろうか。
- 管理を行なうための原則とその問題とは何だろうか。
- 官僚制の良いところと悪いところはどこだろうか。

143

1 マネジャー研究と管理プロセスの原点

ファヨール（ファイヨール，フェイヨルとも表記されるが，ここではファ
ヨールとする）は，企業活動とはどのようなもので管理者には何が必要かに
ついて，はじめて体系的にまとめた実務家であり経営学者である。原著がフ
ランス語であったために，当初，広く世界に普及しなかったものの，その洞
察は鋭く，示唆に富んでいる。

本章では，そのようなファヨールの『産業ならびに一般の管理』を糸口と
して，どのように管理するかを考えていこう。初版は，1916年であるが，本
書で主に紹介しているのは，1979年版を山本安次郎が1985年に全訳したもの
である（以下，本書のページ数をさしている）。なお，英文版は，1929年に
わずかの部数が出版され，その後1949年にも訳された（Haimann, 1969,
pp. 8 -10）。

1.1 テイラーとの違い

テイラーが経営学の父とよばれているのに対して（第1章参照），ほとん
ど同じような時代に活躍したファヨールは，経営管理の父，あるいは，管理
プロセスの父などとよばれている。2人は，経営学の創生期を築いた（工藤,
1976, p. 119）。

テイラーの問題意識は，主に工場の運営にあった。そのため，記述の内容
は，工場内の職長と労働者との間の課題解決が中心である。これに対して
ファヨールは自身の経営者としての体験から，企業経営全体をとらえ，経営
者が実際に何に取り組む必要があるかについて詳述している。

1.2 ファヨールの人物像

ファヨール（Fayol, Henri, 1841-1925）は，建設会社の技師であった父の
任地であるコンスタンチノーブルで生まれ，フランスの最高教育機関の1つ
であるグランゼコールの一角をなすサンデチィエンヌ鉱山学校を19歳で卒業
した。卒業後すぐに鉱山会社に入社，技師から炭鉱長を経て，47歳で社長に
就任，その後1918年まで30年にわたり，最高経営責任者として過ごし，瀕死

の同社を立て直した（工藤, 1976, pp. 119-120；三谷, 2013, pp. 52-53）。『産業ならびに一般の管理』は，勇退する直前に書かれた，彼の経営者としての経験が凝縮されたものといえよう。

1.3　ファヨールの功績

　ファヨールの視点は，極めて実践的であった。彼の経営者としての経験や成果に照らしてみると当然であろう。その実践的側面が今なお評価され続けている。とりわけ，経営のプロセスを明示したこと，管理（administration）の重要性とその専門的技能の指摘が特筆に値する（二村, 1989, p. 60）。

　管理プロセスについては，英訳された後，**管理プロセス学派**（process school）を生み，多くの議論を巻き起こした（Koontz, 1961；1980）。プロセスが精緻化され，プロセスを円滑に進めるための原則が追究された。しかしながら，企業が置かれている状況は様々であり，詳細な議論は収束していないようにみえる。

　管理についての注目もその後の研究者に多大なる影響を与えている。企業は6つの活動によって成り立ち，そのうち，管理にかかわる活動は職位があがるにつれて重要になるという指摘は，経営者の重要性と同時に，その教育の必要性をも示唆している。

　一方，管理プロセスを運営するための管理原則についてはサイモン（1945）をはじめ，多くの批判を浴びることとなる。その内容については，管理原則を紹介した後にとっておきたい。それでは，ファヨールの主張を紐解いてみよう。

2　企業の経営活動

　企業のすべての活動は，6つに分けられるという（pp. 4 -10）。すなわち，技術的活動，商業的活動，財務的活動，保全的活動，会計的活動，管理的活動である。これまで最初の5つの活動の内容は指摘されてきた。最後の管理的活動がファヨールのオリジナルであり，もっとも主張したかったことである。

2.1 従来明らかにされてきた経営活動

技術的活動は，開発，製造，加工をさし，製造業にとって中核的要素をなしている。ただ，製造業においてさえ，他の活動との関連で成り立っていることに注意する必要がある。

商業的活動は，購買，販売，交換をさし，技術的活動と同程度に重視される。販売されなければ，企業は存続できないからである。

財務的活動は，資金の調達と運用をさす。設備の購入，原材料の購買，従業員の雇用など何事も資金があってはじめて企業は活動することができる。

保全的活動は，財産と従業員の保護をさす。組織の健全な運営を妨げる自然災害からあらゆる資源を守るとともに，ストライキやテロといったものを避け，秩序を保つ活動があってこそ，組織は存続が可能となる。

会計的活動は，棚卸，貸借対照表，原価計算，統計などをさす。この活動によって企業の状況について正確かつ明瞭な情報が提供される。

2.2 様々な機能を取りまとめる管理活動

これらの活動を取りまとめるのが**管理的活動**である。これまでの5つの活動はいずれも部分的な機能である。これに対して，管理的活動は，企業全体を概観するとともに，計画を作成し，諸努力を調整，調和させるものである。

この6つの活動は，ポーターの価値連鎖（第17章参照）で描かれたものとほとんど同じ機能が示されている（三谷, 2013, p. 54）。ファヨールの洞察力の鋭さを示しているといえよう。

また，これらの6つの活動を支えるためには，それらに対応する能力が求められるという。組織規模やそれぞれの職位や階層によって求められる能力が異なるが，管理に求められる能力は，職位があがるにつれ，重要度が増すことが指摘されている。すなわち，管理能力の涵養こそが，良い経営に欠かせないことを示したのである。

3 管理サイクル

ファヨールが指摘した管理的活動をもう少し詳しくみていこう（pp. 71-199）。ファヨールによると，管理するとは，「計画し，組織し，命令し，調

整し，統制すること」である。これらは，順番に進めていく一連のプロセスとなっている。さらに，１回のサイクルの結果が次期の計画に反映され，循環することとなる。

3.1　管理サイクルの５つの要素

　計画するとは，将来を探求し活動計画を作成することである。優れた計画には，統一性（進行する計画が１つである），継続性（活動が継続することが前提となる），柔軟性（不測の事態への対応が含まれる），そして正確性（直近のものに求められ，不透明な長期の将来については概観する）が備わっていなければならない。

　組織化するとは，経営に必要な物的および社会的組織を作ることである。ファヨールは，社会的組織が構成されれば，必要な物的なものを整えることができると考えた。つまり，「企業は人なり」をこの時代から唱えていたことになる。

　命令するとは，従業員を職能（前述の５つの活動）に沿って働かせることである。組織が構成されれば，これを機能させなければならない。そのためには，機械的に命令を下すだけではなく，従業員への理解やチームワーク，創意工夫を引き出すことが欠かせない。

　調整するとは，あらゆる活動を結びつけ，調和を保つことである。目的に集約するよう各活動の整合性を高める（フィット）必要がある。その結果，セクショナリズムから解放され，円滑な部門間のコミュニケーションが実現し，全体の利益に通じる活動ができる。

　統制するとは，規則や命令に従って，すべての行動がなされるよう監視することである。一度の過失は誰にでもあるが，監視することで，過失が繰り返されることを避けることができる。

3.2　管理プロセスの特徴と課題

　こうした一連のプロセスを，われわれは日常生活のなかで実践していることに気づかされるであろう。サークルやアルバイトでは，計画があり，それを実現させるために必要なものをそろえ，予定通りにいかないところを修正

147

したり，間違いが繰り返されないように日誌や報告書を書いたりしている。このプロセスは，日本で様々な組織運営に浸透している PDCA サイクルに通じている（三谷, 2013, p. 55, 第14章参照）。

この管理（administration）プロセスと経営（management）とを区別することも肝要である。前者は，6 つの活動のうちの 1 つの活動（職能）であり，主に経営者が担う機能である。後者は，6 つの活動を進行させ，企業全体の目的を達成させるよう事業を運営させること（pp. 8 -10）である。経営だけではなく，管理も主に経営者が担っているために，この 2 つが混同していることがよくみられるという。

今でも使われている管理プロセスの最大の批判の的は，クローズドシステム（第11章参照）として活動をとらえた（工藤, 1976, p. 147）点にある。今や外部の環境変化の影響を受けずに組織が存在することは，極めて特殊な状況であろう。それぞれの段階で，外部環境の影響を考慮する必要がある。

4　計画を実現させるための管理原則とその批判

管理活動を漠然と運営していては，組織の最大の成果を得ることはできない。そこでファヨールは，管理活動をしっかりと機能させるために，原則あるいは一定の条件が必要であると主張した。

ファヨールが当初指摘したものは，14項目である（**図表12 - 1**）。いずれももっともらしく，「なるほど」，と思えるものばかりである。みなさんが所属してきた組織でも，このうちのいくつかはその時のリーダーによって提唱されてきたのではないだろうか。

「原則」という言葉には，絶対的なもので例外はない，と思っている人がほとんどであろう。「**管理原則**」にも同様の語感が伴う。ただ，ファヨールは，管理は厳密なものでも絶対的なものでもないとして，あくまでも，管理原則は目安であり，程度の問題であるとしていた。

しかしながら，その後，ファヨールの研究を精緻化しようと試みた研究者が，実に多くの原理原則を唱えた。例えば，クーンツ＆オドンネル（1955）は，実に63もの原理原則を指摘している。そのなかの 1 つに，1 人の管理者が統制できる人数が限られていることを意味する，スパン・オブ・コント

148

■ 図表12-1　ファヨールの示した14の管理原則

	原理・原則名	内　容
1	分業	分業は，生産性の向上をもたらす。専門化と分権化を導く。
2	権限	権限は命令する権利と服従させる力からなる。責任を伴う。
3	規律	規律は，服従，勤勉，活力，態度をもたらす。運用には，優れた管理者，明瞭で公正な協約，正しい判断にもとづく制裁が必要。
4	命令の一元化	職務担当者は，ただ1人の管理者からのみ命令を受けなくてはならない。
5	指揮統一	同一の目的を目指す1つの組織体は，1人の指揮者と1つの計画だけを持つ。
6	個人的利害の全体的利害への従属	個人あるいは1つの部署の利害よりも組織全体の利害を優先しなくてはならない。
7	報酬公正	報酬は，従業員が提供する労働の対価であり，労使双方が満足するものでなければならない。
8	集中	権限は，集権化させなければならない。ただし，それは程度の問題である。
9	階層組織	階層組織は，権限の上位者から最下位の従業員までの序列であり，正確な垂直のコミュニケーションと命令の一元化を実現させるために不可欠である。しかしながら，もっとも情報伝達が速いとは限らない。また，必要に応じて管理者は水平的なコミュニケーションを実現させなくてはならない。
10	秩序	物的においても人的組織においても適材適所を実現させなくてはならない。
11	公正	従業員が職務遂行に意欲的で献身的になるためには，従業員に対して親切に対応することが必要である。この親切と正義によって，従業員の処遇において考慮しなくてはならない公正がもたらされる。
12	従業員の定着	繁栄している企業は，従業員が定着している。
13	創意力	計画を構想し，成功を確実なものとするためには，創意力に依存している。創意力を可能な限り，奨励しなくてはならない。
14	従業員団結	団結は力となるので，団結を可能な限りはかる必要がある。

出所）　ファヨール（1916），pp. 30-70をもとに筆者が作成

ロール（span of control）がある。また「原理原則」の意味が極めて厳密なものとしてとらえられていた。

　実際はどうだろうか。分業は必ず，生産性の向上をもたらすだろうか。現在の企業の多くでは，多能工化がはかられ，1つの作業だけに特化しない方が，結果として生産性が高いことが指摘されている（第9章参照）。また，

工場見学に行くと，機械が奇妙な動きを伴いながら，せわしなく動いている姿をみることができる。一方，工場の従業員は，実に多くの作業をしていることも観察できる。パソコンの組み立てでは，時々，セル生産方式が採用されている。これは，1人の人間がすべて組み立てる，すなわち，分業しない方法である。1人が責任をもって組み立てることによって，不良品率が下がり，結果として生産性が向上している。

命令の一元化はどうだろうか。実際に多くの組織で，複数の人から命令を受け取っていることに気づくであろう。運動部では複数のコーチや監督，家庭では両親のいうことを聞いている。時々，2人から受ける命令や指示の内容が違っていることもある。それでも秩序をもって組織は運営されている。実際に，これらの14の原則が適用されない事例を探してみることによって管理原則をより深く理解することができる。

5　階層組織の意義と限界

ファヨールが指摘しているように，組織規模が大きくなると階層が増え，多層な構造となる。通常の身近な組織でもよくみられる現象である。例えば，コンビニやファミレス，居酒屋でも店舗組織の上に，地域を統括する担当者がいて，その上に当該事業部の組織がある。サークルも人数が増えると，担当を決めて，その担当の下に補佐役をつけて3層構造となる。このような構造は時として「官僚制」として批判される。官僚制は悪者なのだろうか。

5.1　合理的組織としての官僚制

従来の組織構造は，実は，**階層構造**だけではない。ウェーバー（1956a）は，人が集まった状態のなかで統率をとる支配の形として3つがあり，そのうち，階層構造は，非常にすぐれたものであると指摘している。

ウェーバーによると支配の類型には，**合理的支配**，伝統的支配，そしてカリスマ的支配があるという。合理的支配とは，目的に従って決められたルールにもとづいて秩序が保たれている状態である。伝統的支配とは，昔から伝えられている秩序や伝統にもとづいて秩序が保たれた状態であり，封建制や家父長制が該当する。また，カリスマ的支配とは，示されたルールと本人の

神聖性，英雄性，あるいは模範性によって秩序が保たれている状態である。

このうち，合理的支配，すなわち，官僚制に代表される階層構造は，他の支配形態と比べて，正確であるとともに，継続性があり，信頼性が高い形態であると指摘されている。

5.2　官僚制の原則

官僚制には特徴的な次の6つの機能様式が指摘されている（ウェーバー，1956b, pp. 60-142）。

1）必要な活動を行う責任と権限が明確に規定されている。

2）階層構造をなし，上の階層は下の階層を監督する。

3）職務執行は，書類によってなされる。

4）職務活動は，専門的訓練を前提としている。

5）職務活動は，兼職ではなく，専従する。

6）規則に基づいて職務が行なわれる。

これらの特徴から，官僚制は合理的な取組みとして評価され，その結果，非人格性・没主観性を生み出す（坂井，1979, pp. 78-80）こととなる。

確かに「お役所的」という表現には，いわれたことにきっちり取り組んでいるという意味が含まれている。反面，柔軟性に欠け，前例にのっとって判断されるため，例外を認めてもらえない。官僚制は，今や，批判的意味の方が大きくなっている。

5.3　イノベーションを起こせない官僚制

官僚制は様々な問題が指摘されているが，ここでは3つを明らかにしておこう（Merton, 1940）。官僚制では，役割や仕事の内容が明確に決められている。もし，環境や条件が変化したら，どうなるであろうか。場合によっては，役割の変更が求められるとともに，仕事の内容も変わってくる。官僚制は，このような変化への対応が極めて困難なのである。このことは，イノベーションを起こすことが難しいことに通じている（ウェーバー，1918）。

また，役割や仕事の内容が明確に規定されていることは，毎日，同じような作業を繰り返すことになる。多くの場合，1ヶ月同じ作業を繰り返すとや

がて、惰性で仕事に取り組むことになる。それが1年、2年と続くと生活は単調になり、やがて体調を崩すことになるのは容易に想像がつく。

同じような作業が続くと、その作業をルールにのっとって正確に行なうことが目的となりがちである。本来、その作業は、全体の中の一部であり、全体を完成させることが目的である。ところが長いこと同じ作業をすることで、目的意識が薄くなり、日々の作業で目にみえるものを目的としてすり替えてしまう。その結果、想定されていない問題が発生した場合、適切に対応することが難しくなってしまう。

まとめ

どのように管理すればよいのか、という問いかけに対して、管理をプロセスとしてとらえることで、具体的な回答を得ることが分かってもらえたであろう。その際、一般的にいわれているルールは必ずしも万能でないことに注意が必要である。また、組織運営の基本として広く浸透している官僚制の特徴と問題も確認することができた。環境が変化していく時代のなかで、どのような対応をしなくてはいけないのか。これからみなさんと一緒に考えていく必要がある。

さらに学習したい人への推薦図書

① 佐々木恒男編著（2011）『ファヨール―ファヨール理論とその継承者たち』文眞堂。
② クレイナー，S.著（2000）嶋口充輝監訳『マネジメントの世紀』東洋経済新報社。

①は、本章の柱となったファヨールと管理プロセス学派に関する内容を詳しく解説している。②は、この時代の流れを把握する良書である。

第13章

基本的組織構造

イントロダクション

　あなたは，学生時代に起業しました。最初は，友人だけで取り組み，試行錯誤を繰り返しました。そのうち，学生生活をサポートするスマートフォン向けのアプリがヒットし，アプリ開発のビジネスが軌道にのりました。卒業後，アジア諸国の学生向けアプリの開発にのり出すとともに，アプリの顧客である学生をサポートする他の事業へも展開しました。

　アプリ開発とそのメンテナンスだけに取り組んでいた時は，小さなオフィスを借りて，システムエンジニアを少数雇い，開発部門とサービス部門に分けて取り組みました。当初，営業活動はほとんどネットで，経理もシンプルだったので社長である自分がすべて行なっていました。しかし，複数のアプリを開発するようになるにつれて資金収支の規模が大きくなり，専門の経理担当者を複数採用することにしました。また，広報・営業活動は，顧客の拡大を狙ってWeb以外でも取り組むようになり，多くの人数が必要になりました。さらに，アジア向けの開発をするようになると，海外担当部署を設けて対応するようになりました。海外の多くの学生に受け入れられるようになると，海外にも開発部門やサービス部門を開設しました。アプリ開発以外のサービスを展開するようになると，アプリ開発とはビジネスの性質がまったく異なるため，新たな事業部を設けることにしました。

　このように事業の拡大によって，組織は形を変えていきます。規模が大きく複雑になると，それに対応するための方策が考え出されています。本章では，その内容について，みなさんと一緒に考えていくことにしましょう。

！）学習ポイント

- 組織の構造はなぜ適宜デザインする必要があるのだろうか。
- 何が原因で構造が変化してきたのだろうか。
- 大規模組織はどのような問題を抱えているのだろうか。

153

1　組織構造の設計の意義

　みなさんは普段，組織の構造を気にかけたことはないかもしれない。しかし，構造は人の活動に大きな影響を及ぼしている。本章では，これから組織を作るだけではなく，すでに作られている組織を理解するエッセンスも提供したい。

1.1　組織構造をデザインする理由

　組織構造は，ファヨールの管理プロセスでは，「組織化」に該当する。そのうち，社会的組織の形成を意味している。分業を基盤とするほとんどすべての大規模組織では，階層構造が構築されている（第12章参照）。すなわち組織構造は，分業を調整するための枠組み（十川, 2000, p. 123）である。また，枠組みとしての構造だけではなく，権限とコミュニケーションやそこを流れる情報というプロセス的側面も持ち合わせている（チャンドラー，1962, pp. 17-18）。

　「組織化」は「計画」の次の段階である。企業での計画とは，しばしば戦略と呼ばれる。つまりチャンドラーの命題である「組織は戦略に従う」こととなる。戦略を実現させるために，適切な情報が適切なところに届く組織を作りあげていかなければならない。

　実際，企業はどのような構造となっているのであろうか。組織構造を示している企業の組織図には，経営者と部署，部署間の公式的な上下左右の関係が示されている。この関係に沿って，情報が流れていく。「企業」，「組織図」，「画像」でネット検索してみると，実に多くの組織図を見出すことができる。

　ここでみられる組織の基本構造は，職能部門制組織（functional organization）と事業部制組織（divisional organization）とに大別される。この2つの構造を中心としながら，多くの派生形態が考え出され，実践されている。その原因は大きく2つある。すなわち，組織規模の拡大と環境変化のスピードが速まったことへの戦略的対応である。これらの変化は，円滑ですばやい，かつ正確なコミュニケーションを阻んでしまう。

1.2 規模の拡大との闘い

　企業が規模を拡大する戦略的な狙いの1つは，規模の経済を働かせた大量生産効果の獲得である。このことは，同時に分業の深化をもたらし，階層構造がより多層となっていったことを意味する。もう1つの戦略的な狙いは，多角化によるものである。多角化をはかることで範囲の経済が得られるため，より多事業へと展開することとなる（第16章参照）。その結果，階層構造はより複雑なものとなる（チャンドラー，1990）。

　このような規模の拡大に対して問題となるのが，**集権化と分権化**という問題である。多層になり，事業が複雑に展開されると，経営層と末端との距離が遠くなる。それにより，経営層の統制が効きづらくなる。統制力を高めるためには，より経営層に権限を集中させた集権化がはかられる。一方，経営層と末端との距離が遠のくために，ある程度は下層に任せ，必要最低限の権限だけを経営層に残した分権化を志向する。

　また，多層化や事業の複雑化は，1人のトップで対応することが困難となる。そこで，トップを補佐する役割を持った部門の設置がはかられた。階層構造の中で経営層から現場まで単一の指揮命令系統によって結ばれている組織を**ライン**組織という（岸田，1985，p. 277）。事業の複雑化にともない，これらのラインに対して，専門的知識を持ってトップに対して助言・助力を行ない，ライン活動を援助し促進する**スタッフ**組織を付与した，ラインスタッフ組織（岸田，1985，p. 279）が考え出された。世界の大規模企業の構造は，多かれ少なかれ，スタッフ部門を備えている。

1.3 環境変化との闘い

　規模の拡大だけではなく，環境変化のスピードが速くなることも，組織構造に大きな影響を与えてきた。なぜならば，階層が深化し，情報経路が長くなると，階層の上層に位置づけられる意思決定者から発せられた命令や指示が，末端に届くまでに時間を要するとともに，末端の状況を上層に伝えることにも時間を要するからである。この伝達している間に様々な変化が生じるだけではなく，緊急時にもかかわらず情報が間違って伝えられるリスクも高まってしまう。

そのため，機動力を高める取組みがいくつか考え出されている。情報の伝達の精度を高めるために，チームやタスクフォースとよばれる特別な小規模組織が作られるとともに，迅速に行動するために，意思決定の権限を下層に与える取組みがなされた。

組織規模の拡大とともに，多様な事業や多様な地域に展開することへの対応方法として，職能や地域，事業，製品といった複数の軸で組織を管理するマトリックス構造も考え出されている。

組織構造が複雑になると顧客に充分な価値をすばやく提供することが難しくなってきた。そこで情報を適切なところに適切に伝える方法として**リエンジニアリング**という考え方が提唱された（ハマー＆チャンピー，1993）。この取組みは，情報技術を活用し，顧客の価値を高めるために，もっとも適切なところにすばやく必要な情報を届ける情報経路を設けるものであった。

2　職能部門制組織

職能部門制組織は，集権化されており，職能ごとに専門化されている（ガルブレイス＆ネサンソン，1978, pp. 7-8）。その内容をみてみよう。

職能部門制組織は**図表13-1**のように，社長の下に職能ごとに部門が分けられた構造となっている。それぞれの職能部門は，必要に応じて，さらに下位の部門へと分化している。

このような構造の長所と短所を**図表13-2**にまとめてみた。職能ごとに分

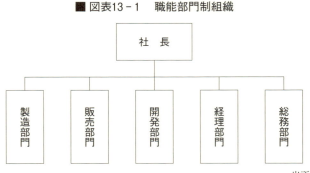

■ 図表13-1　職能部門制組織

出所）筆者が作成

■ 図表13-2　職能部門制組織の長所と短所

長所	職能部門内の規模の経済がはかられる
	職能にかかわる知識や技能の開発を深めることができる
	職能ごとの目標を達成できる
短所	複合的な環境変化への対応が遅れる
	トップへの依存度が高まる
	部門間の調整が難しい
	複合的なイノベーションが起こりにくい

出所）　Duncan（1979），p. 64をもとに筆者が作成

業がなされているため，製品のラインナップが増える多様化や事業が多角化しない限りにおいて，個々の部門内の調整がしやすく，目標達成や能力を深めることができる。一方，職能部門間とは壁が形成され，部門間の調整ができないために，環境変化への対応が遅れがちになり，部門の効率化をはかることはできても，部門間にかかわる顧客の価値を創り出すことには不向きとなる。

3　事業部制組織

事業部制組織は，通常，職能部門制よりも分権化されている。なぜならば，製品や市場あるいは，地域ごとに部門化され，それぞれの部門に必要な資源を特定事業部によって統制できるようになっているからである（ガルブレイス＆ネサンソン，1978, p. 9）。その内容をみてみよう。

3.1　事業部制への期待

チャンドラー（1962）は，企業が長期の存続を果たすためには4つの基本的成長戦略があることを示した。それは，量的拡大と地理的拡大，垂直統合と製品多角化である。このうち，量的拡大については，同じような事業領域での規模の拡大なので，職能部門制組織によってある程度対応が可能となる。これに対して，他の3つについては，事業が複雑になり，集権的に取り組むことが著しく困難となる。地理的拡大は，時差の問題を含んでおり，意思決定のタイミングがずれることを意味する。

157

垂直統合と多角化は性格の異なる事業を同時に運営することになり，調整や統制が困難となる。素材を扱う事業と組み立てを扱う事業，さらには物流から販売にいたる事業では，技術的要素，販売方法，人材の獲得方法など様々な面が異なる。これらの調整は非常に困難である。そこで，これらの事業を独立に運営するための構造が考え出された。

3.2　事業部制組織の構造

　事業部制組織は**図表13-3**のように，取締役会の下に各事業部が置かれ，

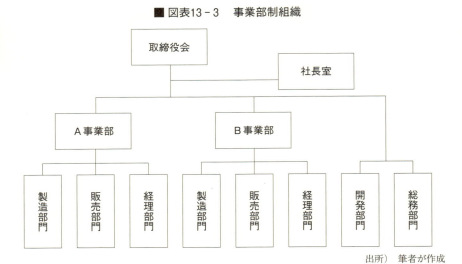

■ 図表13-4　事業部制組織の長所と短所

長所	不連続な環境変化に対応可能である
	事業部にかかわる責任が明確なので顧客満足を生み出しやすい
	事業部内の職能の調整がしやすい
	事業ごとの違いに対応できる
短所	職能ごとの規模の経済を低下させる
	事業ごとの調整が困難である
	事業ごとの専門性がはかられ，職能としての専門性を深められない
	事業間の統合や標準化がはかれない

出所）　Duncan（1979），p. 66をもとに筆者が作成

その下に職能ごとに部門が分けられた構造となっている。事業部を超えるような部門があれば，事業とは別に部門が作られる。事業構造が複雑になるとトップを補佐する社長室のようなスタッフ部門が通常加わることが多い。

このような構造の長所と短所を**図表13-4**にまとめてみた。事業部ごとに分業がなされているため，事業にかかわる機動性に富み，複数の事業を抱える大規模な組織に適用されることがうかがえる。一方，事業ごとに別々のシステムが作られるため，全社的にみると職能について調整が効かず，効率的とはいえない。

3.3　独立採算制

分権化されている事業部制において，事業部ごとの活動の実態を明確にするためには，事業部単位で収支を計算する**独立採算制**が採用される必要がある。それによって，複数の事業の実態が相対的に明らかになるとともに，事業部長の責任も明確となる。

一方，独立採算性が徹底されると，分権の度合いが高まり，独自路線を歩む可能性が高まる。社長や取締役会による統制を効かせるために，権限の度合いを制限する方法が時々採用される。例えば，事業部長に1億円までの決裁権しか与えず，それ以上の決裁については，社長や取締役会の判断を仰ぐ形がある。

日本では，松下電器産業（パナソニック・ホームページ，2014a）が1933年に事業部制をはじめて採用している。日本企業は，事業部長への決裁権が大きく制限されていたため，機動力ある分権的な組織構造にはなっていなかった。しかし，環境変化のスピードが速まったことによって，より分権化する必要性が生じた。そこで，決裁権をより事業部に持たせた組織形態として，1994年にソニーが**カンパニー制**を採用して話題になった（ソニー・ホームページ，2014a）。

カンパニー制は社内のなかに別の組織を運営する形態であるが，さらに独立性を高めるためには，**分社化**される。同一組織においては，プロセスも含めて整合的関係が求められる。それゆえ，事業の独自性を追求したい場合には，分社形態が望ましい。分社化した企業を統制する仕組みに**純粋持ち株会**

159

社という制度もある。

4　部門横断的組織

　規模が拡大し，事業も複雑になると，プロセスの整合性が取り辛くなる。そこで考え出されたのが，横断的な取組みである。

4.1　プロジェクトチーム制

　組織規模が拡大するなかで，環境変化のスピードが速くなると，様々な機能を一度にすばやく整合性をとり，同時に対応することが難しくなる。そこで諸問題に対して，必要な職能を備えた少人数のグループ（第7・8章参照）を作ることで対応することができる。同時に，そこへ意思決定の権限を委譲することで，すばやい対応が可能となる（ガルブレイス＆ネサンソン，1978, p. 80）。

　このような少人数のグループのうち，一時的に集められる専門家集団のことをタスクフォースと，また，常設のものを**プロジェクトチーム**とよぶ場合が多い。しかしながら，これらの呼び名は必ずしも統一されていない。また，一時的なものであっても，常設のものであっても，専任で職務を行なう場合と，兼任で職務を行なう場合の両方が存在する。

　このような特別なチームは，環境変化へのすばやい対応が可能となる一方，いくつかの問題が指摘されている。例えば，メンバー選抜方法があげられる。エース級を抜擢すると，その人材がもともと所属していた部署は大きな打撃となる（Wickesberg & Cronin, 1962）。

4.2　マトリックス組織

　マトリックス組織は，職能別志向と事業別志向の両方を組織形態に反映させたものである（ガルブレイス＆ネサンソン，1978, p. 9）。どちらを優先させるかは，それぞれの組織の意図による。事業を中心として構築した場合，事業部としての利益をあげる取組みを行ないがら，各職能間の整合性がはかられる（**図表13-5**）。

　このような構造の長所と短所を**図表13-6**にまとめてみた。複雑な状況に

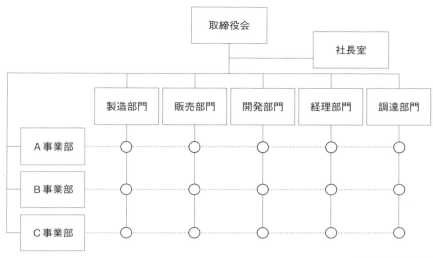

■ 図表13-6　マトリックス組織の長所と短所

長所	事業と職能の両方の側面から顧客のニーズにこたえる調整ができる
	人的資源を複数の事業で融通させることができる
	複雑な意思決定や不連続な環境変化に対応できる
	機能面や事業面のスキル開発の機会を与えることができる
短所	従業員に2人の上司がおり，混乱の原因となる
	高度の対人関係能力が従業員に求められる
	会議の数が増え時間がとられる
	従業員に上下左右との円滑なコミュニケーションが求められる
	パワーバランスをとるために多くの労力を要する

出所）Duncan（1979），p. 71をもとに筆者が作成

対して，整合性がとれ，統率がとれるとともに，従業員に対して成長のチャンスが与えられることとなる。一方，その複雑さゆえに，従業員に対して，多大なる負担を課すこととなる。

　全社的に取りあげると複雑になりすぎるが，部分的に採用することで，その問題は，ある程度解決できる。例えば，最終消費財の生活関連用品の製造業では，多品種の製品や複数のブランドを抱えている。製品やブランドは，

1つの事業ほどの規模ではないが，製品やブランドとして統率をはかるために，プロダクト（あるいはブランド）マネジャー制度を採用する企業がある。その製品やブランドにかかわる素材から実際に製品が顧客に届くまでを一括管理し，顧客への価値を高めようとする試みである。

まとめ

　戦略を実現させるために，また，環境変化に適応するために様々な組織構造が考え出されてきた。実際，組織構造は，規模の拡大や複雑化する事業に対応して変化してきた。概観すると，企業全体として整合性をとる集権的な試みと，顧客と専門的に対峙する分権的試みが組み合わさっていることが分かる。同じような構造であっても，その程度は，異なっている。企業が置かれている状況や戦略的な意図によって適宜，構造に変更が加えられている。また，そこには情報の交換というプロセスが伴うことに注意しなければならない。従業員の働きやすさ，すなわち，プロセスが円滑に機能するように構造がデザインされていなければ組織は動かないのである。

　本章で取りあげた組織構造は，あくまでも公式のものである。企業のなかには，非公式の組織が存在する。組織を運営させるためには，こちらへの配慮も欠かせない。

さらに学習したい人への推薦図書

① チャンドラー，A. D. 著（1962），有賀裕子訳（2004）『組織は戦略に従う』ダイヤモンド社。
② ミンツバーグ，H. 著（1989），北野利信訳（1991）『人間感覚のマネジメント』ダイヤモンド社。

　①は戦略によって組織が変化した様子を克明に描いている。②は組織のタイプを分類し，外部内部への影響が示されている。

第**14**章

計画とコントロール

イントロダクション

　何か目標を達成しようとする時，みなさんは手始めに何をするでしょうか。まずは行動に先立って，目標達成のための方法や段取り等の計画を考えるのではないでしょうか。例えば，大学入試や資格試験の合格を目標とした場合，多くの人が受験日程を考慮して，そこから逆算して学習計画を立てたのではないかと思います。その計画は，目標達成に役立ったでしょうか。

　計画を立てたら，実行と目標とを常に比較しながら評価することが重要です。計画は立てたけれども，肝心の実行が疎かになってしまったという人も多いでしょう。最初から大きな目標を掲げてしまうと，何だかやる気が起きなかったりしますよね。そのような時は，中間目標を設定しクリアしたら自分にご褒美をあげるといった工夫が必要かもしれません。やる気の問題だけでなく，成績の良い友人の学習方法を取り入れてみたり，遅れを取り戻す予備日をあらかじめ設定しておくなど，計画そのものを見直した人もいるでしょう。このように計画は立てるだけではなく，それが確実に実行されるように何らかのコントロールが必要になります。

　企業も不確実な環境のなかで目標を設定し，その実現のために計画とコントロールを用います。企業と個人の大きな相違は，企業は複数のメンバーが協働して目標を達成するため，メンバー間の調整が必要になる点です。本章では，企業における計画とコントロールの機能や活用方法について，みなさんと一緒に考えていくことにしましょう。

❗ 学習ポイント

- 計画が着実に実行されるためには，何が必要だろうか。
- PDCA サイクルという言葉をよく聞くが，それはどのようなものだろうか。
- 企業の業績目標として，財務業績以外に何が考えられるだろうか。

1 計画とコントロールの位置づけ

　経営とは，戦略目標の効率的な達成にむけて，経営資源（人・物・金・情報）を適切に調整・統合する活動である。戦略目標を実現するためには，実現への具体的な道筋を明らかにし，進捗状況をチェックし，必要に応じて組織活動をコントロールして実質的に組織を動かしていくことが必要となる。具体的な道筋が示された場合でも，実際には予定通りに進むとは限らず，適宜軌道修正することも必要になる。このように，戦略目標を達成するためのアクションプランを示し，組織の現状を把握して，戦略（第15章参照）の実行を効率的に進めるための仕組みが計画とコントロールである。

　図表14-1に示すように，計画とコントロールは，組織構造（第13章参照），人的資源管理（第9章参照），組織文化（第22章参照）とも相互に関連を持ちながら，戦略の実行に関して重要な役割を担うことになる。

　計画とコントロールは，初期の管理プロセス論（第12章参照）ではそれぞれ別の要素として取り扱われていたが，アンソニー（1965）が2つは密接に関連した一体のものであるとしてマネジメント・コントロールという概念を

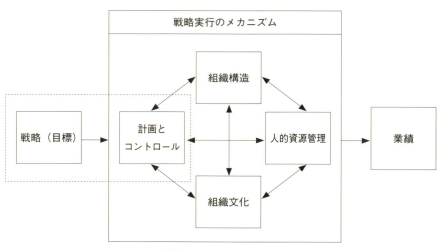

■ 図表14-1　協働による戦略実行のための枠組み

出所）　Anthony & Govindarajan (2007), p.8をもとに筆者が作成

提唱し，後に「組織の戦略を実行するために，マネジャーが組織メンバーに影響を与えるプロセス」（Anthony & Govindarajan, 2007, p. 6）と定義した。本章では，これとほぼ同義の用語として計画とコントロールを用いる。

2　計画とコントロールの機能

　ここではまず，組織における計画とコントロールの機能をみておくことにしよう。戦略を実行するために，マネジャーは組織メンバーにどのように影響力を発揮しているのだろうか。

2.1　計画とコントロールによる調整・統合

　一般的な上司と部下による階層的な協働関係を考えてみよう。上司が部下を通じて仕事を行なうには，基本的に部下に意思決定を任せることが必要となる。しかし，部下に任せきりでは組織活動がまとまりを欠くことになりかねない。そこで，「任せて，任せ放しにせず，任せた事柄をよい方向へ導いて行く」（伊丹, 1986, p. 8）ために計画とコントロールが必要となる。

　Anthony & Govindarajan（2007）は，マネジャーが組織メンバーに影響を与える活動として，次のものを指摘した。「組織が行なうべきことを計画すること，部門の活動を調整すること，情報を伝達すること，情報を評価すること，どんな行動をとるべきかを決定すること，人々が行動を変えるように影響を与えること」等である。上司（課長）は，自分の課の計画を立て，部下に仕事を割り振り，どのように行動すべきかを伝えてその仕事を任せる。互いに情報をやりとりしながら仕事を進め，上司は部下の努力と成果を評価する。計画通りに進まない場合，上司は原因を探り，部下に行動を変える等の働きかけを行なって対策を講じる。また自分自身は，より上位の上司（部長）と互いに情報のやりとりを行い，その影響を受けながら自分の課の活動をマネジメントする。

　一方，営業・製造・購買といった密接な関連を持つ各部門の横の関係も，計画とコントロールのプロセスを通じて相互に調整・統合される。この計画とコントロールの調整・統合機能が適切に役割を果たせば，それがない場合に比べて，上下間・部門間の調整コストを大幅に低下させることができる。

165

加えて，調整を行なうプロセスが，コミュニケーションの場となり，相互に影響を与える場としても機能することになる（伊丹・加護野, 2003）。

2.2　計画とコントロールによる不確実な環境への対応

　企業における計画とコントロールのもう１つの重要な機能は，環境の不確実性への対応である。企業は，外部環境の不連続な変化に直面している。景気や為替，人口動態，新技術，法規制等のマクロな環境の動向は，様々な要因が複雑に絡み合って変化している。ミクロな事業環境においても顧客，競合企業，仕入先の動向等，注意しなければならない要因は多岐にわたる。企業は，この環境変化に適応するように行動を変えていく必要がある。

　行動を変化させるためには，将来を予測して立てた計画と，実績との差異を評価し，それにもとづいて行動を変えていくことが求められる。そのための手法やツールには，様々なものが開発されている。本章ではこれらのうち，戦略を実現させるための基本方針や数値目標を示した中期経営計画，それを詳細に展開した利益計画と予算，多元的な業績指標を用いるバランスト・スコアカード（Balanced Scorecard：BSC）を紹介する。これらの計画システムの基盤として，実務でよく利用されるものがPDCAサイクルである。

3　PDCAサイクル

　PDCAサイクルは，品質管理の分野で生み出され応用されたものである（シューハート＆デミング, 1939；デミング, 1993）。このサイクルは，**図表14−2**にあるような４つの活動から構成される。

　まず計画を立て（Plan），計画を指針として業務活動を実行する（Do）。次に，計画（目標）と実績の差異分析を行う（Check）。実績が計画（目標）を下回ればその原因を調査し，環境や状況を考慮して見直しを行ない，可能な対策を検討して実行する（Action）。最後に次の計画へフィードバックする。PDCAサイクルは，計画を実行し，その結果にもとづいて行動を修正するプロセスで，結果情報を原因に反映させて調節をはかることからフィードバックコントロールといわれる。

　このフィードバックコントロールには，２つのタイプがある。既存の戦略

■ 図表14-2　PDCA サイクル

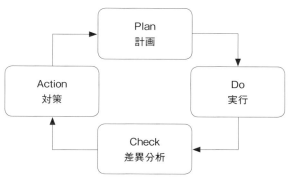

出所）筆者が作成

枠組みは変更せず，業務活動の一部の修正（たとえば広告宣伝費の増額）等で対応する場合をシングルループ・フィードバックという。一方，既存の戦略枠組みそのものを再検討し，現在の戦略や事業構造等の変更も含めて対応する場合をダブルループ・フィードバックという（第21章参照）。

環境の不確実性への対応方法には，この2つのフィードバックの他に，フィードフォワードとよばれる方法もある。フィードフォワードとは，事前に戦略目標に変動を起こす可能性のある要因を予測し，その要因を前もって打ち消して目標を達成しようとする事前予測にもとづく対応方法である。この方法を用いれば，より正確に自己の制御を行なえるが，実際の行動に不確実な見通しや期待を込め過ぎてしまうという問題もある（サイモン，1969）。

4　中期経営計画・利益計画・予算

企業で一般的によく使用される計画とコントロールの公式システムは，中期経営計画・利益計画・予算である。これらは，PDCA サイクルを基盤として，戦略を具体的なアクションプログラムに段階的に落とし込む計画とコントロールのシステムであり，業績管理の機能を持っている。

4.1　中期経営計画

中期経営計画は，中長期の戦略を前提に，全体の目標や基本方針，重点施

策，業績の目標値等を決定する。計画策定はトップが主導するが，ミドルも参加してトップダウンとミドルアップの折衷型で行なわれることも多い。

計画期間は，一般的には3～5年の場合が多く，計画を途中で再検討する方法には，固定方式とローリング方式がある。固定方式は，計画期間3年であれば3年間固定で中間での見直しは行なわない方法である。一方，ローリング方式は，計画期間が3年であっても毎年見直す方法である。この場合，最終年度を1年ずつ付け加えて前に進める方式と，最終年度は固定し1年ごとに計画を見直す方式がある。前者を前進ローリング方式とよぶ場合がある。

4.2　利益計画と予算

次に，中期経営計画の初年度をより詳細に展開した利益計画を設定する。**図表14-3**のフローチャートにあるように，**利益計画**は，中期経営計画における活動を会計情報に変換するステップで，企業のすべての業務活動を網羅し，これらの活動を短期の目標利益の観点から総合的に調整する計画である。

利益計画で当初の目標利益が現実的かどうか等について総合的な調整を行なった後，予算編成方針を設定する。予算編成方針では，目標利益，売上目標，原価低減目標等が設定され，予算はこれらを指針として各部門に責任と責任遂行に必要な資源を財務数値で割り当てて編成する（谷，2013）。予算は，通常下位の部門から積み上げて作成されるが，部門ごとに作成したのでは本社の方針や各部門との調整の負荷が非常に大きくなってしまう。短期総合計画である利益計画は，この調整の負荷を軽減する役割を果たす。

予算は，1年以内を計画期間とする短期経営計画で実行計画としての性格を持ち，計画，調整，統制の3つの機能を持つ。計画機能では，販売，製造，購買，財務等の職能部門別あるいは事業部別等，部門ごとに次期（次年度や四半期）の予算が編成され目標値が設定される。調整機能では販売と製造等関連する各部門間の調整が行なわれ，統制機能では目標と実績の差異分析によって業績評価が行なわれ必要に応じて是正措置がとられる。

利益計画と予算によるコントロールは，通常は業務の一部修正等で対応するシングルループであるが，目標と実績の差異が非常に大きい場合には組織革新の検討といったダブルループとなることもあり得る。また，利益計画や

■ 図表14-3　計画とコントロールの公式システム

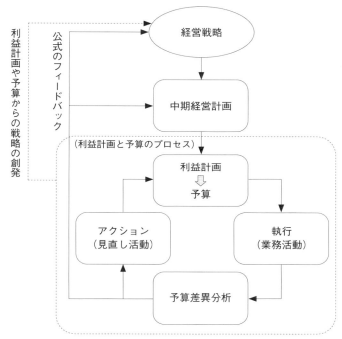

出所）谷（2013），p.12をもとに筆者が作成

予算の活用が、新たな機会の発見に結びつくと、創発戦略が生み出される場合もあることが指摘されている（サイモンズ, 1995）。

5　計画とコントロールの逆機能

計画とコントロールのシステムは、本来は戦略実行力を高めるために導入された公式システムであるが、その活用や運用の仕方によっては、しばしば逆機能を持つことが指摘されている（伊丹・加護野, 2003；櫻井, 2012）。

計画機能における逆機能としては、計画策定に時間をかけても肝心の実行が伴わない（分析麻痺症候群）という批判、環境変化に対する弾力性・柔軟性の欠如、変化の激しい環境の速度についていけないという批判、計画に費やされる労力と時間に対する費用対効果の問題等が指摘されている。

コントロール機能の面では、管理者が予算を圧力機構として認識すると逆

機能的行動をとることが指摘されている（頼, 2011）。とくに，予算達成度と報酬の連動性が高いと，都合の良い情報は報告するが，都合の悪い情報は隠す等の情報バイアスが発生しやすい。また，予算編成への参加は，予算スラックの問題を発生させ，それが予算ゲームの逆機能的行動を引き起こす場合がある。予算スラックとは，部門管理者が予算の目標値を達成しやすくするために，予算編成において故意に生み出す「ゆとり」のことである。予算スラックは，不確実性の高い環境ではある程度必要といわれている。

しかし，部門管理者が予算編成に参加して交渉する機会が与えられると，予算スラックを巡って予算編成部門と部門管理者の利害対立により様々な駆け引きが生じる。このような機会主義的行動を予算ゲームとよぶ。予算ゲームの駆け引きの結果，目標達成率を高めるために業績目標を故意に低く設定する，削減された時に備えて常に必要以上の資源を要求する，予算は必ず使い切る等の逆機能が生じる場合がある（ホープ＆フレーザー, 2003）。

日本企業では，予算達成度を個人の報酬にリンクさせることは欧米企業と比較して従来はかなり少ないといわれてきた。これは，公平な評価が難しいこと，個人間で差をつけない方が協働に望ましいこと，報酬とリンクすることで逆機能が発生する危険性があること等による（頼, 2011）。

6　バランスト・スコアカード（Balanced Scorecard：BSC）

測定できるものはコントロールできるが，測定できないものはコントロールできない。そこで，企業のような複雑な活動システムを可視化するために**KPI**（Key Performance Indicator：**重要業績指標**）が用いられる。社員は，設定された KPI に向けた適応的行動をとるため，適切な KPI の設定は極めて重要である（サイモンズ, 2000）。従来の中期経営計画や予算では，伝統的に財務指標が KPI として用いられてきた。しかし，これが短期的業績志向を誘発する一因ともなった。競争力を維持するためには，研究開発等の長期的視点も不可欠であり，多元的な業績尺度が必要である。

キャプラン＆ノートン（2001）は，従来の KPI が財務指標に偏っていることを批判し，財務指標も含めたバランスのとれた4つの視点（財務・顧客・内部プロセス・学習と成長）にもとづいて業績評価を行なう BSC を提

唱した。4つの視点とは，次の通りである。

1)財務の視点：企業が達成した経済的成果を客観的に要約したもので，株主や債権者を意識した指標が用いられる。

2)顧客の視点：主なターゲットとなる顧客層を定め，その顧客に価値ある商品・サービスを提供しているかを測定する。

3)内部プロセスの視点：経営者がどのように社内のビジネスプロセスを改善したのかを測定する。

4)学習と成長の視点：従業員のスキル，知識や能力がどのくらい向上したのかを測定する。

　BSCは，これらの4つの視点による総合的な観点から，戦略マップを活用して戦略を策定し，戦略目標ごとにKPI，目標値，実施項目を設定する。戦略マップは，4つの視点の戦略目標間の因果関係を図式化して示すためのツールである（キャプラン＆ノートン，2004）。**図表14-4**は，戦略マップとスコアカードの一例である（実施項目は省略）。

　図表14-4で上向きの矢印は，BSCの4つの視点間の因果関係を示している。例えば左端の矢印は，まず，4)学習と成長の視点で，優秀な人材を育成

■ 図表14-4　戦略マップとスコアカードの一例

	戦略目標	KPI	目標値
財務の視点	競争優位の確立	市場シェア	●%
	利益体質強化	売上高総利益率	●%
顧客の視点	顧客満足度向上	リピート売上率	●%
		重要顧客数	●件
	コストパフォーマンス改善	主要製品の粗利率	●%
内部プロセスの視点	開発体制の強化	新製品開発件数	●件
		研究進捗率	●%
	生産ライン最適化	ライン停止時間	●時間
学習と成長の視点	人材育成の強化	従業員満足度	●点
		顧客対応スキル	●点

出所）『日経情報ストラテジー』2007年4月号，p. 44をもとに筆者が作成

し，3)内部プロセスの視点で，開発体制を強化して優秀な人材が多くの新製品を開発し，2)顧客の視点で，顧客から新製品が高く評価され顧客満足度が向上すると，結果として，1)財務の視点の売上が拡大する，という因果関係を示している。BSC を用いると，社員は自分の業務がどのような因果関係をたどって，企業の財務指標に貢献するのかを理解できるようになる。このように BSC は，戦略を全社員の日々の業務に落とし込み，全社を戦略志向の組織体へと向かわせる機能を持つ。BSC は，当初は業績評価のツールとして提案されたが，その後の実務への導入過程で，戦略の策定・実行の支援ツールとしての役割が期待されるようになってきている（櫻井, 2012）。

まとめ

　計画とコントロールの活用では，逆機能をいかに抑制し本来の順機能の効果をどれだけ活用できるかがポイントとなる。人間を見ずに，KPI だけを頼りにするような運用は逆機能を招きやすい。実際，逆機能のもっとも重要な原因として指摘されているのが，「システムを運用する人間の弱さと誤解」である（伊丹・加護野, 2003）。人間のどのような弱さや誤解が計画とコントロールのシステムを脆弱にしてしまうのか，充分吟味する必要がある。

　一方で，創業以来の危機に見舞われ，それを乗り越えようと行なった構造改革のプロセスで，計画とコントロールを活用して生き残りに成功した企業もある（例えば，古森（2013）を参照）。企業の計画とコントロールの具体的な活用法は多様である。どのような活用法がより望ましいのか，「人間の弱さや誤解」を考慮しながら，様々な事例を調べてより深く考えてみよう。

さらに学習したい人への推薦図書

① 櫻井通晴（2012）『管理会計（第 5 版）』同文舘出版。
② 古森重隆（2013）『魂の経営』東洋経済新報社。
③ 横田絵理・金子晋也（2014）『マネジメント・コントロール』有斐閣。

　計画とコントロールは，主に管理会計分野で扱われる。①は管理会計の体系的な教科書である。②は本業消失の危機に見舞われた富士フイルムで，計画とコントロールがどのように活用されたかを示した事例である。③は計画とコントロールに関する企業の活用事例集である。

第15章

経営戦略の概念と本質

イントロダクション

　みなさんは，大学に入学する時に，将来の志望する進路を明確に持っていたでしょうか。また，それは実現したでしょうか。公認会計士や弁護士など，難関の国家試験を突破しないと就くことのできない職業を目指し，受験勉強に大学生活を費やし，晴れて合格した人もいることでしょう。また，高校生の時代から起業したいという夢を持ち，在学中や卒業後に会社を作り，経営者になった人もいるかもしれません。そのような人は，自ら立てた計画を実行したといえます。しかし，現実には，大学入学時どころか，就職活動を始めてから自分の適性や志望する職種や業種を考える学生も多くいます。さらには，就職した後に自分の適性や本当にやりたい仕事をみつけ，キャリアを切り開いていく人もいます。

　多くの場合には，見通せない将来に向けて計画を立て，その通りに実現していくことは難しいのです。それでも漫然と大学の授業を受けるのではなく，自分の将来の道をみつけたいという意識を持ち，それを発見するために高い意識を持って多様な学びをしてきた学生は，大学4年間で能力を伸ばして実社会で発揮することができるかもしれません。

　みえない将来をにらんで手さぐりにも近い状態でも前向きに学ぶのか，今を楽しく過ごせればいいという気持ちで日々を過ごすのか。それは，大学生活に戦略があるかどうかなのです。本章では，この身近な戦略の持つ意味や考え方について，みなさんと一緒に考えていくことにしましょう。

！）学習ポイント

- 「戦略」という言葉をよく耳にするが，それはどういう意味なのだろうか。
- 企業は利益を上げられれば，将来も生き続けることができるのだろうか。
- 戦略の立案は組織のどの階層が主に担うべきだろうか。

173

1 経営戦略の概念と意義

　戦略という言葉の語源をたどると，古くギリシャ時代にまで遡る。古代ギリシャの都市国家が抱える傭兵部隊の将軍に相当する役職やそれに必要な能力を strategos とよんでいた。これが英語の strategy となり，日本語では戦略と訳された。日本では経営に用いられる戦略を経営戦略とよんでいるが，英語では軍事の世界でも経営の世界でも区別なく，strategy が用いられている。軍事の領域では，古代中国の孫子や18世紀のクラウゼヴィッツの著書が有名であり，ビジネスの実践の世界でもてはやされることが多い。しかしここでは，経営学の一分野としての経営戦略の発展の歴史を辿ることで経営戦略の意味を明らかにしていく。

1.1 経営戦略の源流

　経営戦略が経営学で本格的に扱われるようになったのは，1960年代のアメリカにおいてであったが，それについて３つの源流をあげることができる。第１の源流は，ハーバード・ビジネス・スクールであり，ここに設置されたビジネスポリシーという科目では，企業の実例を教材として分析と議論を通じて幹部候補生を養成するという教育方法論がとられていた。(Gluek, 1980)。

　第２の源流は，1962年にチャンドラーが著した『経営戦略と組織』である。20世紀におけるアメリカの経済成長の中心となった大企業の成長プロセスを研究し，その成長の方式と組織構造とに密接な関係があることを発見した。彼は戦略を「長期の基本目標を定めたうえで，その目標を実現するために行動を起こしたり，経営資源を配分したりすること（チャンドラー，2004, p. 17）」と定義している。また，企業の成長によって事業が多様化した場合に，それに対応した経営を可能にするために組織構造が改編されるという法則を発見し，「**組織構造は戦略に従う**」という命題として有名になった。

　第３の源流は，アンゾフが1965年に出版した『企業戦略論』であり，これを契機にビジネス界に経営戦略のブームが起こった。当時のアメリカ社会は，第二次世界大戦後の経済成長によってもたらされた豊かな社会であった。様々な製品分野が飽和状態になり，企業は従来の事業を維持するだけでは，

成長の限界に直面することとなった。また，消費者の嗜好が多様化したため将来を予測することがより困難にもなった。このような状況において，企業は過去の延長にもとづく長期的計画では環境への対応が困難となった。これに対してアンゾフは長期的計画に代わる戦略的計画という概念とその実践のための分析手法と計画策定プロセスを提示した。

1.2　経営戦略研究の展開1：組織・プロセス志向の戦略論

　1970年代以降は経営戦略の研究が発展し，多様化していくこととなった。しかし実践の世界では，分析の偏重による麻痺状態という弊害が生まれた（Peters & Waterman, 1983）。合理的な分析はあくまでも理論的な根拠に過ぎず，それによって策定された経営戦略は，実行の局面では期待通りの成果を生まない実例が数多くみられた。そのため，膨大な時間と費用をかけて経営戦略を立てることの意義が問われることとなったのである。

　アンゾフ自身が自己の主張が弊害を招いたことへの反省として，環境－戦略－組織の3者の間に適合関係が成り立つことが必要であり，戦略の策定と実行の両方の局面を担う組織の経営も包括的に考えるという観点から，1979年に戦略経営という概念を提示した。さらに，Quinn（1980）は**論理的インクリメンタリズム**（漸進主義）という概念を提示した。すなわち，現実の企業行動を観察すると，当初から確固たる戦略が示されその通りに実行されるというよりも，その時々の状況に対応しつつ右往左往しているようにみえるが，実際にはその背景に一貫した論理があるという状態が，戦略経営の実態であると主張した。

　1980年代以降は，戦略の策定と実行の両局面を担う組織の視点から研究が行なわれるようになってきている。ピーターズ＆ウォーターマン（1982）は『エクセレントカンパニー』において，アメリカ優良企業には企業文化や組織構造などの面で8つの共通性があることを指摘しており，また1994年にミンツバーグは，戦略形成・実行プロセスをモデル化し，結果として実行される戦略は，トップマネジメントが公式に策定する計画的戦略と組織の中で湧き上がってくる**創発的戦略**との混合物であることを指摘している。

　このように，企業組織やそのなかでのプロセスに目を向けた戦略研究は，

企業の実態が単純なトップダウン式の経営がなされているとはいえず，むしろ組織的意思決定プロセスの視点から戦略を軸として企業が環境適合をしていくためのマネジメントのあり方を研究しているのである。

1.3　戦略研究の展開2：行動志向の戦略論

これまで述べてきた組織・プロセス志向の経営戦略研究は企業の内部に焦点をあてているが，もう1つの研究方向として，企業行動の視点から戦略を扱ったものがある。

1970年代後半にコンサルティング会社のボストン・コンサルティング・グループ（以下BCG）が中心となって開発した製品ポートフォリオマネジメント（Product Portfolio Management：**PPM**）は，高度の多角化した企業が，現在から将来にわたって多数の事業の束を可視化し，長期的に収益性と成長性の両方を確保するための実践的な手法であった（第16章参照）。

ポーターは，1980年に発表した『競争戦略論』のなかで，市場における自社の地位と市場の状況を基準として，競争戦略を決定する手掛かりとして3つの提言をした。すなわち，①基本的な競争戦略として「**コストリーダーシップ**」，「**差別化**」，「**コスト集中**」，「**差別化集中**」という4つの競争戦略があること，②市場の競争の激しさに影響を及ぼす要因として「競争企業」，「供給業者」，「買い手」，「新規参入」，「代替品」の5つがあること，③企業が価値を生み出す過程（**価値連鎖**）を明らかにすることで競争優位を発揮する源泉がみつかることである（第17章参照）。

また，マイルズ&スノー（1978）は環境変化の激しさと企業の環境適応行動のタイプとの関係を調査し，変化の激しい環境の下では変化に敏感な探索型タイプの企業が高い成果を上げ，分析型，防衛型，受け身型の企業は大規模な環境変化に弱いことを明らかにした。マーケティング論の分野でも行動面からの研究がなされ，コトラー（1980）は市場の地位から導き出される経営資源の相対的な質と量という観点から，市場内での地位を4つに分類し，それぞれの地位に応じてとるべき競争戦略があると主張している。

これに対して，ルメルト（1986）や Wernerfelt（1984）らが提唱した**資源ベース学派**（RBV：Resource Based View）は，企業が持つ経営資源が競

争優位をもたらすと主張する。例えば，バーニー（1997）は，資源の持つ
「市場価値」，「稀少性」，「模倣可能性」，「組織能力」という4つの特性で説
明している。この考えはさらに経営資源を活用する組織能力に関心の的が移
り，コアコンピタンスやケイパビリティなどの概念が生まれることとなった。

　以上のように，戦略の研究は組織のプロセスとその管理のあり方の視点と，
企業行動の視点とに大別され，前者はマネジメントの実体を追究する記述的
な方法をとっており，後者は企業のとるべき戦略のまたは戦略決定の方法を
提示する規範的な方法をとる傾向がみられる。

1.4　経営戦略の多様な概念と学派

　これまで述べてきたように，経営戦略研究が発展するとともに内容が多様
になってきており，同時に，経営戦略の概念は研究者ごとに違うといえるほ
ど多様である。ミンツバーグは，研究目的，基礎とする学問分野，環境や組
織などの注目する要因にもとづいて戦略研究を10学派に分類している。本章
で取り上げた研究については，チャンドラーとマイルズ＆スノーはコンフィ
ギュレーション学派に，アンゾフはプランニング学派に，ポーターはポジ
ショニング学派に，クインはラーニング学派に分類されている。

　以上のように経営戦略の概念は研究者によって様々であるため，経営戦略
の多様な側面を理解してもらうことを目的に，ここでは以下のように経営戦
略を広くとらえた定義としたい。経営戦略とは，「全体的視点から，企業が
中長期的に存続し成長していくために，環境変化に適合していくための指針
となるもの」である。

1.5　経営戦略の種類

　前項までは，経営戦略の発展の歴史や研究方法という観点から経営戦略を
説明したが，実際に企業が策定・実行をする戦略という視点からは大きく，
1）**全社戦略**，2）**事業戦略**，3）**機能別戦略**の3種類に分けることができ，
それは企業組織の階層に対応しており，目的―手段の関係にあるということ
ができる。しかし，複数の事業を持つ企業でも，市場や技術の面で相互に関
係が強い場合には，事業の壁を越えて機能別の戦略を持つ必要があり，石井

177

ら (1980) が述べるように, **図表15-1**のようなマトリックス構造の関係にあると考えられる。

1) 全社戦略：もっとも上位に位置する戦略である。複数の事業に従事する企業では，事業ごとに製造・販売する製品・サービスの技術的特性や市場の状況が異なる。企業全体として長期的に収益性と成長性が確保されることが重要であるから，企業のトップのレベルでは，個々の事業の現在と将来の状態を分析して収益性と成長性の両立する事業の組み合わせを決定し，個々の事業に対して，目標と予算を割り当てる。

2) 事業戦略：全社戦略によって事業部に割り当てられた役割と目標を実現する基本的指針となるものである。自社の事業部の製品・サービスをどのように開発・製造・販売をしていくかの問題であり，市場における競争のパターンを決定することを意味する。したがって，事業戦略は，競争戦略と同じ意味であるといえる。

3) 機能別戦略：全社戦略や事業戦略の成果を上げるためには各機能部門の資源や能力が不可欠である。製造，マーケティング，研究開発など，個々

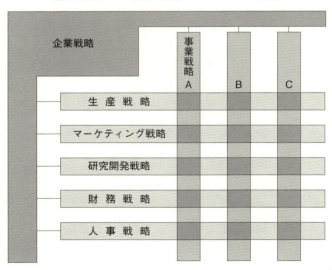

■ 図表15-1　経営戦略のマトリックス構造

出所）石井ら (1980), p.12

の機能部門においても中長期的視点から資源の蓄積・開発などが必要である。とくに多くの事業を抱える企業の場合には，特定の事業部内にとどまらず，事業部をまたいで機能部門の能力拡大を図ることが必要となる。

2　経営戦略の策定プロセス

　経営戦略の策定プロセスについては様々な研究者が取りあげているが，それらに共通してみられる構成要素は，①企業内部（経営資源）と外部環境（競争状況や社会の動向など）の分析，②トップの経営哲学や企業の経営理念，③企業組織の文化である。これらを考慮して経営戦略が策定される（**図表15－2**）。

　この策定過程においてもっとも重要な作業は，企業の内部と外部の分析であり，その一般的な方法は**SWOT分析**とよばれている。これはすでに1920年代からハーバード・ビジネス・スクールで用いられていたといわれているが，依然として有効な手法である。まず第1のステップとして，企業の内部に関しては，人・物・金・情報などの経営資源について他社との相対的な評価を行ない，優れているものを強み（S：Strength），劣っているものを弱み（W：Weakness）として列挙する。また，外部環境については，現在と予想可能な将来において自社に影響を及ぼすと思われる出来事から，利益や

■ 図表15－2　経営戦略の策定過程

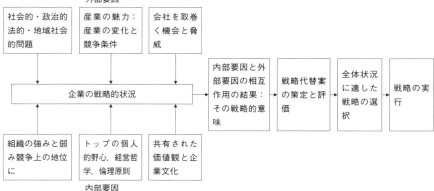

出所）　Thompson & Strickland（1990），p. 44をもとに筆者が作成

成長をもたらす可能性のあるものを機会（O：Opportunity）に，売上減少や損失をもたらす危険性のあるものを脅威（T：Threat）に分類する。

次に第2のステップでは，**図表15-3**に示すように，列挙されたS/WとO/Tとを対比させ，自社がとるべき重要な戦略案を導き出すという手法である。SWOT分析は視覚的に単純であることが一般的に普及している理由であるともいえるが，SWOTの抽出には広範な調査や深い分析が必要であり，そこから導き出される戦略案を作るには，論理的思考力と発想力が必要である。

ここで注意しなければならないのは，これまで述べてきた戦略策定のプロセスと方法は，企業の公式な制度としてみた場合のことであり，現実に経営戦略が形成され実行される状況を表しているとは，必ずしもいえないということである。ミンツバーグ（1998）は，**図表15-4**のように，トップマネジメントが意図した戦略が，結果として企業が実行した戦略と同じであるとは限らないことを指摘している。

トップによって「意図された戦略」は公式に「（公式的な計画として）熟考された戦略」として発表されるが，計画となる過程で意図した戦略案のいくつかは計画から除外され，「実現されなかった戦略」となる。また，企業のトップが意図したものとは別に，企業内の1つひとつの行動が学習され集積されることによって，戦略を持つかのように一貫した行動パターンが生まれることもある。これをミンツバーグは「**創発的戦略**（emergent strate-

■ 図表15-3　SWOT分析にもとづく戦略案

	機会（O）	脅威（T）
強み（S）	強みを生かして機会を活用する	強みを用いて脅威を乗り切る
弱み（W）	機会を逃がさないように弱みを補強する	破滅的な状況を避けるために弱みを除去する

出所）　筆者が作成

180

■ 図表15-4　ミンツバーグによる戦略形成過程モデル

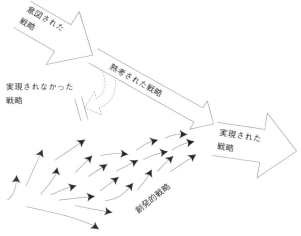

出所）ミンツバーグ（1998），p.12をもとに筆者が作成

gy）」とよぶ。このような組織的なプロセスの結果が，実際の行動として「実現された戦略」である。

このことから，第6番目の種類の戦略として「アンブレラ戦略」があげられる。それは，トップの計画は細部に至るまで規定されるべきではなく，大枠だけを示し，戦略を実行しながら具体的内容を決めていくという考え方である。

3　経営戦略の基盤としての経営理念

人間の行動の背景には，その人の価値観や哲学などがある。同様に企業においても，経営戦略の基盤として価値観がなければ，社員を1つにまとめ，また社会的存在として正当性を持たねばならない。企業の基本的価値といえるものが，経営理念，社是・社訓などとよばれるものである。また，経営理念と並んで用いられる言葉としてビジョンがあるが，企業によって理念とビジョンを区別する場合と同一のように用いる場合があり，定着した区別はないといえる。

経営理念の例として，パナソニックの場合には，「産業人タル本分ニ徹シ，

社会生活ノ改善ト向上ヲ図リ，世界文化ノ進展ニ寄与センコトヲ期ス」（パナソニック・ホームページ，2014b）という理念が掲げられ，総合家電事業を軸として事業が展開されてきた。また，ソニーの前身である東京通信工業が1946年の設立時に発表した設立趣意書には，「真面目ナル技術者ノ技能ヲ最高度ニ発揮セシムベキ自由闊達ニシテ愉快ナル理想工場ノ建設」（ソニー・ホームページ，2014b）と書かれている。

このように技術者たちの夢を追求するという価値観が，その後のテープレコーダーやトリニトロンテレビ，ウォークマンなどの開発につながり，20世紀末に社会に大きな影響を与える世界的な大企業にまで成長する推進力になっていたと考えられる。

まとめ

経営戦略は，その研究の当初は多分にトップダウン的な経営を前提として進められてきたが，次第に企業全体がその形成や実行にかかわるという考え方へと変化してきた。それは，経済状況の変化によってアメリカ流の経営スタイルが万能ではないという認識が生まれたということが理由の1つであり，また，中長期的な将来さえも正確に予測できないという現代の企業環境において，硬直的な経営戦略では予測しない環境変化に対応できないということも理由としてあげられる。それゆえに，企業活動に社会的な正当性と意義を与え，社員にやる気を引き出すよりどころとしての経営理念を経営の中心に据えた経営が必要といえる。

さらに学習したい人への推薦図書

① チャンドラー，Jr., A. D. 著（1962），有賀裕子訳（2004）『組織は戦略に従う』ダイヤモンド社。
② ミンツバーグ，H. 著（1998），斎藤嘉則監訳（2012）『戦略サファリ―戦略マネジメント・コンプリート・ガイドブック（第2版）』東洋経済新報社。
③ ピーターズ，T. & ウォーターマン，R. H. 著（2006），大前研一訳（2003）『エクセレントカンパニー』英治出版。

①は経営戦略論の古典的名著で，経営史の視点から企業成長の過程が如実に著されている。②は経営戦略論の基礎知識が必要であるが，経営戦略研究の全体像を俯瞰する上で役立つ。③は経営戦略と組織との関わりを指摘した有名な文献である。

第**16**章

全社戦略

イントロダクション

　みなさんは、「V字回復」という言葉を知っているでしょうか。1990年代にバブル経済が崩壊し、それまで好調だった日本の多くの産業で業績が大幅に悪化しました。なかでも、戦後日本経済の牽引力の1つであった電機産業では、主要各社が赤字に転落しました。この状態からの脱却がV字回復です。

　電機産業のなかでもパナソニック、ソニー、シャープなどは、主力事業の1つであった薄型テレビ部門で、海外企業との競争が激化し、売上が低下しつつありました。これに対処するために、パナソニックはプラズマテレビの製造から撤退し、他の会社も工場閉鎖や他社からの部品調達などによって、業績改善に努めました。しかし、2014年の時点でも、これら3社の業績が充分に回復したとはいえない状況にあります。

　一方で、日立製作所は業績改善の代表格です。サービス事業・インフラ事業の強化を推進しつつ、半導体事業など競争力の弱い事業の縮小・売却によって赤字を解消し、2014年3月には、23年ぶりに5,000億円を超える連結営業利益を達成しました。当時流行した「選択と集中」のやり方が成否を分けたのです。

　世界的な企業にまで成長した大手電機産業各社も、この点に経営上の問題があったのかもしれません。本章では、全体的・長期的視点からの経営について、みなさんと一緒に考えていくことにしましょう。

！ 学習ポイント

- なぜ企業は多角化する必要があるのだろうか。
- 複数の事業を抱える大企業の経営者のマネジメント方法とは何だろうか。
- 企業が「選択と集中」をする必要性は何だろうか。

183

1 事業領域とドメイン

第15章で述べたように，全社戦略は事業戦略や機能別戦略の上位に位置するものである。自社が長い将来にわたって存続し成長することができるかを検討するためには，個々の事業の内容と活動領域を明らかにし，その上ですべての事業をあわせた活動領域を知ることで，事業構成のマネジメントを行なわなくてはならない。前者は事業領域の定義の問題であり，後者はドメイン決定の問題である。

1.1 事業領域の定義

事業領域をどのように定義するかは，次項で述べるドメイン決定の基礎となると同時に，第17章で扱う競争戦略を決定する重要な手掛かりにもなる。

事業領域を定義する方法は諸説あるが，もっともよく用いられるものは，エーベル（1980）によるものである。エーベルは，①顧客層（年齢，性別，居住地域など，地理的・人口動態的な基準によって決定される市場セグメント），②代替技術（顧客の問題を解決するために提供される製品・サービスとその提供方法），③顧客機能（顧客が解決を求めている問題にかかわる充足すべきニーズ）という3次元を用いて事業を定義する。

第1の顧客層によって，自社が事業を展開する空間が決定される。第2の代替技術では，自社のどの資源を用いることができるか，それによって他社に対してどのような競争優位を発揮できるかを明らかにする。第3の顧客機能とは，顧客の心理面，行動面にかかわる問題であり，しばしば明示的でないことがある。

1.2 ドメインの定義

ドメインとは，企業が展開するすべての事業の範囲のことである。ドメインを定義し，自社の活動範囲を明示することは，企業内の活動の分散化を回避するとともに，過度の集中化も回避し，社会における存在意義を明確にするという3つの意義がある（伊丹・加野護, 1992）。

ドメインの定義においても，エーベルの3次元による事業定義を応用する

ことが可能である。単に製品・サービスと顧客によるドメイン定義では，環境変化による社会的ニーズの変化に対応していくことはできない。長い将来にわたって社会における存在意義を持って存続・成長していくためには，将来における顧客機能（ニーズ）を予測し，自社が提供する潜在的な代替技術を考慮してドメインを定義する必要があるからである。

ドメイン定義の典型的な例としてよく引き合いに出されるのは，**図表16－1**に示したNECの「コンピューターとコミュニケーション」（C&C）である。1977年に，当時のNEC会長であった小林宏治は，将来のデジタル化の進展によってコンピューターと通信とが融合して社会インフラを変えていくと見通し，コンピューター事業とコミュニケーション事業を軸として半導体事業などを組みあわせていくという方向性を打ち出したのである。

■ 図表16－1　C&Cによるドメイン定義

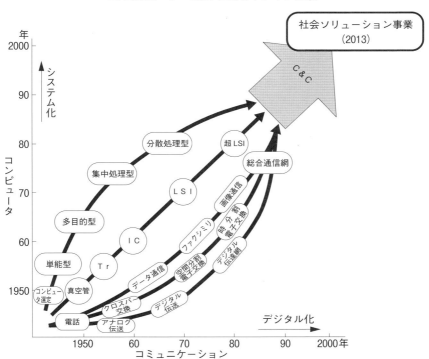

出所）小林（1990），p. 49およびNECアニュアルレポート（2013）をもとに筆者が作成

このC&Cという言葉は，30年以上経過した後も，NECのビジョン（第15章参照）やドメイン定義に反映している。2013年度には，「ICT（情報通信技術）を用いた社会ソリューション事業」と，ドメインを定義している（NEC会社案内, 2013；NECアニュアル・レポート, 2014）。

2 事業構造のマネジメント

一般に，企業は設立時には単一の事業に従事しているが，その市場には規模の限界があるので，そのままでは成長に限界が来る。それゆえ，さらなる成長を目指す場合には，新規事業への進出によって成長を目指すことがある。その結果として，1つひとつの事業についてばかりでなく事業全体をとりまとめた事業構造のマネジメントが必要になる。

2.1 企業の成長方式

現在の事業を出発点として成長の方向を探る手掛かりとなるのが，**図表16-2**に示したアンゾフ（1988）の成長ベクトルである。アンゾフは事業を「製品」と「市場使命」の2次元で定義し，それらが現状のままであるか新規であるかによって，①**「市場浸透」**，②**「製品開発」**，③**「市場開発」**，④**「多角化」**の4つの成長方式をあげている。ここにおける「市場使命」はアンゾフ独特の用語であるが，一般的な言葉でいえば顧客ニーズである。

アンゾフによれば，これらのうちで最優先に選択を検討すべきは市場浸透であり，2番目には製品開発と市場開発であり，多角化は最後に選択すべきである。なぜならば，市場浸透の場合には市場と顧客ニーズの両方に関して

■ 図表16-2　成長ベクトル

製品　　　　市場使命	現在	新規
現在	市場浸透	製品開発
新規	市場開発	多角化

出所）　アンゾフ（1988），p.147をもとに筆者が作成

186

すでに経験的に情報を多く持っているので，成功する可能性が高い。これに対して製品開発と市場開発はそれらのどちらかに関して，成功の可能性が低下する。さらに多角化では両方に関して情報が不足している場合が多いために，多角化は成長の方式としてはもっとも成功の可能性が低いとアンゾフは主張している。

2.2　多角化

次に，多角化を成長の道として選択する場合には，進出する新規事業と現有の事業との間で，「共通関連性」と「**シナジー**」の存在に留意すべきであるとアンゾフは主張する。

共通関連性とは，既存事業と新規事業との間で，自社の提供する製品・サービスの技術についてと顧客について関連性があるかどうかという問題である。技術面での関連性がある場合には，新規事業に進出しても製品・サービスの面で自社の優位性を発揮する可能性が高い。また，顧客面での関連性については，同一タイプ，顧客層の拡大，類似したニーズを持つ顧客，まったく新しいタイプの顧客，という順番に関連性が低くなる。このように，技術面か顧客面のどちらかで共通関連性の高い事業を選択すべきであるとアンゾフは主張する。

シナジーとは，複数の事業の間の相乗効果のことであり，1つの会社が複数の事業を同時に持つことで，単独に事業を行なうよりも強い競争優位を発揮できるかどうかという問題である。複数の製品・サービスを1社が提供することで顧客にとって利便性が高まるなどの魅力が生まれるならば，シナジーが生まれているといえる。例えば日本の大都市圏の私鉄会社は，沿線地域でバス路線を展開すると同時に住宅地を開発することによって，土地の価値を高めながら鉄道利用者を増やすというシナジーを発揮させている。

ここで注意すべきは，共通関連性とシナジーの意義の違いである。共通関連性は，進出する新規事業での成功可能性を予測する手掛かりであり，シナジーは，新規事業と既存事業の両方で競争力を高める効果を意味している。成長のリスクがあるとしても，シナジーをもたらしうる多角化は，競争力を高めるという点では積極的な効果が期待される。

187

2.3 多角化の種類

前項で多角化成功の要因として共通関連性とシナジーが重要であることを説明したが，この考えは，どのような種類の多角化をすべきかを検討する際にも，考慮に入れなければならない。

アンゾフは，多角化を「水平的多角化」，「垂直的多角化」，「集中型多角化」，「コングロマリット型多角化」の４種類に分類している。水平的多角化とは，既存事業と同一タイプの顧客に対して新しい製品を提供するという多角化であり，垂直型多角化は，例えば製造業が原材料調達の事業や小売り事業に進出する場合のように，サプライチェーンの川上や川下の事業を自ら手がけることである。また，集中型多角化とは，既存事業と製品または市場のどちらかで関連性の高い分野に進出することであり，この場合には範囲の経済が実現することを企図していることが多い。

最後のコングロマリット型多角化は，既存事業とは顧客・製品の両面で関連のない分野に進出する多角化であるが，この場合には事業間の共通関連性やシナジーはほとんど考慮されず，もっぱら投資目的で財務的な成果のみを期待して行なわれるものである。

2.4 事業ポートフォリオ

前項で述べたように，企業は成長とともに，多角化によって複数の事業を抱える場合が多い。大規模な企業においては，100を超える事業を持つものもある。そのような状況で，トップマネジメントは俯瞰的に自社の事業の束を把握し，現在と将来の収益性と成長性を実現していかねばならない。それが，多角化した企業における全社戦略は，主に事業構造のマネジメントを意味する。

事業構造を管理する手法としてもっとも有名なものは，1970年代末にボストン・コンサルティング・グループが中心となって開発した**製品ポートフォリオマネジメント**（Product Portfolio Management：以下 PPM）という手法である。ここで「製品（Product）」という言葉が使われているが，実際には１つの事業に複数の製品・サービスが展開されている場合が多い。しかし PPM を用いる際には，通常は事業の組み合わせのマネジメントと解釈さ

■ 図表16-3　ＰＰＭの基本概念図

	大	☆ 花形 収益大・投資大→純益小 シェア拡大戦略	？ 問題児 収益小・投資大→赤字 投資によるシェア拡大戦略または撤退
市場成長率	小	¥ 金のなる木 収益大・投資小→純益大 シェア戦略＋利益回収	× 負け犬 収益大・投資大→純益小または赤字 撤退
		大	小

相対的市場シェア

出所）　ボストン・コンサルティング・グループ（1977）をもとに筆者が作成

れている。

　まず，個々の事業について，**図表16-3**に示したように，「市場成長率」と「相対的市場シェア」の２つの基準にもとづいて，それぞれが高いか低いかで４種類に分類する。市場成長率は例えば，その時々のGDP成長率を基準として，それよりも高いか低いかで判断することができる。相対的市場シェアについては，市場シェアが１位または２位程度である場合には高いとみなし，シェアの面で下位に位置する場合には低いとみなされる。これら２つの軸により，すべての事業は図表16-3のように，「¥金のなる木（cash cow）」，「☆花形（star）」，「×負け犬（dog）」，「？問題児（problem child）」の４種類に分類される。

　「金のなる木」は，成熟した市場においてトップの地位にあり，大きな売上高を得ていると同時に，現在の地位を確保するのに必要な投資がさほど大きくないために，シェア維持の戦略をとることによって高い利益が得られる。「花形」は成長性の高い市場においてトップの地位にあり，大きな売上高を得ているが，成長市場においてトップの地位を確保し続けるために多額の投資を行ない，シェア維持・拡大の戦略をとらなければならない。「花形」であり続ければ，市場の正当性が低下した時点で「金のなる木」となり，投資

を回収することができる。

「負け犬」は，大幅な変化が期待されない成熟した市場において下位にあるために利益率が低く，地位を逆転する見込みが薄いため，撤退を検討すべきである。最後に「問題児」は，市場の成長性が高い間に投資を増大してシェアを高めることができれば「花形」に変身する可能性を持っているが，「花形」になることに失敗すれば，「負け犬」となる危険性があるため，投資か撤退かの選択をしなければならない。現在と将来の自社の事業がこれら4種類としてどのように構成されるかを分析し，重点的に投資すべき事業や撤退・売却すべき事業を決定し，中長期的に収益性と成長性の両立をはかるのである。

縦軸に市場成長率を用いる根拠は，図表16－4に示した**製品ライフサイクルモデル**（product lifecycle model）が根拠となっている。製品ライフサイクルとは，はじめて製品が社会に送り出されてから消え去るまでに，①導入期，②成長期，③成熟期，④衰退期という4つのステージがあるという考え方である。

新しいカテゴリーの製品が社会に送り出された当初は導入期であり，社会的認知度の低さや高価格のために需要は少ない。成長期では，製品が社会に認知されるとともに需要が急速に増え，多数の企業が参入して競争が激化する。その後の成熟期では需要が飽和して買い換え需要が中心となるが，淘汰されて生き残った企業は，ブランドロイヤリティの確立などによって安定し

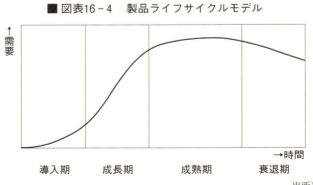

■図表16－4　製品ライフサイクルモデル

出所）筆者が作成

たシェアを維持することができる。最後には衰退期が訪れ，技術進歩などによる代替製品の出現，社会変化による需要の減少・消滅などによって，その製品は社会から消えることになる。この製品ライフサイクルモデルにもとづき，市場成長率の高い市場は成長期にあり，低い市場は成熟期にあるとみなす。PPM では，市場成長率が高いことはその事業が成長期市場にあり，低いことは成熟期市場にあるとみなしている。

横軸に相対的市場シェアを用いる根拠は，PIMS（profit impact of market strategy）とよばれる調査と**経験曲線効果モデル**にある。PIMS とは，1970年代からアメリカの様々な産業において行なわれた統計調査であり，これによって，市場シェアの高い企業ほど利益率が高いことが統計的に明らかになっている。また，経験曲線効果モデルも統計調査にもとづく説であり，ある製品の累積生産量が2倍になるごとに，その製品の単位コストが20〜30%程度低下するという。これら2つの考えにもとづき，相対的市場シェアが大きいことは競合する他企業に対してコスト面で有利であることを意味しており，それが競争優位の源泉となると同時に，自社に利益をもたらすとみなされている。

PPM は全社戦略策定の手法として有名になったが，一方でいくつかの欠点も指摘されている。例えば，縦軸と横軸の基準が単純なために，現実的な競争状況を十分に反映していないことや，事業間のシナジーが無視されてしまうことなどである。

3　戦略を支える組織

これまで述べてきたように，全社戦略の主要課題は，事業構成のマネジメントである。しかし，第15章でも論じたように，経営戦略はトップマネジメントだけがかかわるものではなく，企業組織全体が戦略の形成と実行に大きな影響を及ぼす（ミンツバーグ，1988）。

事業の競争力の源泉となるのは，企業組織が持つ経営資源である。バーニー（1997）などの資源ベース学派が主張するように，トップマネジメントは自社の経営資源がどのような競争力につながりうるかを知り，その資源の開発を促進しなければならない（第17章を参照）。

とりわけ，競争優位に結びつく資源の組み合わせを実現するのは組織の能力であり，ケイパビリティとよばれている。そのような能力を高めるためには，トップは組織に対して学習を促進するマネジメントを行なわなくてはならない。

ティース（2010）やヘルファットら（2007）はケイパビリティの概念をさらに発展させ，ダイナミックケイパビリティという概念を提示している。それは，組織とそのメンバーが環境の変化から機会を察知する能力や，これに対応するために資源の結合や組み替えを柔軟的に行う能力である。そのための組織文化の開発やナレッジマネジメント，外部とのアライアンスの模索などがトップに求められることを指摘している。

このように，トップマネジメントの役割は，事業構成をマネジメントすることばかりでなく，組織の環境変化対応能力も含まれるべきであり，これによってはじめて戦略策定という自身の中心的な役割が果たせるのである。

まとめ

　全社戦略は数多くの事業を扱う場合があり，その策定においては複雑な問題を解決するための合理的な思考が必要とされるので，そのための手法が長年にわたって開発されてきた。しかし，どのような手法を使ったとしても最終的な判断はトップマネジメントに委ねられるのであり，そこにはトップマネジメントの直観，洞察力，思考センスなどが問われることになる。どれほど優れた戦略策定手法が生み出されたとしても，優れた能力を持つトップマネジメントの存在が，企業の存続・成長にとって不可欠といえよう。

さらに学習したい人への推薦図書

① ピーターズ，T. & ウォーターマン，R. H. 著（1982），大前研一訳（2003）『エクセレントカンパニー』英治出版。
② バーニー，J. B. 著（1997），岡田正大訳（2003）『企業戦略論―競争優位の構築と持続（上・中・下）』，ダイヤモンド社。

　①は，全社戦略と組織とがいかに密接にかかわっているかを知るために役立つ。②では，経営戦略に関して比較的新しい全体像を知ることができる。

第17章

競争戦略

イントロダクション

　消費者として，商品を購入する場合を考えてみましょう。例えば，スマートフォンをどうやって選びますか。価格，自分のこだわりの機能（高画質のデジタルカメラ機能等），あるいは製品ブランドといろいろな要素がありますが，みなさんはどれを重視するでしょうか。スマートフォンの場合は，価格が少し高くても機能や製品ブランドを重視する人が多いかも知れませんね。

　企業は，市場でなるべく多くの自社製品を購入してもらえるように顧客ニーズを分析し，価格・品質・ブランド・サービス等の面で他企業と競争しています。どの企業も，市場競争で優位に立とうとしのぎを削っています。実際の企業をみると，業績の良い企業もあれば悪い企業も存在します。企業が市場で優位に立つために取る方法は，企業ごとに様々です。その差異が，結果的に業績の違いを生んだと考えられます。この市場競争で自社が優位に立って成功するための方法が，競争戦略です。

　競争戦略の理論は，特定の市場（業界）で成功した企業の「成功の論理」を明らかにするものであり（その逆の「失敗の論理」も同様），また戦略を立案する際のガイドになるものです。成功する（良い業績をあげる）ための戦略は，1つとは限りません。競争戦略の理論は，成功にたどりつくための複数の「見方」を提供します。本章では，そのなかから代表的なポジショニング学派と資源ベース学派の2つの理論を取りあげて，みなさんと一緒に考えていくことにしましょう。

❗ 学習ポイント

- どのような要因が，市場（業界）の収益性に影響を及ぼすだろうか。
- 市場（業界）で有利な地位を得るには，どのような方法があるだろうか。
- 企業の経営資源は，どのように評価すればよいだろうか。

193

1　競争優位の考え方

企業は，顧客の獲得を目指して複数の競合企業と市場競争を行なっている。企業が継続的に収益を確保していくためには，競合企業に対する自社の持続的な競争優位を確立することが必要となる。持続的な競争優位とは，競合他社に対して，高い業績を長期にわたって実現することである。持続的な競争優位をどのように構築するかを巡って，主に次の2つの考え方が提案されている。

1つは，自社を環境（業界）のなかに的確に位置づけることから競争優位を構築するという考え方でポジショニング学派とよばれる。もう1つは，他社にはない企業独自の経営資源や能力（capability）を活用することから競争優位を構築するという考え方で資源ベース学派（RBV）とよばれる。本章では，この2つの理論を取り上げる。なお，競争戦略は特定事業を対象とした戦略を扱うため事業戦略とよばれる場合もある。

2　ポーターの競争戦略論（ポジショニング学派）

ポジショニング学派の代表的な研究者がポーターである。ポーター（1980）は，競争戦略とは競争の発生する基本的な場所である業界において，有利な地位（position）を獲得することであると主張した。ポーター（1980：1985）は，業界における有利な地位を獲得するためのフレームワークとして次の3つを提案した。すなわち，業界の収益性を分析するための①5つの競争要因（5 forces）にもとづく業界の構造分析，業界において競争優位を構築するための②3つの基本戦略（コストリーダーシップ戦略，差別化戦略，集中戦略），さらに3つの基本戦略を具体的に実現するための③価値連鎖（value chain）である。

まず，①5つの競争要因にもとづく業界の構造分析で，業界の収益性の分析を行なう。通常，業界の収益性は高い方が望ましい。ただし，5つの競争要因にもとづく業界構造によってすべてが決まるわけではない。ポーターは，「会社は，戦略によって，5つの要因を動かすことができる」（ポーター，1985, p. 10）と指摘する。そこで次に，②3つの基本戦略の観点から，5つ

の競争要因をどのように動かして自社が業界のなかで有利な地位を実現するかを検討し，どの基本戦略を選択するかを決定する。戦略の選択を行なう際には，具体的な実現方法をあわせて検討する必要があるが，そのために用いられるのが③価値連鎖である。それでは，3つのフレームワークを順番にみていこう。

2.1　5つの競争要因（業界構造分析）

業界の構造分析は，業界の収益性を決める**5つの競争要因**を分析することによって競争の最重要要因を理解し，業界および自社の収益性を向上させる戦略を見出すための方法である。5つの競争要因とは，**図表17-1**の①新規参入の脅威，②代替製品の脅威，③買い手（顧客）の交渉力，④売り手（供給業者）の交渉力，⑤既存競争業者間の敵対関係である。

①新規参入の脅威とは，外部からの新たな企業の参入によって，価格の引下げや品質・機能の競争が激化し，業界の収益性が脅かされることを指す。

■ 図表17-1　業界の収益性を決める5つの競争要因

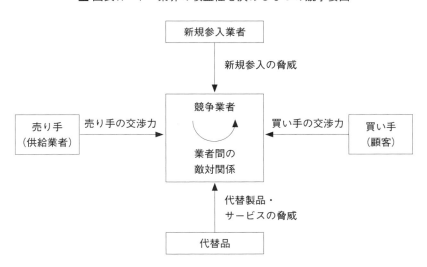

出所）ポーター（1985），p8をもとに筆者が作成

新規参入の脅威の程度は，主に参入障壁の高さによって決まる。参入障壁には，規模の経済，初期投下資本の大きさ，製品差別化の程度等が影響する。

　②代替製品の脅威は，代替製品を生産する他の業界とも競争関係にあることから生じる。代替製品とは，類似の顧客ニーズを満たす別業界の製品である。代替製品が値下げすると需要を奪われたり，圧倒的に優れた代替製品が登場すると取って代わられてしまう場合もある。例えば，小型デジタルカメラはデジタルカメラ機能付きのスマートフォンに代替されつつある。さらに，代替製品が何かを簡単にみつけにくいという問題もある。

　③買い手（顧客）の交渉力は，業界の収益性に影響を与える。買い手が当該業界に対して値下げや高品質を要求する交渉力を持てば，当該業界の収益機会を奪うことができる。買い手が交渉力を持つのは，買い手が少数で集中度が高い場合や，買い手が購入する製品が標準化されている場合等である。

　④売り手（供給業者）の交渉力も，業界の収益性に影響を与える。部品や原材料等の売り手が当該業界に対して値上げや品質低下の交渉力を持てば，当該業界から収益を奪うことができる。売り手が交渉力を持つのは，売り手が少数で集中している場合や，売り手の製品が当該業界の重要な仕入品の場合等である。

　⑤既存競争業者間の敵対関係の程度も，業界の収益性に大きな影響を与える。敵対的行動には，価格競争，広告競争，サービス拡大競争等様々なものがある。敵対関係が激化するのは，同業者が多いか同規模の企業が多い場合等である。

2.2　3つの基本戦略

　業界の構造分析に続く検討事項は，業界内での自社の競争的地位の位置づけである。ポーターは，業界内で優れた競争的地位を獲得するための方法として，**図表17-2**の①コストリーダーシップ戦略，②差別化戦略，③集中戦略の3つの基本戦略を提唱した。競争優位の基本的な源泉は，他社より低いコスト（コスト優位）と差別化の2つである。この2つの競争優位のタイプと戦略ターゲットの幅（広い・狭い）を組み合わせることによって，3つの基本戦略が分類される。集中戦略は，さらに③-Aコスト集中と③-B差別化

■ 図表17-2　3つの基本戦略

出所）ポーター（1985），p.16をもとに筆者が作成

集中の2つのタイプに分けられる。

①**コストリーダーシップ戦略**は，業界において低コストの地位を実現する戦略である。コスト優位に成功すれば，より低価格での販売が可能となり，同程度の価格であれば収益率を高めることができる。ただし，競合企業に大きく差別化されないことが必要である。コスト優位の源泉は業界の特性によって異なるが，規模の経済，経験曲線効果（第16章参照），独自の技術，他社より有利な原材料確保等の方法がある。例えば，アパレル業界でユニクロは，企画から生産・販売までを一貫して行ない，人件費の安い中国等に生産拠点を置き，低コストの店舗運営によって，低価格を実現した。

②**差別化戦略**は，顧客が重要だと考えるニーズの特性を選択して，そのニーズを満たすことに重点を置いて自社の独自性を訴求する戦略である。差別化に成功すると，価格競争を回避して他社よりも高価格での販売が可能となる。差別化の手段は業界によって異なり，製品自体（機能，デザイン，ブランド等）の差別化，流通システム（流通チャネル，取引形態等）の差別化，販売促進や広告の差別化等様々な方法が考えられる。この戦略では，競合企業とは異なる特性を選択して差別化することが重要であり，また差別化のコストにも注意が必要である。例えば携帯音楽プレーヤーでは，ソニーは高音

質を，アップルは使いやすさと充実した音楽配信サービスを訴求して差別化を行っている。

③**集中戦略**は，業界内の１つないし少数のセグメントを選択し，そこに適合する戦略を作って他社の排除を狙う戦略である。狙った狭いセグメントだけに力を集中して，低コスト（③-Ａコスト集中戦略）もしくは差別化（③-Ｂ差別化集中戦略）を実現する。広いターゲットを狙う競争相手は，すべてのターゲットに対応しようとするため，特定セグメントのニーズに十分応えられない。集中戦略の成功の鍵は，その隙間を突く点にある。例えば，自動車業界においてフェラーリは高級スポーツカーに，スズキは軽自動車に集中し，特定分野で高い競争力を構築している。

ポーターは，企業が競争優位を獲得するためには原則として３つの基本戦略のいずれか１つを選択することが必要で，例えば低コストと差別化を同時に追求すると中途半端な状況に追い込まれると指摘している。この点については，批判的な見解もある。キム＆モボルニュ（2005）は，コストを下げながら同時に差別化による価値の向上を目指すことがむしろ重要で，それが実現できれば企業と顧客双方にとっての価値が飛躍的に高まると主張する。彼らはそのような戦略を，ブルーオーシャン戦略と呼んでいる。

2.3 価値連鎖

競争優位の源泉である低コストや差別化を実現するには多様な手段が考えられるが，ポーター（1985）は競争優位を診断しそれを強化する方法を発見するための基本的枠組みとして**価値連鎖**を提案した。

価値連鎖とは，企業を個々の価値をつくる活動（価値活動）に分解し，価値活動とそれらの間の連結関係として企業を体系的にとらえ，競争優位がどの活動や連結関係から生まれるかを検討するための分析枠組みである。連結関係とは，例えば製品設計で，製造が行ないやすい設計にしておけば，製造コストの削減が可能になるといった関係をさす。価値連鎖は，**図表17-3**のように，価値活動とマージンから構成され，価値活動は５つの主活動（購買物流・製造・出荷物流・販売マーケティング・サービス）と４つの支援活動（全般管理・人事労務管理・技術開発・調達活動）に分類される。

■ 図表17‐3　価値連鎖の基本形

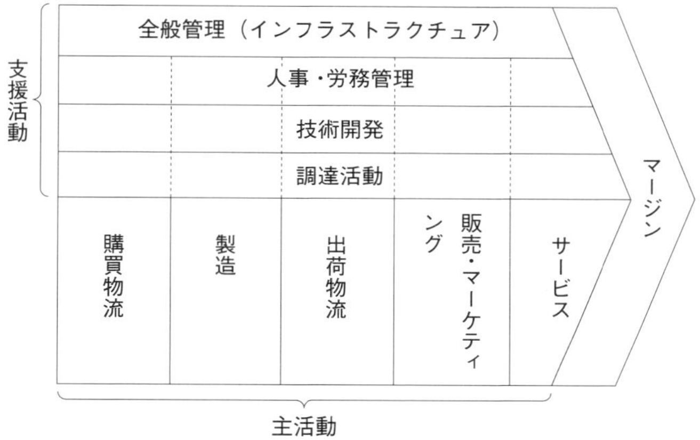

支援活動	全般管理（インフラストラクチュア）					マージン
	人事・労務管理					
	技術開発					
	調達活動					
主活動	購買物流	製造	出荷物流	販売・マーケティング	サービス	

出所）　ポーター（1985），p. 49

　価値連鎖にもとづいて競争優位の診断を行なうには，その業界で競争優位につながる価値を明らかにする必要がある。そこで企業の特異な価値活動をみつけるために，価値活動の細分化を行なう。製造や販売のような幅広い機能は，詳細なレベルまで細分化する必要がある。コスト優位を実現するには，細分化した個々の価値活動内部のコストを分析し，それらを合計したコストが競合企業より低くなることを目指す。差別化を実現するには，顧客ニーズの視点から，細分化したどの価値活動が，製品を顧客にとってより魅力的なものにするかを検討する。

　以上のように，ポーターの競争戦略論は，競争優位の構築のためには業界における独自のポジションの獲得が必要という基本的な考え方にもとづいている。独自のポジションとは競合企業と重複しないポジションをさし，それは，「戦わずして勝つ」戦略ということもできる。

3　経営資源にもとづく競争戦略論（資源ベース学派）

　ポジショニング学派は企業の外部要因を重視するが，これに対して企業の経営資源や企業固有の組織的な能力こそが持続可能な競争優位の源泉であると考え，企業の内部要因を重視する立場がある（Wernerfelt, 1984；バー

199

ニー，1997）。このような立場は，一般に資源ベース学派（RBV）とよばれる。

ここでは，RBV の代表的な研究者であるバーニー（1997）の理論を紹介する。RBV では，企業を経営資源の束（組み合わせ）ととらえ，各企業は根本的に異質で経営資源のなかには複製するコストが非常に高いか，供給が限られているものがあると考える。経営資源が企業の競争優位の潜在的源泉となるのは，①その経営資源が外部環境に存在する機会を活用するのに役立ち，②その経営資源を持つ企業がごく少数で，③その経営資源を模倣したり，簡単に入手することができないという条件を満たす場合である。

このような競争優位を生む可能性がある経営資源を，どのように特定すればよいのだろうか。バーニー（1997）は，ポーターの価値連鎖を用いる方法を提唱している。価値連鎖分析を行なうことで，企業の経営資源をミクロレベルで考察することができるようになり，企業の競争優位の源泉をより詳細に理解することが可能となる。

3.1　VRIO フレームワーク

価値連鎖分析で，ミクロレベルの経営資源を特定したら，次に特定された自社の経営資源の強み・弱みを他社と比較し，どの経営資源が持続可能な競争優位の源泉となるのかを評価する。バーニー（1997）は，そのための分析方法として **VRIO** フレームワークを提案している。

VRIO とは，**図表17 - 4** のように①経済価値（Value），②稀少性（Rarity），③模倣可能性（Imitability），④組織（Organization）の４つの観点から経営資源を評価するフレームワークである。図表17 - 4 の各問いに，順番に答えて評価を行なう。

４つの質問に関して，①経済的価値があり，②稀少で，③模倣が困難で，④組織体制が整っている場合に，**図表17 - 5** の最下段の通り，この経営資源は持続的競争優位の源泉で，企業の強みと評価される。

また，バーニーは，③模倣可能性に関して簡単に模倣することができない４つのケースを指摘している。(1)資源の獲得が過去の歴史的な偶然等に依存している場合，(2)競争優位の源泉となる資源が，日常的なものとして意識され，競争優位との因果関係を明確に特定できない場合，(3)資源が，企業独自

の制度や他の資源と結びついて相互に複雑に関連して競争優位を生み出している場合，(4)技術等が特許によって保護されている場合である。

　以上のように，RBVでは企業が競争優位を実現できるのは，企業が独自の優れた経営資源・能力を持つためであると考える。バーニー（1997）が，ポーターの5つの競争要因のモデルと，RBVとVRIOは補完関係にあると述べているように，ポジショニング学派の「製品・サービスのポジショニン

■ 図表17-4　企業の強み・弱みを資源にもとづいて分析するための4つの問い

1．**経済価値に関する問い**
　その企業の保有する経営資源や能力は，その企業が外部環境における脅威や機会に適応することを可能にするか。
2．**稀少性に関する問い**
　その経営資源を現在コントロールしているのは，ごく少数の競合企業だろうか。
3．**模倣可能性に関する問い**
　その経営資源を保有していない企業は，その経営資源を獲得あるいは開発する際にコスト上の不利に直面するだろうか。
4．**組織に関する問い**
　企業が保有する，価値があり稀少で模倣コストの大きい経営資源を活用するために，組織的な方針や手続きが整っているだろうか。

出所）　バーニー（1997），p. 250の表5-1をもとに筆者が作成

■ 図表17-5　VRIOフレームワークと企業の強み・弱みとの関係

その経営資源や能力は

価値があるか	稀少か	模倣コストは大きいか	組織的に活用されているか	競争優位の意味合い	経済的なパフォーマンス	強みか弱みか
No	−	−	No	競争劣位	標準を下回る	弱み
Yes	No	−	↑	競争均衡	標準	強み
Yes	Yes	No	↓	一時的競争優位	標準を上回る	強みであり固有のコンピタンス
Yes	Yes	Yes	Yes	持続的競争優位	標準を上回る	強みであり持続可能な固有のコンピタンス

出所）　バーニー（1997），p. 272，表5-2と表5-3をもとに筆者が作成

グ」とRBVの「経営資源」は表裏の関係にあるといえる。

まとめ

競争戦略の目的は，持続的な競争優位を構築することにある。しかし，最近多くの業界において，競争が激化し競争優位が一時的なものになる傾向がみられる（マグレイス，2013）。持続的な競争優位の源泉として期待された強みであるはずの資源が，あるとき急に弱みになってしまう場合がある。資源の強みと弱みの評価は，実はそれほど単純ではない。「他社の強みは弱みであり，自社の弱みは強みでもある」を実現する戦略もあり得る。このような相互作用を考慮に入れる戦略の見方は，ゲーム論アプローチとよばれる。

今後，持続的な競争優位を実現するためには，様々な見方を駆使して競争戦略を考えていく必要があり，ゲーム論やその他の見方を学ぶことは，競争戦略の視野を広げ理解を深めるのに役立つだろう。

最近，ポーター＆クラマー（2011）がCSV（Creating Shared Value：共通価値の創造）という新しい戦略コンセプトを提唱した。これは，環境・貧困問題といった社会的課題の解決と企業の競争力向上を同時に実現するための戦略である。こういった戦略に関心を持つ若者も多いだろう。企業は，今後どのような新しい価値を，社会や市場に提供していくべきであろうか。戦略は，様々な可能性を持っており，生活や社会を変える力にも成り得るのである。

さらに学習したい人への推薦図書

① バーニー, J. B. 著（1997），岡田正大訳（2003）『企業戦略論―競争優位の構築と持続（上・中・下）』ダイヤモンド社。
② ポーター, M. E. 著（1985），土岐坤ら訳（1985）『競争優位の戦略』ダイヤモンド社。

①は，戦略論に関する3分冊の体系的な定番テキストである。RBVだけでなく，ポーターの理論，ゲーム論，リアルオプション等を網羅的に取り上げている。②は，競争戦略論の古典であり，挑戦してみることをお薦めする。

Part III

個人と組織の複眼的視点で考える マネジメント

Management from
the multifaceted perspectives

"Only in growth, reform, and change, paradoxically enough, is true security to be found."
「全く矛盾した言い方のようではあるが，成長，刷新そして変革を通してのみ，真の安全性が確保されうる」

アン・M・リンドバーグ（アメリカの飛行士。女性飛行士の草分け的存在）
山屋三郎訳（1941）『未來の波：アメリカの反省（The Wave of the Future: A Confession of Faith）』丸岡出版社（原著出版は1940年），p. 38，（78-79頁）。

人や組織はときに，自らを変えることを恐れ，新しいことに挑戦することを避ける。しかし，それでは変化する環境の中で生き残ることはできない。

「できることをみんなが積極的に取り組んでいく。そうした一つひとつの積み重ねが今，求められている」

今井通子（登山家・医師 医学博士 東京農業大学客員教授）
日本経済新聞「水問題に総合対策を」2007年8月6日付朝刊，5面。

社会問題の解決には，行政だけでなく，市民一人ひとりの努力も欠かせない。同様に組織においても，経営に携わる上層部の人たちだけでなく，現場の個々のメンバーの主体的な参加が不可欠である。

第**18**章
企業の利害関係者と社会的責任

イントロダクション

　高い学費を親から出してもらい大学に通っているのに，サークル活動やアルバイトについつい精を出したり，授業をさぼって遊びほうけていると，ちょっとは後ろめたい気持ちになりませんか。そうした後ろめたさは，授業料を払ってくれる親に対して報いるために，少しは勉強しなければならないだろう，と思う義務感から生まれます。

　学業に取り組む際，学費を出してくれる人と実際に勉強する人とが異なるように，事業を営む際，資金を出してくれる人と実際に経営する人とが違う場合は少なくありません。このように出資者と経営者とが異なる時，経営者は出資者である株主に対して，同じような義務感を抱くものです。

　企業の場合，親子の関係よりもっと複雑で，株主だけではなく，従業員，取引先，顧客，行政，地域社会，はたまた地球環境など，様々な利害関係者に対して種々の責任や義務を負っています。しかも，責任や義務を果たさないと，それ相応のペナルティを受けるから，必死に責任を果たそうとします。授業に出席する義務を果たさないと単位を落としてしまう可能性が高いので，親に対して責任を果たすためにひとまず必死に授業には出てくる大学生と，どこか似ていると思いませんか。本章では，種々の利害関係者に対して企業が背負っている責任や義務について，みなさんと一緒に考えていくことにしましょう。

　🔔 学習ポイント

- 企業は誰のために存在するのだろうか。
- 企業は様々な利害関係者に対して，どのような責任を負っているだろうか。
- 利害関係者と良好な関係を築くために，企業は何をすべきだろうか。
- 社会的責任として企業はいかに経営倫理を守るべきだろうか。

205

1 利害関係者と社会的責任

バーナード（1938）やサイモン（1947）が唱えた組織均衡論（第10・11章参照）の概念を用いれば，組織とは，様々な**利害関係者**（stakeholder：以下**ステイクホルダー**）から貢献を引き出すために，絶えず誘因を提供しなければならない。営利を目的とした企業の多くが，株式会社という形態を採用している以上，こうした誘因と貢献との交換関係において，第1に配慮しなければならないステイクホルダーは，株主に他ならない。人，物，金，情報という経営資源のうち，経営になくてはならない金を株主から提供してもらう代わりに，企業は配当金や株主優待などの誘因を株主に提供しなければならない。しかし，経営資源は何も金だけではないので，その他の資源の貢献者に対しても配慮しなければ，経営が成り立たないことは明らかである。

誘因と貢献との交換関係を考える際，どのステイクホルダーを最優先にして経営を行なうべきかについては，古くて新しい問題として経営学のなかでこれまで何度も議論されてきた。「企業は誰のものか」という問いに対して，その答え方には，実は大きく分けて2つの立場が存在する。

1.1 ストック（シェア）ホルダー派

20世紀前半のアメリカの巨大企業では，株式所有の分散化が進み，一部の個人株主による経営権の掌握（オーナー経営）ではなく，自らは株式を所有せず，複数の株主から経営権を委ねられた経営者（専門経営者）によって実質的な支配が行なわれるようになっていた（バーリー＆ミーンズ, 1932）。株式の所有者と経営を行なう経営者との役割分担（**所有と経営の分離**）において，経営者は株主の代理人（エージェント）として企業経営に専従し，かつ依頼人（プリンシパル）たる株主の利益を極大化する責務を負っている。この紛れもない事実を擁護する立場が，ストック（シェア）ホルダー派とよばれる。

ストックホルダー派の主唱者としてよく引用される研究者に，Friedman（1970）がいる。彼の論拠はこうである。仮に企業が社会的責任に対して本気で取り組もうとするならば，それは企業本来の活動範囲を限りなく広げる

ことになり，散漫な経営になりかねない。そうではなく，企業は顧客を欺く
ことのない製品やサービスを提供することで，公正な取引に努め，その対価
として利潤を追求し，得た利潤を株主に還元することこそが社会的責任であ
る。もし，この考えが受容されないならば，それは資本主義の原理・原則そ
のものを根底から揺るがすことになる，と主張するのである。

　なるほど，非常に論理明快な言い分である。確かに，株式会社制度という
ルールに従えば，企業は資本を提供してくれる株主の所有物であり，経営者
が株主に仕えるのは当然だ。また，従業員，消費者や地域社会に利益を還元
する社会的な貢献活動は，企業活動とは別に私財を投じて個人的に行なうべ
きであって，そうした活動まで企業経営に取り込むのは，どのステイクホル
ダーの要望に対しても中途半端にしか応えられないだろう。「何にでも効く
薬は何にも効かない」ので，利潤を還元する相手についてはもっと選択と集
中を行なうべきだ，とするのが Friedman を筆頭するストックホルダー派の
論拠である。

1.2　ステイクホルダー派

　ストックホルダー派に対して，企業の存在理由をもう少し広義にとらえる
べきだと主張する立場が，ステイクホルダー派である。この立場の先駆者と
して，Freeman（1984）をあげることができる。Freeman によれば，今後
企業は長期的な持続的発展を考えた場合，その所有者たる株主だけでなく，
従業員，消費者，取引先，行政や地域社会など，多様なステイクホルダーを
意識した経営を展開していくべきだとする。

　もっとも，彼は戦略論の観点から企業がこれらのステイクホルダーを戦術
的に取り込む必然性を論じていることには少し注意を要する。つまり，企業
の戦略的経営を実現するためにステイクホルダー志向の経営を推奨している
のであって，必ずしも道徳的もしくは倫理的な配慮としてステイクホルダー
経営を提唱したわけではないのである。しかし，その後の**企業の社会的責任**
（Corporate Social Responsibility：以下 **CSR**）や**経営倫理**（business ethics）
に関する研究の火つけ役となったという意味で，Freeman の貢献は絶大で
あった。

207

1.3　狭義と広義の社会的責任

　ストックホルダー派もステイクホルダー派も，それぞれにもっともらしい主張の根拠があった。さて，どちらの言い分が正しいのだろうか。答えは「どちらも正しい」のである。「企業は誰のものか」と所有概念から考えれば，ストックホルダー派の論拠が正当化されるし，「企業は誰のためにあるのか」と存在概念によって説明すれば，ステイクホルダー派が正当化されるからである。

　例えば，Goodpaster（1991）は，企業として法的義務を果たすことと，道徳的・倫理的義務を果たすこととは次元が異なることなので，多様なステイクホルダーからの受託義務すべてを企業が真摯に果たすべきとする多層受託アプローチ（multi-fiduciary approach）は，それ自体がある種のパラドクス（矛盾）を内包していると指摘する。つまり，両派は CSR を正当化する論拠がそもそも違うので，双方の主張がかみ合わないのは当然なのである。そこで，理解をうながすために，本章ではストックホルダー派を狭義の社会的責任，ステイクホルダー派を広義の社会的責任とよぶことにしよう。

2　社会的責任への具体的な取組み

　CSR には，上述したように狭義と広義のものが存在する。そして，企業がこうした2つの意味の CSR に取り組む義務感は，種々のステイクホルダーからの監視，すなわち企業を統治する様々な主体への対応から生じる。

　谷本（2002）は，**企業統治（ガバナンス）**を，①株主からの受託義務を果たすために経済的効率性の原理から取り組むタイプと，②社会的な責務をまっとうするために社会的公正性の原理から取り組むタイプとに分類している。逆説的には，企業統治への応答が，CSR に関する活動を促進するのである。

　具体的な CSR への取組みについて触れる前に，代表的な Carroll & Buchholtz（2014）の定義をみておこう。CSR とは，「社会がある一定の期間にわたって組織に対して有する経済的，法的，倫理的および裁量的（博愛的）な期待を網羅するもの」（Carroll & Buchholtz, 2014, p. 32）である。

2.1 CSRの3つの次元

さて，谷本（2006）は，企業と社会との関係性という観点から，**図表18-1**に示されているように，CSRの内容を，①経営活動のあり方，②社会的事業，そして，③社会貢献活動という3つの次元に区分している。

「①経営活動のあり方」の次元は，製品の品質や安全性といった事業活動そのものだけでなく，それを支える人材活用に対する公正性を問うものであり，どちらかといえば狭義の社会的責任と密接にかかわる領域である。これに対して，②「社会的事業」や③「社会的貢献活動」の次元は，その企業の事業活動に直接的にかかわる社会的責任ではない。むしろ，企業が**持続的な発展可能性**（sustainability：**サステナビリティ**）を確保するために間接的に必要とされるものであり，広義の社会的責任と深く関連する。

なお，「コミュニティへの参画と発展」，「人権」，「消費者課題」，「組織統治」，「労働慣行」，そして「公正な事業慣行」というCSR全般の認証規格が，

■ 図表18-1　CSRの3つの次元

	CSR ＝企業経営のあり方そのものを問う		
①経営活動のあり方	経営活動に社会的公正性・倫理性，環境や人権などへの配慮を組み込む戦略的取組み		
	環境対策，採用や昇進上の公正性，人権対策，製品の品質や安全性，途上国での労働環境・人権問題，情報公開，など		
	→＜法令遵守・リスク管理の取組み＞と＜企業価値を創造する積極的取組み＞（＝イノベーティブな取組みの必要）		
	地域の社会的課題への取組み：社会的事業		
②社会的事業	社会的商品・サービス，社会的事業の開発		
	環境配慮型商品の開発，障害者・高齢者支援の商品・サービスの開発，エコツアー，フェアトレード，地域再開発にかかわる事業，SRIファンド，など		
	→＜新しい社会的課題への取組み＞（＝社会的価値の創造：ソーシャルイノベーション）		
③社会貢献活動	企業の経営資源を活用したコミュニティへの支援活動		
	1）金銭的寄付による社会貢献，2）製品・施設・人材等を活用した非金銭的な社会貢献，本業・技術等を活用した社会貢献（コーズ・マーケティングを含む）		
	→＜戦略的なフィランソロピーへの取組み＞		

出所）　谷本（2006），p. 69

2010年に ISO26000として誕生したことが，企業に狭義・広義の社会的責任を果たさせる起爆剤にもなっている。

2.2 ステイクホルダーとの関係性マネジメント

CSR の活動領域について概観してきたが，企業が CSR 活動に取り組む際，多様なステイクホルダーと対話し，協力関係を構築しながら，経営活動に反映させることは不可欠である。ステイクホルダーとのこうした関係性のマネジメントは，**ステイクホルダーエンゲージメント**（stakeholder engagement：以下エンゲージメント）とよばれる。Greenwood（2007）は，エンゲージメントを，組織活動において積極的にステイクホルダーを取り込むための実践的行為だと述べている。

主要なエンゲージメントには，**図表18-2** に示されているようなものがある。ここでは，近年日本の CSR に大きな影響を及ぼし，ダイナミックな動きのあるエンゲージメントについて簡潔に触れておこう。

2.2.1 株主との関係性

日本企業は長年，銀行やその他の主要取引先との間で相互に相手の株式を保有する**株式の持ち合い**を行なってきた。密接な関係を持つ企業間での株式の持ち合いは，必然的に外部からの監視の目が甘くなり，企業統治（ガバナ

■ 図表18-2　ステイクホルダーエンゲージメントの種類

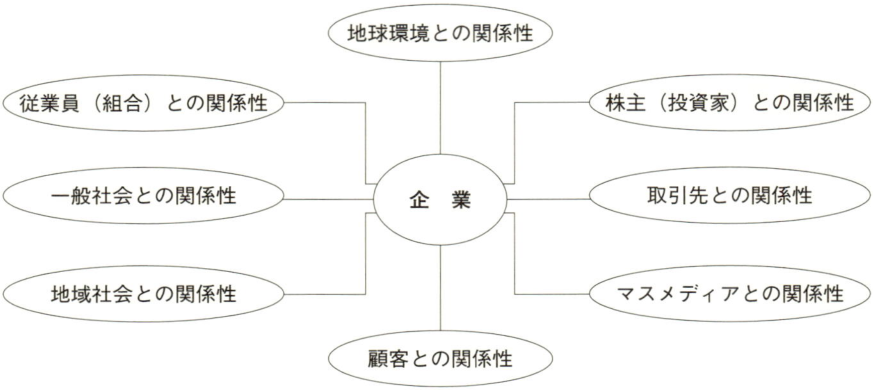

出所）谷本（2006），p. 168をもとに筆者が作成

ンス）機能は形骸化した。しかしながら，バブル崩壊後に相手企業の株価が急激に下落すると，膨大な含み損が生じて財務諸表が悪化し，また，閉ざされた株主の間で資金繰りをすることの非効率性から，お互いに株式を手放さざるを得なくなっていった。その結果，80年代末から90年代中頃までは17〜18％で推移していた持合比率は，2000年代初頭くらいまでには，いっきに半分以下の７％台まで低下する（ニッセイ基礎研究所，2003）。

株式の持ち合いの解消が加速するなか，株主や資本効率を重視する価値観の浸透，海外投資家の参入により，日本企業はIRレポートや株主総会などを通じてアカウンタビリティ（説明義務）を積極的に果たさざるを得なくなる。また，近年では，配当金に代わってその企業の製品やサービスを無料で配布する株主優待などのインセンティブを，とくに個人投資家に対して提供する傾向にある。加えて，90年代後半から，企業のCSR活動への取組みを評価し投融資する**社会的責任投資**（Socially Responsible Investment：SRI）が欧米を中心に盛んに行なわれるようになっている。

2.2.2 顧客や取引先との関係性

日本ではこれまで，消費者団体の未成熟さや系列的取引による閉ざされた市場のために，顧客や供給業者との積極的な関係性が構築されてこなかった。市場のグローバル化に伴い，開かれた市場で取引を行なうことが余儀なくされ，消費者教育によってCSRに対する消費者の関心が醸成されるなど，企業はそれらと新たな関係を構築せざるを得ない状況に直面している。また，発展途上国の生産者に不当な価格設定を強要しないフェアトレードの動きも顕著である。さらに，CRM（Customer Relationship Management）やSCM（Supply Chain Management）を通じたCSR活動，例えばCSR情報を配信しながら新たな顧客との関係性を構築しようとするSocial CRMやSocial Relationship Management，あるいは取引企業間で相互にCSRをモニタリングする新しい動きが現れている。

2.2.3 従業員との関係性

日本型経営（第９章参照）を特徴づける終身雇用，年功序列賃金，そして企業内労働組合は，従業員を企業内部へとどめる強力なシステムとして機能してきた。この雇用慣行は，従業員による組織への帰属意識や忠誠心を高め，

211

企業にとって使い勝手の良い従業員を作り上げてきた側面がある。それゆえ，企業と従業員との雇用関係の公正性を従業員自らが監視する機能を不全にさせてきた。しかし，日本型経営の崩壊による従業員の意識変化や行政の指導により，昇進や昇給の男女間や国籍間の格差の是正，障害者の積極的雇用など，差別のない雇用機会の創出に取り組み始めている。また，上述したSCMを通じたCSRとも関係するが，発展途上国の下請け工場で幼い子供の労働が不当に搾取されている児童労働問題への取組みも積極的に行なわれている。

2.2.4　地域社会との関係性

企業市民（corporate citizenship）として，本社や支社，工場などが地域社会との関係性を構築することもCSRの重要な用件である。古くは寄付やボランティアなどのフィランソロピー（社会貢献活動）や，その一環としてとりわけ文化・芸術活動への支援を行うメセナが，地域社会との関係性を作り出す代表的な手段であった。また，地域の経済再生や社会問題・課題の解決の役割を担う組織体として，NGO（Non-Governmental Organizations：非政府組織）やNPO（Non-Profit Organization：非営利組織）に期待が寄せられて久しいが，そうした組織体とのパートナーシップ，例えば共同事業や経営資源の共有を通じた組織間学習が重要性を帯びている。

2.2.5　地球環境との関係性

自然や生態系への配慮は，一定の環境経営の要件を満たすと国際標準化機構から認定されるISO14001をはじめ，環境負荷の低い材料を優先的にサプライヤーから購入するグリーン調達，あるいは環境保全活動を行なった際の費用とその効果を組織の内外に発信する環境会計などの実施が盛んになっている。

3　企業不祥事と経営倫理

ところで，企業に対する多様なステイクホルダーからの監視機能が脆弱だと，企業不祥事の温床になりかねない。とりわけ，先述したように日本では企業間の株式の持ち合いによって，株主からの監視が長らく形骸化していた。また，企業の不正行為やCSRへの取組みを監視し評価するNPOやNGOの

ような組織体が育ってこなかったこと（谷本，2004）も，不祥事を助長させ
てきた側面があろう。

3.1　不祥事の発生原理

　不正を抑止する統治機能が働かない状況で，不祥事はどのように発生して
しまうのだろうか。組織のなかで意思決定を行なう際，組織の慣習や文化に
よる圧力が，個人の倫理観とは相反する決定や行動をうながしてしまうこと
がしばしばある（間嶋，2007）。上司から「これがうちのやり方だから」とか
「会社のことを思うなら」と言われると，たとえそのやり方が法令や倫理規
定に抵触していたとしても，命令に従わざるを得なくなる。このように，組
織にとって都合の良いように不正が正当化されることを合理化とよぶが，そ
の際，ディスコース（discourse：言説）が不正を生み出すパワーとして機
能する（福原＆蔡，2012）。

　また，いったん合理化された組織内の慣習は，社員研修のような公式的な
場，日常業務や雑談のような非公式的な場で教え込まれ，最初は嫌々ながら
も行なっていた不正行為が，何度も繰り返されるうちに自然とすり込まれ，
最後には嫌悪すら感じなくなる。このような合理化された不正行為が常態化
することを社会化とよぶ（Anand *et al.*, 2004）。

3.2　経営倫理と従業員教育（コンプライアンス教育）

　不祥事の原因は，上述したように合理化と社会化を通じて組織の不文律と
して社員に埋め込まれていってしまうので，制御することが極めて難しい。
したがって，不正を未然に防ぐための努力，もしくは不可避であることを想
定して不正が生じた場合の事後対策を事前に準備する必要がある。

　不正を事前に防止する方策の1つとして，ビジネスにかかわる様々な規則
や倫理の制度化（内部統制制度の構築）とそれらを従業員に浸透させる**コン
プライアンス教育**をあげることができる。ビジネスにかかわる道徳や倫理は，
経営倫理とよばれ，「ビジネスという文脈内で行われる行動，行為，政策や
実践における道徳や公正に関すること」（Carroll & Buchholtz, 2014, p.
182）を指す。こうした経営倫理を遵守させるコンプライアンス教育の整備

213

は，担当部署の設置から始まり，倫理方針やコンプライアンス・マニュアル（行動規範集）の作成，実施計画の策定，違反を犯した場合の内部規定の策定などがある（高，2010）。

　一方，不正が行われた後の対処方法の1つとして，内部通報制度がある。人が罪を隠蔽したがるのと同じように，組織もまた不正を自ら外部へ公表することはなかなかしない。それゆえ，不祥事が従業員によるマスメディアや警察機関などへの内部告発によって明るみになる場合は少なくない。内部通報制度とは，組織の現場で起こっている不正を早い段階で従業員たちに然るべき部署へ通報させ，不正が大きくなる前にその芽を摘む自浄作用的な制度である。通報先は，社内であれば人事部や監査役，あるいは内部通報担当部署のような専門部門が，社外であれば法律事務所や専門会社などがあり，通報者が決して不当な扱いを受けないような制度設計が肝要となる（國廣ら，2006）。

まとめ

　企業を取り巻くステイクホルダーは実に多種多様であること，また企業が長期にわたって存続していくためには，そうしたステイクホルダーとの関係性を積極的にマネジメントしていかなければならないことが理解できただろう。この事実は，見方を変えると，優れたビジネスモデルとは，なるべく多くのステイクホルダーを巻き込み，それらから貢献を引き出せる Win-Win な誘因を提供できているものだといえる。

さらに学習したい人への推薦図書

①　谷本寛治（2002）『企業社会のリコンストラクション』千倉書房。
②　谷本寛治（2006）『CSR 企業と社会を考える』NTT 出版。

　①と②ともに CSR 研究の第一人者の著書で，①は主に理論的なアプローチを，②は現代の動向を網羅的に押さえた実践的アプローチを，学習するのに適している。

第**19**章

企業家精神と事業創造

イントロダクション

　みなさんのなかには，将来何かしらの事業でベンチャー企業を立ち上げ，社長になることを夢みている人もいるのではないでしょうか。新聞，雑誌やTVなどでは，こうした創業者のことを，企業家とか起業家などと表現したりします。会社を設立するということは，いうまでもなく，倒産の危機とも常に背中合わせです。危険を承知で，あえて会社を作ろうとするチャレンジ精神のことを，企業家（起業家）精神とよびます。

　では，企業家精神を発揮する企業家とは，創業者だけを意味する言葉でしょうか。よく考えてみると，既存の会社のなかにだって新規事業を生み出す人たちは多く存在します。みなさんにもなじみ深いセブン‐イレブンは，当時イトーヨーカ堂社員の多くがコンビニ事業に懐疑的だったにもかかわらず，鈴木敏文氏が，もし失敗したら自分の持っている自社株で穴埋めをするのを条件に事業化にこぎ着けました。今やセブン‐イレブンは，イトーヨーカ堂グループ（セブン＆アイ・ホールディングス）の稼ぎ頭へと成長したわけですが，彼のような人物も企業家とよぶのにふさわしくはないでしょうか。

　このように，企業家は，企業を興す人だけでなく，既存の企業内にも存在します。また，公共の利益を目的とした事業を創造する企業家，社会を取り巻く制度を刷新するような企業家の存在も近年注目されています。本章では，こうした企業家の多様性やその存在意義，あるいは企業家が育まれる環境について，みなさんと一緒に考えていくことにしましょう。

学習ポイント

- 企業家精神とは何だろうか。
- 企業家とは何をする人だろうか。
- 企業家を支援する制度にはどのようなものが存在するだろうか。

215

1　企業家精神とリーダーシップ

　企業家精神は，アントレプレナーシップ（entrepreneurship）の和訳表記だが，類似の概念としてリーダーシップ（leadership）をあげることができる。リーダーシップとアントレプレナーシップは根本的に異なる概念なのか，それともアントレプレナーシップの諸機能のなかにリーダーシップが包含されているのか，あるいはその逆なのか，研究者各様にその異同が議論されている。例えば，Cogliser & Brigham（2004）は，**図表19-1**に示されているように，いくつかの観点から両者の相違についてまとめている。

　この図表で注目すべきことは，まずアントレプレナーシップにおいてビジョンは事業創造のために利用されるのに対して，リーダーシップではビジョンが組織目的の達成にむけてメンバーを動員するために利用される点である。また，創造性や計画化の面では，リーダーシップが組織を構成する経営資源との関連からその有効性が指摘されている一方で，アントレプレナーシップはイノベーション（innovation）の文脈で記述されている。両者のもっとも大きな違いは，リーダーシップが組織を創造する主体ないし過程の概念であるのに対して，アントレプレナーシップは主に事業やイノベーションを生み出す原動力にかかわる概念なのである。

■ 図表19-1　アントレプレナーシップとリーダーシップの比較

基本概念	Entrepreneurship	Leadership
ビジョン	人々を巻き込むことによって新規事業や起業を促進する手段	組織の目的にむけて部下を動機づけたり方向づけたりする手段
影響力	ビジョンを正当化するためのパワー	リーダーシップの多様な定義にまたがる共通因子
創造性	イノベーションを実現するための能力	カリスマ性を発揮して周囲に影響を与える専門性
計画化	イノベーションを成就させるのに不可欠なシミュレーション	資源を分配する経営スキル

出所）　Cogliser & Brigham（2004），p.773をもとに筆者が作成

2 イノベーションの持つ意義と種類

ところで，企業家精神を取り巻く鍵概念の 1 つに，イノベーションがあることはすでに述べた通りだが，このイノベーションとはそもそも産業や組織にとってなぜ必要とされるのであろうか。

2.1 産業・組織のライフサイクルとイノベーションの必要性

人間を含め，あらゆる生命が誕生してから死に至るまでの過程は，ライフサイクルとよばれ，一般に，誕生期，成長期，成熟期，衰退期の 4 つの段階からなる。このライフサイクルという比喩は，産業，組織，あるいは製品などにもよく使われる。ただし，産業や組織と生物との大きな違いは，後者があまねく死に至るのに対して，前者は仮に衰退期に直面したとしても，再生のための何らかの処方箋を出せば，スパイラルに生きながらえることが可能な点である。イノベーションとは，まさにこの処方箋に他ならない。

一方，イノベーションの持つ意義は別の角度からとらえると，過去のしがらみを断ち切って新たな価値を創造することにある。業界や企業には必ずといっていいほど脈々と引き継がれてきた慣習がある。こうした慣習は時代とともに自ずと陳腐化していくものである。

しかしながら，業界や企業を構成する人々は，古い慣習からなかなか抜け出せないのが世の常である。**ルーティン**（日常の定型的な業務）は人々にとって居心地良いからだ。それゆえ，イノベーションとは，機能不全に陥った慣習を打破するために既存の製品やサービス，それらを生み出す業務手続きを自ら否定することである。シュンペーター（1926，訳本ではシュムペーター）はこうした一連のプロセスを，**創造的破壊**とよんでいる。シュンペーター曰く，馬車をどれほど繋げても汽車にはならないように，イノベーションには断絶の発想が不可欠なのである。

2.2 シュンペーターのイノベーション要素

イノベーションは，産業組織や企業組織など，マクロからミクロレベルの組織再生のトリガーになるものだが，どのような要素によってそれは構成さ

れているのだろうか。イノベーション概念を想起したシュンペーターは，**図表19－2**に示されているような5つの要素が新しく結びつくことによって，市場に対してイノベーションがもたらされると主張した。

　シュンペーターは経済学者であるため，イノベーションの対象は市場や産業などのマクロなシステムを想定しており，それゆえ，イノベーションの担い手は主にこれらの要素の新結合をひっさげて産業や市場に新規参入する新興企業（ベンチャー企業）が中心となっている。このことは，図表19－2に産業や市場というキーワードが散りばめられていることからも明らかである。

　しかし，市場や産業を対象としているこれらのイノベーション要素は，単一企業におけるイノベーション要素として読み替えることもできる。新しい財貨や生産方法はもちろん，新しい販路や原材料の開拓は個別企業の製品やサービスの革新の根幹を成している。また，独占や寡占の奪取あるいはそれらの解体は産業組織（構造）のイノベーションだが，企業内の組織構造と読み替えれば，職能別や事業部制などの組織構造のイノベーションとしてとらえられる。

　実際，シュンペーターが主張したイノベーション概念は，こうした広い意味をもって経営学に導入されている。製品やサービスに関するイノベーションをプロダクトイノベーション，プロダクトイノベーションを導引する様々なビジネス・システム，具体的には業務手続きや人的資源管理などの諸制度や組織文化に関するイノベーションをプロセスイノベーションと大別して議論されることが経営学では多い（第20章参照）。

■ 図表19－2　シュンペーターのイノベーション要素

新しい製品・サービス	消費者にとって未知の製品・サービスあるいはそれらの品質
新しい生産方法	その産業における未知の生産方法あるいは商品の新規の取扱い方法
新しい販路の開拓	その国のある産業にとって従来未知だった市場への参入
原料・部品の新しい供給源の獲得	その産業において未知だった原材料の発見
新しい組織の実現	市場における独占・寡占の獲得あるいはそれらの打破

出所）　シュムペーター（1926），pp. 182-183をもとに筆者が作成

3 企業家精神の多様性

　イノベーションや事業の創造主としての企業家の役割は，経営者だけが担っているのだろうか。また，企業家が果たすべき具体的な機能にはどのようなものがあるだろうか。本節では，これまでの企業家精神に関する研究を概観しながら，これらの疑問に答えていくことにしよう。

3.1　企業家精神に関する2つの研究アプローチ

　企業家精神の研究は多種多様で豊富な研究蓄積があるが，Gartner（1990）によれば，次の2つのアプローチに分類することができるという。

　1つ目は，**資質アプローチ**（trait approach）とよばれ，初期の企業家精神に関する研究はこのアプローチを採用するものが多い。イノベーションを起こした創業経営者や生え抜きでトップに上り詰めた雇われ経営者に共通して観察される，性格や資質などの特性を解明しようとする立場である。企業家の内面的な性向を分析するという意味において，まさに企業家精神に関する原初的研究である。「企業家とは，誰なのか」や「企業家とは，何なのか」という問いに対して答えを出そうとするのが，資質アプローチだ。

　もう1つのアプローチは，**行動アプローチ**（behavioral approach）とよばれる。かつて，リーダーシップ研究において資質アプローチが批判にさらされた（第5章参照）のと同様に，研究者が各様に企業家精神を定義していたこととも相まって，サンプルを変えるごとに共通の資質を安定的に導くことが難しかった。加えて，そもそも企業家精神を資質的要素に還元してしまうと，環境要因を与件として考えることになり，企業家精神や企業家の育成余地が失われるなどの批判にもさらされた。そこで，代替的なアプローチとして研究者たちは，企業家に特有の行動に着目し出したのである。

　「企業家とはいったい何をしているのか」という問題意識を立てる研究上のメリットは，資質のような人の内面構造とは異なり，比較的容易に観察することができる点である。観察可能な行動を分析すれば，周囲の人たちの模倣可能性が高まり，企業家的に振る舞う人材を育成する余地を与えてくれる。さらに，企業家精神を資質ではなく行動という側面から眺めると，その発揮

主体が多様であることを許容することにも繋がる。

　大きなリスクをとって事業を企てる創業経営者と，組織の底辺から様々な利害を調整してサバイバルした結果その地位に就く雇われ経営者とでは，根本的に資質が異なることは想像に難くない。しかしながら，資質の異なる企業家に共通して観察される行動が仮に抽出できれば，組織のあらゆる階層の行為主体に対して適用可能になるのである（福原, 2014）。トップの企業家的な行動特性の1つとして人脈づくり（networking：ネットワーキング）がしばしば指摘されるが（金井, 1994），実際，社内の革新的な製品やサービスを発案するミドルやロワーにも人脈づくりは欠かせない。この時，ミドルやロワーは企業家的に行動していることになる。

　資質アプローチから行動アプローチへの移行は，企業家精神を企業家的行動と置き換えることになり，したがって，企業家精神は育成することも，また様々な階層の人たちが発揮することもできる概念へと拡張されるようになったのである。

3.2　企業家の多様性

　企業家精神を発揮する主体の多様性に関する論理が明らかにされたところで，様々なタイプの企業家について紹介して行こう。

　創業タイプもしくは生え抜きタイプの企業家に限定されがちだった企業家精神に関する研究（例えばコール, 1959；Collins & Moore, 1970；Lumpkin & Dess, 1996）は，80年代に入るころから新規の事業やプロジェクトを立ち上げ，革新的な製品やサービスを生み出すミドルやロワーレベルの人たちがクローズアップされるようになる。そうした企業内の企業家たちは，企業内企業家（ピンチョー, 1985；ノナカ＆タケウチ, 1995），変革エージェント（カンター, 1983），あるいはプロダクトチャンピオン（Burgelman, 1983；Guth & Ginsberg, 1990）などとよばれ，組織のなかのイノベーションや変革の主な担い手として期待された。

　近年では，**社会的企業家**（social entrepreneur）や**制度的企業家**（institutional entrepreneur）などとよばれる企業家の存在が指摘されている。これらの企業家は，社会や制度のようなマクロな構造にイノベーションを与える

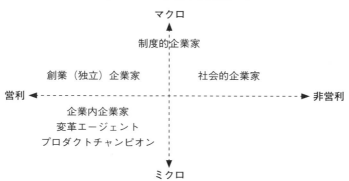

役割を担い，かつ事業を創造する目的が必ずしも営利だけでなく，非営利性や公共性が帯びている点も，これまでの企業家とは一線を画すところである（例えば Boschee, 1995；Dees, 1998；DiMaggio, 1988；Waddock & Post, 1991）。

これまで紹介してきた多様な企業家は，イノベーションの対象を主に組織内にフォーカスするミクロと，組織外にフォーカスするマクロという軸を縦に，またイノベーションの起こすための事業創造の目的について，営利と非営利とを横軸に取ると，**図表19-3**のようにマッピングすることができる。

4　企業家精神を生み出す機能

企業家精神の発揮を通じてイノベーションを与える対象は，既述したように，社会や市場のようなマクロなものと，組織のような比較的ミクロなものとが存在する。前者は主に組織の最高責任者であるトップが，後者はミドルやロワーにも行為主体が想定されるものだった。そして，企業家精神は育まれるものである。企業家精神を育成するシステムは，卵が親鳥によって大事に温められながらふ化するのと同じように，革新的なビジネスアイデアという卵を事業化させることを，**インキュベーション**（incubation：ふ化）とよぶ。ここでは，社会や市場における企業家精神を育むインキュベーションシステムと，組織におけるそれとに分けて説明しよう。

4.1 ベンチャー企業とインキュベーション施設

中小企業のなかでも，革新的な製品やサービスをもって市場にイノベーションを起こす新興企業は，一般にベンチャー企業とよばれる。知名度のまったくないベンチャー企業が事業化にこぎ着ける際，必要な人，物，金，情報という経営資源の獲得において悪戦苦闘する場合が少なくない。担保価値の脆弱なベンチャー企業に銀行は融資することをためらうし，海のものとも山のものとも分からない不安要素の多いビジネスアイデアに，積極的に投資してくれるほど機関投資家も優しくはない。

とりわけ，誕生期では，周囲からの信頼が圧倒的に不足しているので，事業化に必要な経営資源の獲得は困難な場合が多い。例えば，『中小企業白書2006年版』によると，製造業を営む会社および個人事業所平均生存率は，1年経過後の平均値が72.8％なのに対して，6年目を過ぎると90％台（前年比）で推移するという。創業間もない会社の経営が危ういことを物語る1つのデータであろう。

そこで，ベンチャー企業に，創業の資金的な援助，事業化へのノウハウの助言，操業に際してのオフィスなどを安価もしくは無料で提供し，トータルサポートする機能を担っているのが，インキュベーション施設である。具体的には，行政，民間企業，その中間形態の第三セクター，大学やNPOなどがこのインキュベーション施設の運営主体となっている。

米国では，インキュベーション施設が約850もあるのに対して，日本はおよそ100施設程度しかなく（星野, 2006），ベンチャー企業の支援インフラが整備されているとはいいがたい。全国のインキュベーション施設のプラットフォーム的な役割を担うために，経済産業省（当時通商産業省）が旗振りをして1999年に日本新事業支援機関協議会（JANBO）が設立された。10年間の時限立法だったため，2009年に同機関は解散したが，同年JANBOのステイクホルダー200余名が発起人となって，日本ビジネス・インキュベーション協会（JBIA）としてインキュベーション施設のネットワークの要が継承されている。

また，ベンチャー企業の育成をとりわけ資金面と知識面から積極的にサポートする存在として，ベンチャーキャピタルのような投資機関，ベン

チャーキャピタリストやエンジェルなどの個人投資家の存在は大きい。このようにベンチャー企業のインキュベーション機能は，通常の企業とは別の形で行われることが不可欠だが，日本ではこれらのインキュベーション機能が米国のそれと比べてまだまだ貧弱であるといわざるを得ない。

4.2　大企業でのインキュベーション機能としての社内ベンチャー制度

　一方，大企業においても新規事業の立ち上げを，自社の多角化の一環としてではなく，独立法人化（スピンアウト）させながら行なう試みがなされている。企業内からベンチャー企業を輩出するための出資ファンドを，**社内ベンチャー制度**（corporate venturing）とよぶ。

　社内ベンチャー制度は，社内で新規事業を立ち上げて独立したいと考える社員の起業を支援する制度で，とりわけ日本の場合には，独立した後でも出向という形で転籍させ，従業員に失業リスクを背負わせない人事システムと，独立を機に退社をさせ退路を断つ制度ポリシーを採用するものとに大別できる（福原，2014）。どちらも一長一短があるが，いずれにしても日本の社内ベンチャー制度は実際には機能不全に陥っている場合が少なくない。

　ブロック＆マクミランら（1994）の調査によれば，米国では「マネジャーに対する挑戦課題の提供」や「次世代マネジャーの育成」といった効果を期待して社内ベンチャー制度を導入している企業が多い。それに対して，日本ではこれらの項目の割合は低く，「雇用確保」という目的から導入する割合が米国に比べて高い。このことからも，日本の場合，企業家精神を促すことで社内の活性化をはかることや，スピンアウト企業と母体企業との事業シナジーをはかるなど，ポジティブな効果を期待するには至っていないのが実情である。

まとめ

　誰しもが企業家精神を発揮して事業を創造し，組織，市場や社会にイノベーションを与える存在になれることが理解できたことだろう。また，そうした企業家を育む土壌が，日本ではまだ脆弱である実態も透けてみえてきた。しかし，企業家精神にとってもっとも重要なことは，高いリスクを背負ってもなお，夢の実現にむけて一歩前に踏み出す勇気である。司馬遼太郎の言葉を借りれば，新しい時代を築くのは良い意味で後先を顧みない楽天家たちなのである。

さらに学習したい人への推薦図書

① ブロック，Z. & マクミラン，I. C. 著（1993），社内起業研究会訳（1994）『コーポレート・ベンチャリング』ダイヤモンド社。
② ドラッカー，P. F. 著（1985），上田惇生訳（2007）『企業家精神とイノベーション』ダイヤモンド社。
③ シュムペーター，J. A. 著（1926），塩野谷祐一・中山伊知郎・東畑精一訳（1977）『経済発展の理論　（上・下）』岩波書店。

　①は実証的な根拠にもとづき日米の社内ベンチャー制度の比較分析を行なっている良書，②は企業家精神が組織のあらゆる階層で発揮されるべきことを説いた経営学の巨匠の名著，③は企業家精神やイノベーションという用語を世に最初に知らしめた古典である。

第**20**章

イノベーションのマネジメント

イントロダクション

　ボクは，ある朝ひらめきました。携帯電話にカメラをくっつけるときっと，すごいことが起きるんじゃないかと。だって，常に持ち歩くから，日常を簡単に映像で記録することができるのだから。そこで携帯電話メーカーにこのことを提案してみました。カメラには，レンズの焦点をあわせるための仕掛けが欠かせないので，ちょっと厚みが必要でしたが，いろいろと工夫したらうまく収まりました。最初はちょっと値段が高くなってしまいましたが，だんだんと安く作れるようになりました。その後，爆発的に普及し，当初は，とても多くの利益を得ることができました。でも，すぐに他の会社も同じようなものを作り始めてしまいました。違いは実際のところ値段だけです。だから価格競争に巻き込まれて，結局，儲けはわずかになってしまいました。

　この短い作り話には，PPM（第16章参照）で描かれている戦略的な側面だけではなく，イノベーションの様々な側面が含まれています。例えば，イノベーションが，生産要素の新しい結合によってなされ，その中でも業界初の製品を生み出すタイプと，後発だけども徹底した低コストを実現するタイプとが存在するということです。企業が存続していくためには，このようなイノベーションに関する正しい認識が欠かせません。本章では，企業におけるイノベーションとはどのようなもので，どのような考え方があるのかについて，みなさんと一緒に考えていくことにしましょう。

! 学習ポイント

- ・イノベーションとは何だろうか。
- ・どのような時に，いかなるイノベーションが求められているのだろうか。
- ・誰がイノベーションを担っているのだろうか。
- ・イノベーションを実現させるために，何をする必要があるのだろうか。

225

1　イノベーションの意味

　最近，経済・経営雑誌や新聞記事ではイノベーションという用語が頻繁に登場する。この用語は，多義的に使われるので，イノベーションとはどのようなものなのかを最初にしっかり把握しておこう。

　イノベーションという用語は，シュンペーターが経済発展の原動力として位置づけたことによって広く普及した（第19章参照）。それは，生産要素の新結合を意味していた。その後，新結合の担い手，すなわち，イノベーションの担い手として，企業によるイノベーションが経営学で注目されるようになった。

　イノベーションは，生産要素と生産要素を新たに結びつけることによって新しいものごとを創り出すことである。ただ，新しければ何でもいいわけではない。新しいものを創りあげることは元来，発明という用語が用いられている。これに対してイノベーションには，新しく創りあげることに加えて，そこに経済的価値が伴っている。ここでいう価値とは，顧客による購買活動につながることを意味している（ドラッカー，1985；十川，2009）。

　日本では，戦後の経済発展の原動力の中心が，欧米からの技術導入であったため，イノベーションに技術革新という訳語を長い間用いてきた。そのため，技術的なもののみをイノベーションと取りあげる傾向が強い。確かに，顧客に価値を提供するものは，技術的要素が大きいものも多いが，それだけではない。物流の改革や新たな販売方法によって，価格が低下し，顧客の購買活動が盛んになることも少なくない。また，接客方法やサービスを提供する方法によって，顧客に新たな価値を提供することもある。さらに，これらの活動を支えるために組織構造の改革，新たな組織の仕組み作りも実施されている。ポーターの価値連鎖（第17章参照）はこれらの活動の総体を意味している。そのため，現在では，様々な領域でイノベーションという用語が用いられている。

2　イノベーションの種類

　どのようなイノベーションがどこで生じ，それぞれのイノベーションを誰

が担うかについて検討するためには，イノベーションのタイプごとの特徴を理解する必要がある。

2.1　テクノロジープッシュとニーズプル

　イノベーションは，技術的要素が強いものの，顧客に価値を提供しなければならない。そのためイノベーションはその発端から，技術主導による**テクノロジープッシュ**型と顧客のニーズの実現を起点とした**ニーズプル**型の2つに分けられる。前者は，問題の解決について，まず，技術的側面からアプローチし，その後，顧客ニーズに適合するよう働きかける。これに対して，後者は，最初に，顧客ニーズが認識された後，その実現にむけた技術的問題の解決をはかる。

　実際の企業活動は，両者を常に同時並行的に進めている場合が多い。この2つを結びつけるダブルリンキングを実現するために，トップの役割の重要性が指摘されている（バーゲルマン＆セイルズ, 1986）。例えば，トップによる事業領域の明確化は，技術開発の方向性を決め，結果として関連市場のニーズの探索に経営資源を集中できるなど，トップの重要性は大きい。

　テクノロジープッシュ型とニーズプル型の2つのアプローチが存在することは，イノベーションが分業によって，停滞する可能性があることを示唆している。すなわち，技術部門によって，技術的問題解決がはかられても顧客の期待に沿ったイノベーションに結びつきにくい。また，マーケティング部門によって，ニーズの探索を積極的に行っても，技術的な問題は解決しない。ダブルリンキングは，異部門交流を積極的に行なうことで，生産要素の結合が促進されることを意味しているのである。

2.2　プロダクト・イノベーションとプロセス・イノベーション

　製品開発は，最初，従来にない新たな製品を創造するためのイノベーションが求められる。このイノベーションは，他社との差別化に大きく貢献し，新製品の中核的要素となる。しかしながら，従来にない新製品は，開発費が多くかかるため，通常，高価である。多くの人たちのニーズを喚起し，製品を普及させるためには，適切な価格まで下げることも重要となる。そのため

227

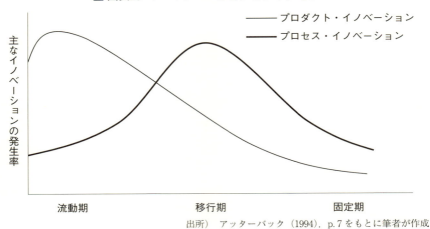

出所）アッターバック（1994），p.7をもとに筆者が作成

には，効率の良い製造方法や様々な組織プロセスの改善が欠かせない。前者を**プロダクト・イノベーション**（product innovation），後者を**プロセス・イノベーション**（process innovation）とよぶ。例えば，パソコンの開発では，入力方法やプロセッサー，メモリーやハードディスクの開発は，プロダクト・イノベーションである。一方，セル生産方式の開発や省電力・原材料の削減に貢献する微細化は，プロセス・イノベーションである。

ある産業ないしはある製品クラスにおいて，これら2つのイノベーションの発生率が，時間の経過とともに異なることが指摘されている（**図表20－1**）。画期的な製品を生み出すためには，当初，複数のプロダクト・イノベーションが欠かせない。その後，市場に浸透していくためには，より多くのプロセス・イノベーションが必要となる。カーナビゲーションや温水洗浄便座は，当初，アメリカで開発されたものであったが，その後，日本において様々なプロセス・イノベーションが生じ，価格の低下や機能が向上し普及した（アッターバック，1994）。

2.3　インクリメンタル・イノベーションとラディカル・イノベーション

　技術開発は，突然生じるものではない。過去の積み重ねの上に生じる。当初は，投入する努力や資金に対して，大きな成果が得られないが，技術特性が理解されると，爆発的に成果へと結びつく。やがて，技術が成熟すると，再び成果を高めることが困難になる。このことを表現したのが，**技術のS曲線**であり，このような連続的な変化をもたらすイノベーションをインクリメンタル・イノベーションとよんでいる。

　市場において，技術の機能的側面が評価されると，機能の向上に向けて他の技術の援用が考えられるようになる。すなわち，同様の機能を果たすが，これまでの技術の延長線ではない，新たな取組みによって技術が開発される。この場合，先の技術とは不連続である（**図表20-2**）。このような不連続な変化をもたらすイノベーションが，ラディカル・イノベーションである。フィルムカメラからデジタルカメラへの移行が典型例である（フォスター，1986；アッターバック，1994）。

　技術の不連続性は時として，既存技術に対して破壊的なものとなる。既存技術を活かして製品が発展していくプロセスでは，多くの顧客から受け入れられ，市場が拡大していく。大規模企業は，多くの顧客のニーズに応えるために，機能を向上させる。そのうち，機能は劣るものの新たな用途へ開かれ

■ 図表20-2　技術のS曲線と技術の不連続性

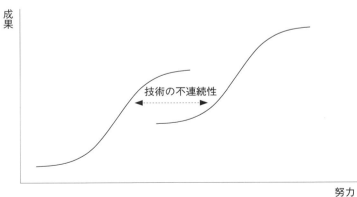

出所）　フォスター（1986），p.96をもとに筆者が作成

る可能性を持ったまったく新しい発想や技術で生じた製品が開発される。当初は市場規模が小さいため大規模企業が取り組みにくい。やがて，後発の製品にかかわる市場が拡大すると，技術的にも進歩し，後から参入することが極めて困難な状況に直面することとなる。前者からみると後者は，**破壊的イノベーション**となる。また，前者は，後者へ移行することが極めて困難であるので，イノベーターのジレンマに直面する（クリステンセン，2000）。

3　イノベーションの発端と担い手

　様々な視点によってイノベーションが分類されるが，これらを現場レベルでマネジメントするためには，その担い手を明らかにする必要がある。

3.1　トップ主導によるイノベーション

　技術的要素が強く，実現に向けて多大なるコストがかかる場合には，トップ主導でなければ実現することは難しい。企業の重要な投資行動の意思決定は，取締役会が担っている。経営戦略上，重要と位置づけられている大規模な研究開発投資は，当然ながら，取締役会の決議案件となりうる。

　多額の投資には相応の理由と合理性がなければ判断が難しい。その点，経営戦略論の議論のなかで，分析的に進められるもの（第16・17章参照）が，この範疇に含まれる。そのうち，実際に技術的なイノベーションを起こすのは，主として，製品開発部門や研究開発部門となる。

　企業活動の多くは，経営戦略を個々の部署が担う計画に落とし込んで進められる。計画のなかには，ルーティンとなり，決められた作業として淡々とこなすものも多い。一方，業務の改善は，個々の部署で常に抱えている課題となっている場合もある。これが明示的であれば，トップによって誘発された取組みとなる（バーゲルマン，2002）。

3.2　現場主導によるイノベーション

　企業活動のすべてが綿密な計画として示されているわけではない。長期の課題は明らかになっているものの，どのように取り組めばよいのかはっきりしないものは，計画に反映されにくい。

計画に反映されていないが，従業員が企業の抱えている課題を自主的にかつ非公式に解決に向けて取り組む場合もある。時間も予算も限られているので，このような活動は，最初は決して大きなものではないが，長期の課題解決に結びつく可能性がある。研究開発の現場では，アングラ研究，ヤミ研，スカンクワークとよばれており，経営戦略論では創発的戦略（第16章参照）に該当する。

もちろん，日々の活動の中で，小さな改善改良に結びつく活動も現場から発信されている。日本では，生産現場における自主的な活動である QC 活動が普及しているが，これも現場主導によるイノベーションといえよう。このように，イノベーションは，あらゆる部署で生じる可能性がある。

3.3　多様化するイノベーションの発端

イノベーションは，社内のみの活動によって制限されるものではない。イノベーションは，社内の限られた資源を組み合わせるだけではなく，信頼できる社外との交流によって生じる**オープンイノベーション**の重要性が指摘されている（チェスブロー, 2003）。

このような，社内外へのオープンな姿勢によって，顧客との共創が実現する。かつては，イノベーションの担い手の主役は企業であった。しかしながら，消費者は，ICT の普及により，口コミや SNS を参考にしながら，これまでとは比較にならないほどの情報を入手し，購買している。結果として，企業と対等に渡り合えるようになるとともに，両者の対話によってイノベーションが生まれやすくなってきたという（プラハラード＆ラマスワミ, 2004）。

また，顧客自らが創り出すイノベーションも指摘されている。既存の製品で満足しないユーザーは，自分の使い勝手が良いようにカスタマイズし，時にはゼロから創り出すケースがある。自転車のマウンテンバイクは，自転車好きの人が，野山で走り回ることができるように改良したのが発端である。また，コンピューターのソフトウェアもユーザー自ら使い勝手が良いようにカスタマイズしたり，場合によっては自らプログラムを作成し，フリーソフトとして配布したりするケースもみられる。

この議論には２つの大きな特徴がある。１つは，ユーザーがイノベーショ

ンを引き起こす場合，市場動向に関して多くのユーザーに先行するとともに，自ら引き起こしたイノベーションによって高い効用を得る**リードユーザー**が主役であること。もう1つは，そのようなイノベーションに関する情報は，粘着性が高くリードユーザーから別の受け手に情報を伝達することが困難であるということである。すなわち，リードユーザーでなければ，成し得ないイノベーションなのである（ヒッペル，2005）。

4　イノベーションをうながす組織

　トップ主導で実現するイノベーションであっても，その他のところから生じるものであっても，イノベーションを実現させるためには，生産要素と生産要素を結びつける仕組みが求められる。既存の方法で集められる情報は限られている。新しい情報を入手したり，既存の情報を異なった視点で解釈したりすることで違った意味を付与することができる。

4.1　求められる柔軟な組織構造

　企業組織は，経営戦略を実現させるために，ある程度，決められた計画を遂行する組織が求められる。決められたことを実現する組織は，官僚制組織（第12章参照）が合理的である。ところが，イノベーションは，新たなことに取り組まなければならない。官僚的な組織を基本としながらも，柔軟な構造が求められる。

　官僚制組織は，上下の伝達が明確に規定されており，決まった情報経路しか持ち合わせていない。そのため，決まりきった生産要素の結合しか生じない。これに対して，誰からも情報を受け取れて，誰にでも情報を発信する形態は，ネットワーク型となる。プロジェクトチーム制をはじめとした横断的組織構造は，部分的にせよ，ネットワーク構造が形成されている。また，組織のフラット化は，上下の伝達を最小限にとどめ，水平的な交流を豊かにする効果があると考えられる（第13章参照）。

　ネットワーク構造とあわせて重要なのは，エンパワーメント（empowerment）（第3章参照）である。構造だけがネットワーク化されていても十分な情報の交換は生じにくい。情報を結びつける人たちが，既存の

取組みしかできないように行動が制限されていては，新たな情報の結合は生じない。時間的にも，資金的にもある程度自由裁量の余地があって，はじめてこれまでにないやり方を試すことができるため，それを実現できるように権限委譲（delegation）がなされていなければならない。同時に，権限が委譲されても実現する能力がなければ新結合は生じない。上司は，権限だけではなく，その仕事に従事し，それを実現できると思えるパワー（能力）も付与するエンパワーメントが必要になる（青木, 2006）。

　組織構造だけではなく，情報の交流をうながし，組織学習を進める取組みもまた，イノベーションを促進させると考えられる。組織学習は，変化を認識し，従来とは異なる取組みを実施するのに欠かせないからである。組織学習については第21章で詳細に論じることとしたい。

4.2　トップやミドルの役割と個を活かす取組み

　これまで，イノベーションの概要について述べてきたが，そのことを踏まえ，トップとミドルの役割を改めて整理していくこととする。

　イノベーションを促進させるためには，トップはビジョンを明確にし，浸透させなければならない。取り組むべき重点領域に集中的に資源を集中させ，ある程度，トップダウンでイノベーションを強力に推し進める姿勢が欠かせない。また，それを実現させる組織的な仕組みづくりも大切となる。

　これに対してミドルは，トップダウンで進められるイノベーションの実現にまい進するだけでなく，現場の創発的な取組みを進めるべく，サポートする必要性がある。これには，現場に対するよきコーチ役になるとともに，必要であれば，異部門との交流をうながすようにはかることが求められる（十川, 2002）。

　イノベーションを起こすのは，個人の主体的な活動に他ならない。トップやミドルの支援を受けながら，自らに課せられている当座の問題解決をはかるとともに，ビジョン実現にむけた長期的課題解決についても，常に意識することが期待されている。困難な課題ではあるが，多くの従業員がそのことに取り組める企業だけが，組織を存続させることができる（馬場, 2005）。

まとめ

イノベーションには，様々なとらえ方がある。経営現象を理解するためには，どのようなイノベーションがそこで生じており，誰がそれを実現し，どのような仕組みがそれを支えているのかを観察することが肝要である。そのことが，みなさんがこれから直面する問題の解決の一助となろう。

さらに学習したい人への推薦図書

① ダビラ, T., エプスタイン, M. J. & シェルトン, R. 著（2006），スカイライトコンサルティング訳（2007）『イノベーション・マネジメント』英治出版。
② 十川廣國（2009）『マネジメント・イノベーション』中央経済社。

　①②はイノベーションの特性を理解し，どのようにマネジメントするかについて書かれており，イノベーションについて包括的に学ぶことができる。

第**21**章

組織学習

イントロダクション

　大学生になって，新しいことに取り組みたいと思って，学園祭を運営するサークルに入ってみました。そのサークルでは，今年から地元の企業と一緒に，地域を盛りあげるためのダンス大会を催すこととなりました。かねてからダンスが大好きだったあなたは，積極的に参加しました。サークル始まって以来の出来事のため，企業との関係作りも試行錯誤で，企画運営もなかなか進みませんでした。当初の計画をなんとか実現させようとがんばったものの，どうもうまくいきません。しかし取り組んでいるうちに，企業や地域の期待が想像していたものと違っていることがわかってきました。そこでメンバーと相談しながら，計画していたものを再考し，根本から計画を変更する決断をしました。つらい時もありましたが，自分が大好きなダンスにこれまでと違った視点でかかわることを面白いと感じていました。イベントは首尾よく大成功でした。

　これに味をしめて，翌年もまったく同じ企画に取り組みました。去年の経験もあったのであまり時間は取られませんでした。お客さんの反応は今ひとつでしたが，まあうまくいったと思います。3 年目になるとマニュアルが作られ，自分の手を離れて運営されました。すると，お客さんもあまり入らず，明らかに失敗に終わったような気がしました。これまでと同じようにやったのに。おととしはどうしてうまくいったのだろう。

　本章では，学習という視点から，この短いストーリーの問題について，みなさんと一緒に考えていくことにしましょう。

❗ 学習ポイント

・組織はどうやって環境変化に対応しているのだろうか。
・どのような組織学習の考え方があるのだろうか。
・うまく学習できない原因は何だろうか。

235

1 組織学習の意味と意義

　学習は，『広辞苑』や『大辞林』にあるように，一般に，学ぶこと，経験などのきっかけによってその後の行動に変化をもたらすことを指す。このことを組織に当てはめ，組織の発展や組織に必要な変化を起こすためにはどうしたらよいのか，という疑問に回答する1つの領域が組織学習である。

1.1 組織学習の意味

　もの心がついてから今までを思い返してみよう。字が書けるようになった。ボールを上手に投げられるようになった。計算ができるようになった。自分の学んだ成果をワクワクしながら思い出すことができる。企業組織もスタートアップとともに様々なことを学ぶ。外部環境が変化することで，存続するためには，学び続けることを余儀なくされている。

　組織は個人の集合体である。個人の学びから，組織の学びへ結びつけるためには，個人間のコミュニケーションが不可欠である。ただ，できるだけ多くの人たちに情報を共有するためには，これだけでは不十分である。全構成員に伝達するためには，組織の透明性が伴っていなければならない。また，個人の行動を全体へ結びつけるためにビジョンの浸透といった統合が欠かせない（Probst & Buchel, 1997）。

1.2 組織学習の意義

　組織の変化をすべて学習ととらえれば，実に多くの領域が組織学習に含まれる。本書では，組織全体の変化をとらえたものをいくつか紹介したい。

　組織が環境によって変化するプロセスを指摘し（Cyert & March, 1963），その後，**ルーティン**の形成やその変化として学習が取りあげられた（Levitt & March, 1988）。ここでいうルーティンとは，組織のなかでものごとを進める公式や非公式の決まったやり方全般を指している。どのように目標や計画を設定し，どのようにそれを実現させようとするのか。みなさんの所属している組織である決まったパターンがあれば，それが組織ルーティンである。これらが何らかの環境変化によって，新たに形成されたり変更したりするこ

とが組織学習となる。

一方，組織が変われない現象を理解するためのフレームワークとしても学習が取りあげられた（Argyris, 1976；Argyris & Shön, 1978）。組織は日常的に想定内の変化への対応に迫られている。これも一種の学習である。一方，状況が一変した場合，通常の対応では適応不可能な状況が生じる。このような変化への対応は，日常的な環境適応とは異なった学習が求められる。

紹介した2つの学習の考え方はいずれも，環境変化へ対応するために生み出された。今日のように，不連続な変化に直面しながら，存続をはかる企業にとって，組織学習は常に実現させていかなければならない喫緊の課題である。

2　組織学習のプロセス

環境変化に適応するための組織学習のプロセスには，大きく2つのタイプがある。すなわち，**図表21-1**のシングルループ学習とダブルループ学習である（アージリス, 1977）。

2.1　シングルループ学習

環境変化に適応するプロセスにおいて，方針や目標を変えず，それらを実現させるために，行動を変える取組みを**シングルループ学習**という。例えば，エアコンの温度設定において，実際の温度を感知しながら，当初設定された温度になるように調整する活動がシングルループ学習である。

■図表21-1　シングルループ学習とダブルループ学習

出所）アージリス（1977），p.103をもとに筆者が作成

日常的な変化への適応行動の多くがこれに該当する。そのため適応的学習ともよばれる。当初設定された目的や目標を達成するために、組織は取り組む。その結果をフィードバックし、当初、設定されていた目標が達成できていなければ、実現できるように行動を変化させる。営業目標が未達であれば、とにかく目標を達成できるようがんばる取組みがこれに該当する。

2.2　ダブルループ学習

方針や目的は、あくまでも当初の想定された範囲内で設定されている。しかしながら環境変化は、当初、予想されていた範囲内で起きるとは限らない。その場合、方針や目的から修正を検討する必要がある。エアコンの場合、当初設定された温度から見直し、高く設定し直したり、低く設定し直したりする活動が**ダブルループ学習**である。

大きな変化が生じた場合、当初、想定されていないことに取り組まなければならない。そのため、ダブルループ学習は創造的学習ともよばれる。活動した結果が、現在の環境に相応しくないのは、実は、方針や目標が問題ではないかと疑い、それらの見直しを試みる。営業目標が達成できなかったのは、顧客の嗜好の変化や大きな環境変化の前兆かもしれないと疑い、まったく異なる製品やサービスの販売を目指すのがこれに該当する。

3　組織における知識創造

組織学習のプロセスにおいて、とりわけ知識という側面に着目したのがナレッジマネジメントである。ここでは、その議論の口火を切った SECI モデルを紹介しよう。

3.1　形式知と暗黙知

戦後からバブル期にかけて日本企業が成功した要因には、様々なものが考えられる。そこで共通しているものは、知識の活用と創造であり、知識を創造することによって、断続的にイノベーションを実現させ、競争優位を獲得してきた（ノナカ＆タケウチ, 1995, pp. 1 - 5 ）。

知識には様々な視点がある。認識論的にみると、**暗黙知**と**形式知**という区

別がある。前者は個人のなかにあり，言葉で表現することが困難なものである。後者は，互いに伝えることができ，個人を越えて様々な形で存在する（ノナカ＆タケウチ，1995, pp. 87-90）。このテキストに書かれていること，教員がしゃべっていること，みなさんのノートに書かれていることはすべて形式知である。

3.2　SECI モデル

　知識創造は，個人間の相互作用で行なわれる。その場合の暗黙知と形式知との間の知識変換を示したのが**図表21-2**である。それぞれのステージの英文の頭文字を取って**SECI モデル**とよばれている（ノナカ＆タケウチ，1995）。

　個人の暗黙知から他人の暗黙知を創造するのが共同化である。これは，互いに経験を共有することで，技能などの暗黙知を移転させながら，新たな知識を創造するプロセスである。職人の世界では一般に親方の働き方をみて弟子が学ぶ。営業パーソンも，先輩に同行することでマニュアルには書かれていない営業の極意を学んでいく。

　暗黙知から形式知を創造するのが表出化である。これは，言葉で表現されない暗黙知を明示的なものへと表すプロセスである。言葉で表現できないものは組織のなかに数多くある。組織で共有されている文化や，従業員の頭のなかにある目指したいものである。これをはっきりとした形式知へと変換することで再認識することができる。職人や営業の世界でも取り組んでいる作業をメモ書きすることで，新たな気づきが生じ，再解釈したりすることが可

■ 図表21-2　SECI モデル

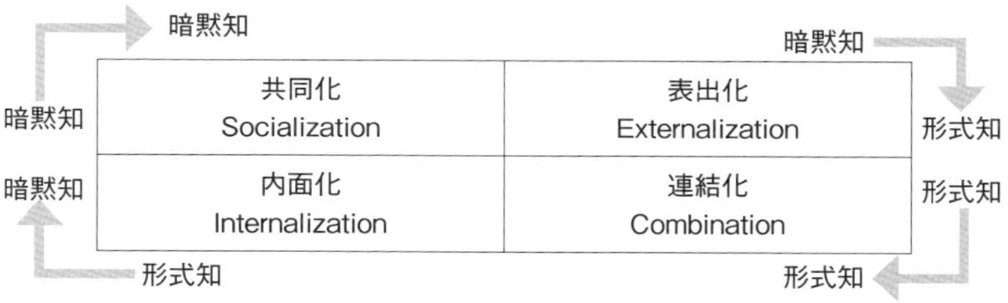

出所）　ノナカ＆タケウチ（1995），p. 93

能となる。

　個別の形式知から体系的な形式知を創造するのが連結化である。これは，明示されているコンセプトを組みあわせて新たな知識を創出するプロセスである。様々なチャネルで交換されている知識は，時として組みあわさり，これまでなかったものを創り出すことがある。職人の技術や営業力もメモ書きしたことで他の人にも理解できる形となる。そこで他のものづくりや販売に取り組んでいる人が，新たな方法を思いつく可能性が高まる。

　形式知から暗黙知を創造するのが内面化である。形式知を暗黙知へと埋め込んでいくプロセスである。知識を活用・創造していくこれまでのプロセスを通じて，人は多くの経験をする。やがて，それぞれの活動を強く意識しなくても体現できるような行動パターンが創造される。職人や営業パーソンの知識も次第に自分だけの独自のものへと転換していく。

4　学習する組織の要件

　組織の学びや知識の創造をより実践的に取り組むためには，これらを実現させる組織とはどのようなものかをはっきりさせておくことが望ましい。その1つが「学習する組織」である。環境変化が著しいなか，学習し続けることが企業組織の使命である。センゲ（1990）は，そのために必要な中核的学習能力を5つの領域で説明している。

4.1　学習する組織の要＝システム思考

　個人が学ぶ場合よりも組織が学ぶ場合，目的や目標が明確であるとともに，期日が限られている場合がほとんどである。そのため，学ぶ領域の全体をしっかり把握しておくことが欠かせない。何を学ぶかによってその取組み方も変わってくる。このように領域全体を捉える概念が**システム思考**である。

　問題領域は通常，非常に複雑な動きをしている。その理由の1つは，関連する要因が数多くあることである。もう1つは，それぞれの要因が変化していることである。これらを局所的に取りあげても，問題は解決しない。問題領域の全体像を概観しながら，何が原因でどのような結果をもたらしているのか，様々な要因を検討しながら，そのダイナミズムを理解していく必要が

ある。

　そのカギを握っているのがフィードバックである。状況の変化をしっかり認識していなければ，物事を変化させることは難しい。何かに取り組んだ結果，きちんと成果が出ているのかどうかをフィードバックできるような仕組みを作っておく必要がある。その結果，直線的に良くなっている因果関係や，良くなったり悪くなったりを繰り返しながら徐々に改善されているものや，ある段階に到達したら，これ以上良くならないものを把握することができる。

4.2　学習する組織の構築

　学習する組織は，システム思考の他に４つの要素がある。いずれか１つでも欠かすことができない。５つすべてが揃って，学習する組織ができあがる。

　組織学習は，個人の学習があってこそ実現する。個人は，自分の人生や職業観，自分の志に照らしながら，粘り強く，学習し続けることが求められる。このような個人の精神的基盤のことを「自己マスタリー」とよぶ。自己マスタリーには，今の自分にとって何が重要なのかを明確にするとともに，現実を客観的に洞察することが欠かせない。あるべき姿や目指している姿と，現実とのギャップを埋めていく活動が学習であるからである。

　人の行動は，根底では，物事を判断する際に自分のなかで持っているイメージの影響を大きく受ける。多くの場合，自分の価値観とは異なる行動ができず，世の中こんなものだ，という考えに支配されている。これを「メンタルモデル」と呼ぶ。環境変化が生じ，世の中に変化が訪れている時は，このようなイメージが邪魔をする。継続的に学習するためには，自分の持っているイメージをはっきりと意識し，改善していくプロセスが不可欠である。

　学習を個人のものではなく，組織のものへと転化するために「共有ビジョン」が欠かせない。ビジョンを単に掲げているだけでは，効果は小さい。掲げられたビジョンを組織のメンバーが是非実現したい，と内面から思えなければならない。そのためには，メンバーが常に，夢を語り，将来の姿をイメージすることが必要となる。与えられたビジョンに対して，追従（理解し期待通りの行動をする）するだけではなく，参画（enrollment，心から望み，できることを何でもする）し，コミットする（心から望むだけでなく責任を

241

もって取り組む）ことによって共通の将来像を育んでいくことができる。

　組織が学習するためには個人学習から「チーム学習」へ昇華しなければならない。チームは，共有ビジョンのもと，ダイアログとディスカッションによって学んでいく。前者は，自分の意見を主張する前に，互いの意見に耳を傾け，自由に意見交換をし，ともに考えるプロセスである。後者は，最終的には何かを決めることが要求されており，時として，主張を受け入れさせるものが含まれ，決定の手段となる。最初から決まっているところには学びは生まれにくい。そのため，まずダイアログから取り組み，物事をチームで深く探求した後で，主張の吟味や決定が欠かせない場合に，ディスカッションを行なうことが望ましい。

5　学習の阻害要因

　学習は常に望ましい形で終えるわけではない。時として間違った方向へと進んでしまう。その現象や原因を紹介しよう。

5.1　ロックイン

　学習を進めることで，常に，環境変化に対応することができるだろうか。実は，過去に成功したものから逸脱できず固定化する状態（**ロックイン**）は，いくつかの理由で生じることが指摘されている（アーサー，2009）。例えば，既存のものは，新しいものの初期段階よりも性能が良かったり，新しいものを採用するために，関連するあらゆるものを採用するより莫大なコストを要したり，将来の未知のものへの不安や脅威といったものが考えられている。

　ある技術が成熟し，その技術にロックインされた結果，既存の技術の寿命を延ばすよう，様々な付加的な技術が開発され，適用範囲が拡大していく。現在，自動車の動力の主力は内燃機関であるが，昨今，電力とのハイブリッド車が開発されるとともに，電力が見直されている。どれが次世代の技術になるかはまだわからない。一方で，内燃機関も圧力を高めたり，大きさを小さくしたりして燃費改善を果たしている。

5.2　学習の近視眼性

　組織学習は環境変化に対して万能ではない。常に将来に向けて上手に，また望ましいものだけを学んでいるわけでもない。その一例として，学習のプロセスにおける3つの近視眼が指摘されている（Levinthal & March, 1993）。

　第1に時間の近視眼である。学習は結果がすぐにわかるものに取り組みやすい。結果として，長期のものを軽視してしまう傾向にある。みなさんも数ヶ月先の期末テストの勉強よりも，日々のアルバイト活動を優先させていないだろうか。

　第2に，空間の近視眼である。学習は，今現在みえているものを優先させてしまう。そのため物理的に離れている変化を見落としてしまい，全体からみると，望ましい学びを阻害してしまう。日本で起きていることには注意がいくものの，世界で起きていること，とりわけ，日本と関係が薄いと思っている国々で起きていることについては，ついつい無関心になりがちである。

　第3に失敗の近視眼である。組織は，成功体験が続くと，それらを優先して学んでしまい，その途中で生じる失敗体験を軽視してしまうという。その結果，失敗のリスクを過小評価してしまいがちとなってしまう。みなさんもうまくいっている時の小さな失敗を見過ごしてしまったことがないだろうか。

5.3　防衛的思考

　著しい環境変化に直面したり，これまでの経験とは大きく異なる局面に遭遇したりするとき，みなさんは，冷静かつ建設的に対応しているだろうか。

　これまで学んできたものを放棄し大きく転換せざるを得ない場合や，緊急事態に対応する際，防衛的な4つの基準で人は判断するようになることが指摘されている（Argyris, 1991；1994）。すなわち，自分がコントロールできる状態を保とうとする，確実な利得を最大限に高め損失を最小限にする，新たなものを否定したり対立したりすることを避ける，可能な限り合理的に判断しようとする，である。このような現象は，個人の判断だけではなく，組織においてもみられる。

まとめ

環境変化が激しい昨今,組織が存続していくために組織学習は欠かせない。組織学習について異なる視点があるものの,いずれも学び続ける取組みについて検討したものである。また,学習が万能でないことも,経験上わかっている。本章で書かれていることが,皆さんの行動の自省をうながし,新たな一歩を踏み出すヒントとなることを期待している。

 さらに学習したい人への推薦図書

① ノナカ, I. & タケウチ, H. 著(1995), 梅本勝博訳(1996)『知識創造企業』東洋経済新報社。
② センゲ, P. M. 著(1990), 枝廣淳子・小田理一郎・中小路佳代子訳(2011)『学習する組織』英治出版(※訳本の原著は2006年版)。

①は知識創造の, ②は学習する組織のいずれも起点となった文献であり,本書で伝えきれなかった部分を補足できる。

第**22**章

組織文化

イントロダクション

　あなたは高校の学級委員長です。あなたの高校では今年も文化祭の季節が近づき，出店の準備やクラス製作を始める時期になりました。あなたのクラスも文化祭のための準備に取りかかりました。しかしあなたのクラスは，他のクラスに比べ，あまり盛り上がってきません。どこか面倒くさそうに取り組んでいる様子がそこかしこにみえ，おしゃべりが過ぎて作業をしないばかりか，何かしらの理由をつけて帰ってしまう人もいます。

　一方，隣のクラスは，とても良い雰囲気で準備に取りかかっています。全員が楽しそうに文化祭の準備をし，クラス製作も順調に進んでいます。クラス内の団結も強いようで，文化祭に向けてクラスTシャツも作っています。

　普段の学校生活のことをよくよく考えてみると，こういった違いは今回だけではないことに気がつきました。修学旅行や体育祭といった行事では隣のクラスのメンバーはいつも結束が強く，体育祭ではそのチームワークのためか各種目で好成績を残していました。

　同じ高校の隣のクラスどうしなのにこのような違いがあるのはなぜでしょうか。そしてあなた（学級委員長）はどのようにすれば，クラスの雰囲気を変えることができるのでしょうか。本章では，組織文化という観点から，より良い組織（例えば，強く結束し，行事で好成績を残せるクラス）をどのように作ることができるのかについて，みなさんと一緒に考えていくことにしましょう。

！）学習ポイント

- ・組織文化にはどのような機能（効果）があるだろうか。
- ・いかにして組織文化は作られ維持されるのだろうか。
- ・組織文化を変容させるプロセスにはどのようなものがあるだろうか。
- ・組織文化の負の側面は何だろうか。

245

1 組織文化の概念

国ごとに文化の違いがあるように，組織にもそれぞれ文化が存在する。われわれは，日々そういった組織の文化に影響を受けながら組織生活を送っている。本章では，**組織文化**とは一体どのようなものであり，われわれにどのような影響を及ぼし，組織を成功に導くような組織文化をどのようにマネジメントすることが可能なのかを説明する。

1.1 組織文化の定義

組織文化とはどのようなものなのだろうか。組織文化は多様に定義されているが，ここでは，「**シンボル**を通して学習される，組織メンバーに共有された価値観や信念で，メンバーがどのように行動すべきかを示すもの」と定義しよう。

また，組織文化は図表22-1にあるように**人工物（シンボル）**，共有された**価値観**，**暗黙的前提**の3つのレベルからなる（シャイン，1989）。まず，もっとも表層的なレベルは人工物（シンボル）である。これは企業の製品や行動，発言など，直接観察可能なものである。組織内外の人間は人工物の観察を通してその組織の文化を理解する。

次に，人工物よりも深層にあるのが共有された価値観である。価値観は何

■ 図表22-1　組織文化の3レベル

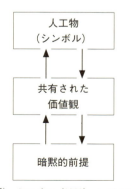

① 言語的シンボル
② 行為的シンボル
③ 物質的シンボル

人工物（シンボル）：直接観察できるもの。空間，技術的成果，言語，行動など

共有された価値観：戦略，目標，理想像，経営理念，経営哲学など

暗黙的前提：意識されずに，当たり前のことと考えられること

出所）シャイン（1989），p. 19；Dandridge, et al.（1980）をもとに筆者が作成

が大事で，何が大事でないかに関する信念である。例えば，「我が社は最高品質の商品を提供する」といった経営哲学は高品質の商品の製造，販売が大事であり，品質の劣る商品を廉価で販売することは大事ではないという信念を反映している。この価値観は，人工物を通して推測できる。

　組織文化においてもっとも深層にあるのが暗黙的前提である。これは疑う余地もなく当然視されている前提である。例えば，資本主義国家における企業においては，利益を上げることが企業の使命であるため，赤字覚悟で商品を売るとか，商品が売れるか売れないかについて無頓着であるということは，考えられない。この暗黙的前提は，価値観や人工物を通して推測可能である。

　これらの3つのレベルは，相互に影響しあっている。暗黙的前提は価値観に影響を及ぼす一方で，価値観が長く保たれれば，それはやがて暗黙的前提となる。また，人工物は価値観を反映してつくられる一方で，下記のフリーアドレス制度の例のように，人工物が価値観を形成する。

　上述の通り，組織文化はシンボル（人工物）によって表現され明示化され（Smircich, 1983），文化は主としてシンボルを通じて習得され伝達される（Kluckhohn, 1951）。シンボルとは，行為者の主観的な意味が付与されたものであり，①言語的（組織内の物語，武勇伝など），②行為的（表彰や式典など），③物質的（会社のロゴ，製品など）シンボルの3つに分けられる（Dandridge, *et al.*, 1980）。

　組織文化はこのシンボルを操作することでしばしばマネジメントされる。例えば，近年，従業員どうしの目に見えない壁を取り払うために，フリーアドレス制度を導入する企業が増えている。この制度では，社員の席は出勤時にコンピューターによってランダムに指定されるため，毎日異なる人と隣り合わせに座ることとなる。こうすると席が固定されていた時と比べ，様々な人とのコミュニケーションがうながされ，結果として職種や部門を超えた活発な意見交換が行なわれる組織文化が醸成される。これは，オフィスのレイアウトという物質的シンボルを使って，組織文化をマネジメントしていることに他ならない。

2　組織文化の機能とマネジメント

　ここまでに説明してきた組織文化はわれわれにどのような影響を及ぼすのだろうか。また，組織文化はどのようにマネジメントできるのだろうか。

2.1　文化の機能

　文化の機能は2つある。すなわち，①外的環境のなかで生き残るための外部適応と，②生き残り，適応し続ける能力を確保するための内部統合である（シャイン，1989）。まず，外的環境にさらされているなかで組織が生き残るためには，どのような方法で生き残っていくかを決定することが必要となる。組織文化は，組織の目的や目的達成の手段に関する合意を形成する上での基準を提供する。例えば，「業界に常にイノベーションをもたらす」ことが文化として根付いている企業においては，革新的な製品を製造，販売するという目的を設定し，製品開発にコストをかけるという手段を採用することに関して合意を得るのは難しくないだろう。このように，組織文化は外部環境に適応するための目的，手段などの形成に大きな影響を及ぼす。

　また，組織文化は組織が目的を達成する上で，内部の統合，すなわち組織を作り上げ，組織を維持する機能を果たす。組織として成立するためには，メンバー間のコミュニケーションが必要となるが（第10章参照），組織文化はコミュニケーションを円滑にする効果がある。反対に，共通の文化を持たないメンバーとコミュニケーションを取る際には，齟齬が起きやすい。

　また，組織文化はメンバーになる基準や中心的メンバーになる基準を提供する。すなわち，組織は組織の価値観にあわない人間の参加を拒否し，価値観にあう人間を中心に置く傾向がある。加えて，文化は報奨や制裁の基準を提示する。つまり，組織の価値観にあう行動がヒーロー的行為とみなされ，価値観にあわない行動が罪深い行為とみなされる。

　例えば，新たな技術開発に積極的にチャレンジすることが推奨されている企業のなかには，失敗をし，会社に損害を与えたものの，貴重なノウハウを残した人を表彰する失敗表彰制度を採用している企業もある。このように，組織文化は，組織内のメンバーの行動，思考を規定し，組織のまとまりを維

持する機能を持つ。

2.2 「強い文化」論

　メンバーが組織の価値観を強く共有し，一枚岩になって行動するような**強い文化**を持った組織は，高いパフォーマンスを発揮する。組織文化の観点からみると，組織の成功を導く鍵は，メンバーに共通の価値観を植えつけ，強い文化を築くことなのである。

　ディール＆ケネディ（1982）は，メンバーが組織のコアとなる価値観や組織文化を共有している程度と企業業績との間の関係性について調査した。彼らは，80社の企業を調査したが，そのうちの18社で文化が強く共有されていた。残りの企業は業績の高いところもあれば低いところもあった一方で，これら18社はすべて一貫して高業績をあげていた。この結果から，文化が強く共有されていることは業績に好ましい影響を及ぼすことが明らかになった。

　ただし，単に組織文化が強く共有されているだけでは，高業績を維持することは難しい。文化が高業績を引き出すには，組織文化が経営環境や経営戦略と適合している必要がある。したがって，マネジャーやリーダーは経営環境や戦略の変化に対応して組織文化を変化させていく必要があるのである（コッター＆ヘスケット，1992）。反対に，強い組織文化が変化に対応する柔軟性を持たない場合，企業業績に対してマイナスの影響を及ぼすこともある。組織文化はメンバー間で強く共有される必要があると同時に，変化に対応できる柔軟性が重要なのである。

2.3　組織文化のマネジメント

　組織文化はメンバーや組織の業績に対して影響をもたらすことを説明したが，ではそもそも組織文化はどのようにして創り，共有させることができるのであろうか。組織文化の創造やマネジメントに関しては，その組織を立ち上げた人物や，トップリーダーが重要な役割を果たす。

2.3.1　創業経営者による組織文化の創造

　組織文化は**創業経営者**の個人的な価値観や哲学がもととなって生成されることが多い。組織の意思決定などに対して影響力のもっとも大きい創業経営

者は組織の文化に対しても大きな影響力を持つのである。

　例えば，より多くの消費者に製品を行き渡らせるために生産コストを下げることを重視するパナソニックの組織文化はその創業者である松下幸之助の個人的哲学を大きく反映している。彼は幼少期に貧困に苦しんだこともあり，物資の生産を通して，人々を貧困から救うことが使命であると感じていた。水道哲学と呼ばれるこの価値観は同社に脈々と受け継がれ，組織文化として根付いている（坂下, 1995）。このように，創業経営者は組織文化の創造において中心的な役割を担う。

2.3.2　リーダーによる組織文化の浸透

　組織文化は創業経営者の個人的価値観に大きく影響を受けるが，その組織文化の浸透や維持においても創業経営者やリーダーは中心的な役割を担う。組織文化はリーダーの行動を通して組織に浸透していくのである。

　組織文化の浸透におけるリーダーシップ行動は，①注目，②組織の危機に対する反応，③役割モデリング，④報奨や地位を与える基準の提示，⑤人事に関する基準の提示があげられる（シャイン, 1989）。リーダーは彼が重要だと考えることに対して注目し，彼の価値観を反映する行動をとることによって役割モデリングをし，報奨，地位，人事に関する基準を掲げることによってメンバーに組織文化を伝え，組織文化を浸透させていく。

　また，組織において危機的な出来事に対するリーダーの反応は，組織メンバーにその組織においてもっとも重視される価値観を伝える媒介となる。例えば，危機的な状況にあり，一般的にはリストラが必要だと考えられるような場面において，作業時間の短縮や，役員報酬のカットを行なうことによって，従業員の解雇を回避した会社があったとしよう。するとその会社では，リーダーは従業員を家族のように大切にするという価値観を持っているとメンバーに知覚され，社員どうしの関係性を重視するといった組織文化が浸透する。リーダーはこういった行動を通して直接的に組織のなかで求められる価値観をメンバーに伝えていく。そして，これによって組織文化は浸透，維持される。このように組織文化の浸透，維持においてもリーダーの役割が重要となるのである。

250

2.3.3 組織文化の変革

組織文化が企業に高業績をもたらすためには，外部環境と適合している必要があるため，組織のリーダーは環境の変化によって文化を変革させていかなければならない。一般的に組織の変革には溶解，移動，凍結の3段階が存在する（レヴィン，1979）。すなわち，現在の状況を溶解（既存の状況からの解放）し，新しい状況に移動し，新しい状況へ凍結（新しい状況に定着）するプロセスである。図表22-2にあるように組織文化の変革においても**解凍**，**変化**，**再凍結**といった同様のプロセスが存在する（シャイン，1989；間嶋，2007）。

組織文化の変革プロセスにおいても組織のリーダーの役割が重要であるとされている。組織文化は，メンバー間に強く共有された価値観であり，基本的で暗黙的な前提である。価値観や暗黙的前提は，メンバーの思考，行動に大きな影響を与えているため，それらの変革に際してはメンバーに不安が生まれ変革への抵抗が生じる。したがって，解凍プロセスにおいては，リーダーは変革の必要性と変革ビジョンを提示しながら，変革への抵抗をなくし，変革への方向づけを行なう必要がある。それに伴い，例えば，既存のものとは異なる価値観を持つ人物を組織に組み込むなどして，リーダーは新たな文化の芽を育てる必要がある。そして，新たな組織文化を変化プロセスや再凍結プロセスにおいて，2.3.2で説明したような方法によって新たな組織文化を組織全体に共有し，定着させていく。

■ 図表22-2　組織文化の変革プロセス

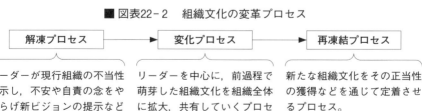

出所）　間嶋（2007），p.53をもとに筆者が作成

3 組織文化が持つ負の側面

　組織文化には，組織にとって多くの利点がある一方で，組織文化をマネジメントすることには負の側面も存在する。ここでは，そういった文化の負の側面や，組織文化マネジメントの危険性を説明する。

3.1 文化マネジメントへの批判

　組織文化をマネジメントし，組織メンバーに共通の価値観を強く共有させることが高業績の鍵であることが指摘されてから，組織文化マネジメントは学術界，実務界の両方で脚光を浴びた。しかし組織文化をコントロールし，メンバー全員に同一の価値観を植えつけようとする組織文化マネジメントや「強い文化」にはデメリットや危険性も存在する。

　例えば，強すぎる組織文化を持った企業の社員が仕事に没頭するあまり，燃え尽き症候群やうつ病を引き起こしてしまうといった事例が報告されている（クンダ，1992）。また，組織文化が強すぎるがゆえに，外部環境の変化に取り残されてしまうこともある。強い文化を持った組織では，過去に大きな成功をもたらした戦略を採用することが多く，そうした戦略が環境と不適合を起こしても，その戦略に依存し続け，業績を落としてしまうことがある。いわゆる成功体験への埋没である。

　このように強い組織文化を築くことが必ずしも組織やメンバーにとって好ましいことばかりではないことが指摘され（Alvesson & Berg, 1992），これまでとは異なったアプローチで文化をとらえようする試みがなされるようになっている。

3.2 組織文化に対する別の解釈

　従来の文化の機能に着目した研究（機能主義的組織文化論とよばれる）と，文化の逆機能や多様性に着目した研究（解釈主義的組織文化論とよばれる）との違いは，**図表22-3**のように簡潔に示すことができる。

　両者のもっとも重要な違いは，文化のとらえ方にある。文化の機能に着目した研究では，組織文化を客観的な実在物とみなし，メンバーの誰から見て

■ 図表22-3　文化の機能に着目する研究と文化の逆機能や多様性に着目する研究の比較

	機能に着目する研究 （機能主義的組織文化論）	逆機能や多様性に着目する研究 （解釈主義的組織文化論）
文化の形成・維持・浸透主体	創業経営者やリーダー	多様なメンバー
文化に対する見方	客観的で一枚岩な文化	主観的で多様な文化
研究関心	文化の機能とマネジメント	文化の生成過程や負の側面

出所）　筆者が作成

も同質で同様の効果をもたらすものとして組織文化をとらえる。

　しかしながら，文化に対する認識はメンバー各々によって異なるものである。そこで逆機能や多様性に着目した研究では，こうした認識のギャップに注目する。したがって，ある組織の文化は個々のメンバーによって主観的に解釈され，必ずしも一枚岩であるとは限らないようにとらえられる。

　また，研究関心は，文化の機能に着目した研究が，高業績をもたらす文化を作り出すためのマネジメント手法の解明にあるのに対し，逆機能や多様性に着目した研究は，文化の生成過程や負の側面に関心がある。

3.3　文化の負の側面や多様性

　例えばクンダ（1992）が調査したテックという企業は，当時世間から組織文化のマネジメントに成功し，高業績を上げていると評されていた。しかし，その成功の裏には組織文化マネジメントの闇や危険性が潜んでいたのである。

　その企業では，例えば，「I ♥ TEC！」と書かれたステッカー，社長による「我らは１つ」というスピーチ，会社の掲示板に掲げられた「利益を上げろ，それを正しく行なえ」という経営理念などによって従業員に組織文化が強く植えつけられていた。これによって，テックの組織文化はメンバーを強く鼓舞し，強い忠誠心を持つ社員を多くつくり出していた。しかしながら，その一方で，彼らのなかには燃え尽き症候群やうつ病に陥り，自殺に追い込まれる者も少なくはなかったのである。さらに，派遣社員のように周辺的なメンバーが強い疎外感を覚えているという現状があることも明らかになった。

　また，Smircich（1983）は，組織文化には多様なメンバーによって形成さ

れていく側面もあるということを指摘した。メンバーがリーダーの行動や会社の儀式，スローガンなどを解釈することによって組織文化が形成，維持されていくこともあるのである。この研究では，組織文化はメンバーの解釈を通して構成され，組織文化をもとに組織的儀式などを解釈することを通して，もとの組織文化を維持しているということが明らかになった。このように，組織文化は必ずしも1人のリーダーによって作られるのではなく，組織メンバーによる解釈と相互作用の結果として生まれることもある。

まとめ

　共有された価値観や信念である組織文化は主にリーダーによって創られ，マネジメントされるものである。その意味で，組織のリーダーは組織の文化的側面にも配慮していく必要がある。しかし組織文化マネジメントには，良い側面が存在するのと同時に負の側面も存在することや，組織のメンバーによって形成されていく側面があることも理解しなければならない。このように複眼的な視点を養うことが世の中の現象を理解する上で欠かせないことであり，より良いマネジメントを可能とする上でも非常に重要である。

さらに学習したい人への推薦図書

① シャイン，E. 著（1989），清水紀彦・浜田幸雄訳（1983）『組織文化とリーダーシップ』ダイヤモンド社（訳本の原著は2010年版）。
② クンダ，G. 著（1992），金井壽宏監訳（2005）『洗脳するマネジメント―企業文化を操作せよ』日経BP社。
③ 高橋正泰（1998）『組織シンボリズム―メタファーの組織論（増補版）』同文舘出版。

　①ではリーダーはどのようにして組織文化をマネジメントできるかが説明されている。②は組織文化マネジメントの負の側面を指摘した研究書である。そして，③は組織文化の研究全体を深く学ぶのに適した文献である。

エピローグ

マネジメントの新たな挑戦

　本書では，組織（マクロ）と個人（ミクロ）の複眼的視点をもって経営に携わる必要性や重要性について説いてきた。その際，様々な視座や理論を用いて，経営における因果関係が説明されてきたことだろう。こうした経営現象を説明するための視座や理論は，その時代時代に共有されているパラダイムから大きな影響を受けている。

　そこで，経営学がどのように成長・発展してきたか，その背景にはいかなるパラダイムが共有されていたのか，それらの軌跡をたどることで，本書を締めくくることにしよう。

1　経営学とパラダイム

　ある一定期間研究者たちによって共有されている価値や規範のことを**パラダイム**（paradigm）とよぶ。クーン（1962）は，科学の妥当性や正当性が，このパラダイムに大きな影響を及ぼされることを主張した。自然科学に比べ普遍的な解を導き出すのが難しい社会科学，そのなかでも経済学や社会学に比べて歴史の浅い経営学は，様々な研究分野で研究者たちが時代を超えて同じ理論やモデルを必ずしも共有しているわけではない。そのため，その時代ごとのパラダイムの影響を色濃く受ける学問分野である。

　経営学が時代とともにパラダイムの影響を強く受けながら成長・発展してきたことから，パラダイムによって経営学の歴史的変遷をいくつかの時代に分けて説明する場合がある。例えば，クラシカル（1900〜），モダン（1950〜），シンボリック解釈的（1980〜），ポストモダン（1990〜）という4つに分類する研究者（Hatch, 1997）もいれば，プレモダン（1900〜1950），モダン（1950〜2000），ポストモダン（2000〜）と3つに区分する研究者（遠田，2001）もいる。

　これらの時代区分から考えると，現代の経営学はポストモダンとよばれる

255

区分にあたるが，その価値観が現在の主流であるとはいえない。いつの時代もパラダイムとして定着するには学問的にも実践的にも時間を要するからである。実際本書では，主にモダンという時代の経営学を扱っている。しかしながら，ポストモダンが経営学に及ぼした影響は大きい。

　ポストモダンとは，1960〜70年代にかけて哲学や社会学の領域から生まれたある種の思想で，モダンで培われてきたパラダイムからの転換を志向する一連の研究動向をさす。より具体的には，文化や制度などのマクロな構造によって人々のミクロな行為は常に支配されると仮定される構造主義，あるいは目的合理的な組織，制度や規則の設計を探求する機能主義が，モダンまでは支配的であった。こうしたモダンまでのパラダイムから脱却するための方法論や理論の構築を模索する動きが，ポストモダンである。

　ポストモダンという言葉自体は，モダン建築に対する批判として建築学者チャールズ・ジェンクスによって提唱されたものである。モダン建築では，極力無駄を排除し機能合理性を追求してきたが，その結果，建築物や街並みがどこか無機質で味気ないものになってしまった。彼は，モダン建築の反省から，建築学的には必ずしも合理性のない遊び心や癒しの空間が建築物にもっと組み込まれる必要性を，ポストモダン建築のなかで説いたのである（Hatch, 1997）。

　経営学にたぐり寄せて考えると，規則によって役割分担を明確にし，分業体制を敷きながらも中央集権的に統制しようとするモダンマネジメントに対する実践的かつ学問的なチャレンジであった。実際，規則や分業によって組織を効率的に管理しようとする官僚的経営を行っていた当時の米国企業に対して，現場への権限委譲やエンパワーメント（第3・21章参照）により従業員の自発的・自律的な職務関与をうながすことで，70〜80年代の世界市場を席巻した日本企業は，ある意味でポストモダンマネジメントを実践していたと評されている（Clegg, 1990）。

　しかしながら，明確なタスク配分を行わずチームワークを重視する日本型経営は，一方でその団結力（グループの凝集性とよぶ。第8章参照）の強さが職場でのピアプレッシャー（同僚からの監視圧力）を作り出し，統制されている感覚が官僚制組織よりもむしろ強固である，との批判にもさらされる

（Adler, 1999；Barker, 1999）。

　同じ経営スタイルであっても，肯定的に解釈することもできれば，否定的な意味を与えることも可能である。実は，このように組織現象に対する解釈の多様性や中立性を与えようとする研究態度こそがポストモダンであり，とりわけそうした流れを組む研究の1つに，本書ではネオモダン（**図表E-1**）と呼称する時代区分のなかに位置づけられている**批判的経営研究**（Critical Management Study：以下 **CMS**）がある（アルベッソン＆ウィルモット，1992）。詳細は後で述べるが，ここで「批判的」とは単なる体制批判を指すのではなく，これまで当たり前だと思われてきた現象に対して，別の角度から新しい解釈をあてがう**内省的・反省的**（reflective）**態度**が含意されている。

　さて，本書では，経営学の歴史的変遷について読者の理解をうながすために，各時代の人間観や組織観，あるいは研究視座に関するパラダイムの相違にもとづき，図表E-1に示されているような4つの時代に分けて説明したい。もちろん，モダンとかポストモダンとかは，上述したように時代を指す概念ではなく，研究に対するスタンスである[1]。また，厳密にいえばパラダイムを4つの時代に区分することについては，議論の余地も多いだろう。しかしながら，これから経営学を学ぼうとする初学者に雑駁な経営学の軌跡を

■ 図表E-1　経営学の4つの時代区分と特徴

	プレモダン （1900s ～）	モダン （1930s ～）	ポストモダン （1970s ～）	ネオモダン （1990s ～）
人間観	経済人	社会人	認識人	内省人
組織観	クローズド	オープン	インビジブル	ポリティカル
主な研究関心	労働者や管理者の行動の最適化	外部環境の分析と合理的な意思決定	不可視で非決定論的な要因の解明	ミクロとマクロの相互影響関係
特徴的な研究	科学的管理，人間関係論，管理過程論，など	組織均衡論，意思決定論，コンティンジェンシー理論など	組織文化，組織シンボリズム，組織認識論，組織変革など	複雑系，組織進化論，CMS，組織ディスコースなど

出所）　Boje（1995）；Hatch（1997）；遠田（2001）；岩内ら（2005）をもとに筆者が作成

1　モダニズムやポストモダニズムを「思想」，モダンやポストモダンを「時代」をさす言葉として用いる場合もあるが，本書では思想を含めた研究態度とする。

把握してもらうために，ここではあえて4つの段階に分けて考えてみよう。

人間観，組織観，主な研究関心，あるいは各時代の象徴する理論やキーワードの違いによって，1900年代以降を「プレモダン」，1930年代以降を「モダン」，1970年代以降を「ポストモダン」，最後に1990年代以降を「ネオモダン」とここではよぶことする。それぞれみていこう。

2　経営学の創生期を築いたプレモダン

経営学のルーツについては諸説あるが，1895年に「A Piece-Rate System」，1903年には「Shop Management」と題する論文を発表し，それらを体系的にまとめて1911年に出版された『Principles of Scientific Management（科学的管理法）』の著者テイラーによる一連の研究成果が，一般的に経営学の創生期を築いたとされている。

彼が科学的管理法（第1章参照）によって19世紀末のアメリカの工場現場で蔓延していた労働者たちの職務怠慢にメスを入れていた頃，フランスの鉱山会社の社長を30年にも及ぶ長期政権で君臨し，1916年に『Administration Industrielle et Générale（産業ならびに一般の管理）』を記したファヨールもまた，当時フランスの重厚長大な基幹産業において各社が大規模化していくなか，管理者の具備すべき原則と教育のあり方を模索していた（第12章参照）。

さらに，テイラーの科学的管理法が広く導入されるようになった後，ハーバード大学のメイヨー（1933）やレスリスバーガー（1941）らによって，労働者に対する新しい管理方法が，産学連携による大々的な実験を通じて模索された（第2章参照）。1924～32年にかけて行なわれたホーソン実験とよばれる彼らの研究は，その後モチベーション（第3・4章参照）やグループプロセス（第7・8章参照）などの研究へと発展していく。

プレモダンという時代の経営学の第1の特徴は，組織の内部の経営資源，とりわけ労働者や管理者などの「人」に着目した研究が主流であったことが指摘できる。第2の特徴として，組織を経営する際，内部の経営資源を効率的に管理さえしていればよい，という価値観が支配的であった。こうした組織観をクローズドシステム（第11章参照）とよぶ。しかしながら，いうまで

もなく，顧客やライバル会社など，組織の外部との関係性を抜きに経営はあり得ない。開かれた組織として経営を行なうべきだとするパラダイムは，次のモダンという時代を待つことになる。

3　外部環境を意識し出したモダン

　近代組織論の父と称されるバーナードは，21年にもわたるニュージャージーベル電話会社の社長の経験を踏まえ，組織の一般理論として1938年に『The Function of the Executive（経営者の役割)』を世に出した。同書のなかで彼は，組織を取り巻く様々な利害関係者による貢献と，それを引き出す誘因とのバランスによって組織が成立すると主張した（第10章参照)。バーナードの誘因と貢献の交換を通じた組織均衡の概念を，意思決定に焦点をあてながらさらに発展させたサイモンは，1947年の主著『Administrative Behavior（経営行動)』で，またサイモンと共同で1958年に『Organizations（オーガニゼーションズ)』を記したマーチも，多様な利害関係者からなる多層的で多元的な組織観を共有していた（第10章参照)。

　1930〜50年代に活躍したこれら米国の経営学者たちに加え，組織と環境との相互影響関係，とりわけ環境要因と組織の経営スタイルとの因果関係を究明しようとする研究が，英国の研究者たち，例えばバーンズ＆ストーカーやウッドワードによって取り組まれ，ローレンス＆ローシュのような米国研究者にも継承されていく（第11章参照)。主に60年代に開花するこれら一連の研究は，コンティンジェンシー理論（contingency theory：状況適合理論や環境適応理論ともよばれる）とよばれ，組織均衡論や意思決定論に次いで，経営学の新しい時代を切り開いていった。さらに，こうした研究動向は，外部環境の分析を通じて経営に関する合理的な意思決定を行なう経営戦略の考え方へと発展していく。

　モダンという時代の経営学において象徴的な出来事は，いうまでもなく，先述した組織の外部環境を経営する際の重要な変数として取り込んだこと，つまりオープンシステム（第11章参照）としての組織観を共有したことにある。また，プレモダンの経営学までは，どの組織にも通用するような経営のベストプラクティスを探求していたが，よく考えてみるとその組織が直面す

る状況によって最善とされる経営は異なるものである。普遍的な唯一最善の方法（one best way）の追求から，個々の組織にとってより善い方法（better way）は異なることを前提とした経営の方策や命題の導出へとパラダイム転換したことも，モダンの経営学を特徴づけるものである。加えて，プレモダンの経営学が主に現場の従業員各々の目線，すなわち個人の視点に拠って経営のあり方を模索していたが，モダンの経営学では，経営者や管理者など，組織の運営する側の視点，すなわち組織の視点から経営を眺めるようになってきた点も見逃せない。

バーナードを始祖としたモダンマネジメントの旗手たちは，競争相手となる他社の動向を観察し，顧客や株主など種々の利害関係者（第18章参照）の声に耳を傾けるオープンシステムとしての組織観，ケースバイケースによって最善とされる経営が異なる経営学の相対性，あるいは個人と組織の複眼的視点の導入など，今でこそ当たり前とされるが，プレモダンマネジメントに対してエポックメイキングなパラダイムを構築し，経営学をより科学的に仕立て上げようとした。それゆえ，モダン（近代的）だったのである。

4　不可視な現象を扱い出したポストモダン

モダンの経営学は，プレモダンのそれと一線を画し，経営学の大きな飛躍を遂げるものであったが，いくつかの批判にさらされるようにもなる（加護野，1988）。

例えば，売上高やマーケットシェアを組織の成果として主に測定していたが，好業績だけれども離職率の高い企業，今時の言葉を借りていえばブラック企業が存在するので，そのような狭小な指標だけで組織成果を測ることが疑問視されるようになる。

また，環境の客観的な分析に対して懐疑的な声があがった。スマートフォンの普及がデジカメの販売数に影響を及ぼしている例からも明らかなように，一見すると直接的な競争相手ではない企業や産業がその企業の売上高やマーケットシェアに間接的に影響を及ぼすことが間々ある。したがって，環境要因をもう少し丁寧に測定する必要性が提起された。

さらに，経営環境と経営スタイルとの因果関係が明らかにされ，環境に適

合した経営スタイルに舵取りしたとしても，従業員がこれまでの仕事のやり方からなかなか抜け出せず，従来の行動パターンを引きずってしまうのはよくあることだ。こうした**組織の慣性力**（organizational inertia）が組織変革の妨げになるのだが，コンティンジェンシー理論はこの問題に対する解決の糸口を何ら提示してはくれない，と批判されるようにもなった。

　モダンの経営学，とりわけコンティンジェンシー理論の過度な環境決定論的志向への反省から，組織内部の様々な変数に再びスポットライトがあてられるようになる。それは，単にプレモダンのような研究スタンスへの回帰ではなく，組織における非合理的・非決定論的な現象，したがって比較的目にみえづらい組織の因果関係を解明しようとする研究への取組みである。だからこそ，組織現象を認識や解釈のレベルで分析する必要性が出てきた（Hatch, 1997；遠田, 2001）。この視座が，ポストモダンの支柱となる。

　サイモンの主張した合理的な意思決定過程を批判し，非合理的な意思決定モデルを提唱したCohenら（1972）のゴミ箱モデル（第10章参照），組織を解釈システムとしてとらえ，組織メンバーの認識過程に着目したワイク（1979）や加護野（1988）の認識論的組織論は，経営学に解釈や認識の重要性を持ち込んだ萌芽的研究として位置づけられる。また，これらの視座をより積極的に採用すべき研究領域として，組織文化（第22章参照），組織学習（第21章参照），組織変革（第20章参照）などの諸研究が生起したのもこの時代の特徴である[2]。

5　個人・組織・社会の相互作用に注目し出したネオモダン

　ポストモダンの経営学は，今もなお経営学に大きな影響を及ぼし続けているパラダイムであり，近年の経営学の新しい動向も，その源流の多くはポストモダンから派生している。しかしながら，ポストモダンを標榜する初期の

2　組織文化，組織学習や組織変革に関する研究は，当初その機能性や機能的なマネジメントの介入を解明することから研究がスタートしている。その意味でモダンという時代区分に位置づけられる場合もある。しかしながら，不可視で非決定論的な特徴を有するがゆえに，機能主義的な研究に対する批判が起こり，その代替として，解釈主義的組織文化論（第22章参照），状況的学習論（レイヴ＆ウェンガー, 1991）やアプリシエイティブ・イクワイアリー（Cooperrider & Srivastva, 1987）などの解釈主義や社会構成主義の立場から分析すべき必要性が後に提唱されている。それゆえ，ここではポストモダンの範疇に入れている。

経営学がそうであったように，組織現象に対する認識や解釈の側面を強調するあまり，世の中に存在するすべてのものが，それらを構成する人々によって主観的に構築されたものに過ぎず，したがって客観的世界があたかも存在しないかのような主張に対して懐疑的な研究者が立ち現れてくる。そのような研究者は，客観的に実在する世界（構造）と主観的に意味づけられる世界（行為）との相互関係に焦点をあてる。

　例えば，先述したCMSのなかでも，とりわけ批判的実在論（critical realism)[3]の立場をとる研究者たち（例えばReed, 2009）はこの立場を主張する。このように，組織におけるマクロ（構造）とミクロ（行為）の連動過程（ミクロ・マクロ・リンク）にとくに関心を示す研究視座を，先述したようにポストモダンという言葉を生んだ建築学の領域から拝借して，ネオモダン[4]と称し，本書では別のパラダイムとして位置づけたい。

　もちろん，ポストモダンの経営学に上記のような研究関心を抱いた研究者が存在しなかったわけではない。社会学者ではあるが，経営学とりわけ経営組織論に多大な影響をもたらしたギデンズ（1979）の構造化理論やブルデュー（1987）のハビトゥス概念は，ミクロ・マクロ・リンクの解明に取り組もうとした金字塔的研究として位置づけされる。しかし，彼らのモデルを援用しながら，ミクロ・マクロ・リンクをより精緻化したモデル，あるいはより強く意図したモデルが提示されるようになったのは事実である。また，そもそもミクロとマクロの二分法的な理解を否定する論理やそのための方法論が提示されるようにもなっている。これらの事実から，ネオモダンという時代区分をあえて設けることにした。

　DeSanctis & Poole（1994）の適応的構造化理論，オルドリッジ（1999）の組織進化論，アクセルロッド＆コーエン（1999）の複雑系組織論，行為者の内省性に着目しながらも構造の持つ権力性をあばこうとするCMSの双璧

3　批判的実在論は，社会学の領域でバスカー（1979）やアーチャー（1995）によって提起された考え方で，Reedはその方法論的立場を経営学研究に導入しようと試みている。

4　建築学では，ポストモダンに代替される考え方を，オルタナティブモダンともよぶようである（五十嵐, 2005）。ここでネオモダンというラベルをあてがった理由は，モダンと完全に対極をなすのではなく，モダンで培われた考えの一部分は生かしながら，発展的に考える姿勢が同用語にはあったからである。

ウィルモット＆アルベッソン（1992）の批判的経営研究，さらには制度に埋め込まれた行為者（agency）に主体性を見出そうとする制度的企業家に関する研究（例えばGreenwood & Suddaby, 2006）などが，そうしたミクロ・マクロ・リンクモデルの構築に関する新たな試みとして注目されている。

　一方，ミクロ・マクロの二分法を想定しないモデルやその方法論の勃興も，ネオモダンの研究動向として注目に値する。そうしたタイプの研究として，ラトゥール（1987）やCallon（1987）によって想起されたアクターネットワーク理論（Actor Network Theory：ANT）を経営研究に応用した諸研究（例えば経営戦略や技術開発など），グラントら（2004）の**組織ディスコース**（discourse：言説）に関する一連の研究を指摘することができる。

　二分法的なミクロとマクロを前提にしないとは，組織ディスコース研究者の次のような組織観にみてとることができる。すなわち，組織とは，「メンバーの発するディスコースによって構築されると同時に，ディスコース自体もまたメンバーによって組織的に構築される」（Mumby & Clair, 1997）ものである。

　例えば，あるサークルでは，「乾杯」と発声することが「一気飲み」と同義であり，そのサークルの飲み会での慣習を作り上げていたとしよう。このケースで，「乾杯」を「一気飲み」という意味と結びつけるために，「それ一気，一気，一気」のようなコールを乾杯後しきりに発したり，一気をしなかったメンバーに対して「ノリが悪いなぁ」と暗に「一気飲み」をうながすような発言をすることが，組織はディスコースによって構築される側面である。

　一方，こうした発言は，同じサークルの「仲間でありたい」と強く思うメンバーが多ければ多いほど，集団的に行なわれる。学年ごとや役職ごとにコールを担当する人，場の雰囲気を盛り上げるためにお酒を飲み干した後，「○×サークルばんざーい」のような声を発する人など，事前に根回しをして個々の役割を持ちながら行なわれることだってあるかもしれない。これこそが，ディスコースもまた，組織的に作り上げられる側面である。

　つまり，「組織がディスコースによって構築される」とは，メンバーの発するディスコースによって慣習や文化などの構造が作り上げられると同時に，

263

「ディスコースが組織的に構築される」とは，そうした構造がメンバーの組織に対する愛着心やアイデンティティを醸成し，そのことが構造を維持したり変容させるための行為として，ディスコースを組織的に作り上げていく統制機能を持つのである。

なお，構造がメンバーを支配するある種のパワーとして機能してしまう場合がある。先のケースでいえば，メンバーの意図や思惑によって政治的に構造を意味づけるため，ディスコースが巧みに利用されることで，お酒を飲めない人にも一気飲みを強要することが正当化されてしまう。こうした，権力装置として作用する構造をディスコースに着目して明るみにしようとする研究方法の1つに，批判的ディスコース分析がある（フェアクロー, 2001）。

このように，組織ディスコース研究は，ディスコースを介して，メンバー個々の行為が組織的文脈に埋め込まれていると同時に，組織的文脈もメンバーの行為によって構成されることを想定しているので，ミクロとマクロの二分法的な把握はしない。組織が行為者たちによって恣意的に構築される政治的な場として見なされ，したがって組織の現場で起こっている行為実践をつぶさに観察しようとする研究方法論を採用する研究者コミュニティは，社会構成主義（social constructivism）とよばれる。

ネオモダンの特徴は，こうして，主観的世界と客観的世界との連動過程の探求，ミクロ・マクロ・リンクあるいはそれに代わる行為と構造との相互作用を説明するモデルの構築，行為者が使用する日常の言語に着目し，経営の現場で実際に何かが起こっているかを究明しようとする実践論的研究への転回が，相対的にポストモダンの経営学よりも際だった特徴となる。

最後にネオモダンのもう1つの重要な特徴を指摘しておこう。それは，ステイクホルダー・センシティビティの高い経営学を探究することにある。もちろん，経営学は組織を効率的に運営するための学問である（プロローグ参照）。したがって，組織のための学問（モダンパラダイムが未だ支配的）であるという事実は依然として変わらない。しかし，長期的な組織の存続を考えた場合，多様なステイクホルダーを無視することができなくなっているのもまた事実である（第18章参照）。組織ディスコース研究の鍵概念の1つに，ステイクホルダーの多声性（polyphony）や複声性（plurivocality）がある

（グラントら，2004）。経営学は，組織から，個人や社会などの多様なステイクホルダーのために，彼女・彼らの声にようやく耳を傾け出したようである。

6　まとめ

　経営学の歴史的な変遷を「プレモダン」，「モダン」，「ポストモダン」，「ネオモダン」という4つの時代に分けて眺めてきた。そして，各時代で主にフォーカスされた経営現象は，パラダイムに大きな影響を及ぼされていた。本書の最後で経営学の歴史的な発展の軌跡について触れたのには理由がある。それは，本書の各章で取り扱われている内容が，歴史的な背景にもとづいて展開されてきたことを理解して欲しかったからである。

　また，経営学の様々な理論を知るにつれ，読者の多くが「そんなこと当たり前じゃないか」と思うかもしれない。しかし，当たり前なことを当たり前のように実行するのは案外難しい。理屈では分かっていても実際に行動に移すのに難儀するのと同じように，理論として理解できても，それを実際の経営現場で実践できるようになるためには，それなりの歴史的な時差が生じる。経営学の歴史を紐解く意義は，そうした時間軸のなかで，人や組織が成熟しないと経営に対する哲学，すなわち経営学もまた成熟しないことを感得してもらうことにある。

　「温故知新」。「古きを知って新しきを知ること」の重要性を説いたこの故事成語は，「理論を知ってより深く経営実践を理解すること」へと変換できるだろう。そして，経営学とは，理解するだけではなく，実践することではじめて身につくものである。

　本書が，経営を理解し，実践する勇気を湧かせる一助になれば幸いである。

さらに学習したい人への推薦図書

① 　オルドリッチ，H. E. 著（1999），若林直樹ら訳（2007）『組織進化論―企業のライフサイクルを探る』東洋経済新報社。
② 　遠田雄志（2001）『ポストモダン経営学』文眞堂。
③ 　グラント，D., ハーディ，C., オズウィック，C., & プットナム，L. 著（2004），高橋正泰・清宮徹編訳（2012）『ハンドブック組織ディスコース研究』同文舘出版。
④ 　クーン，T. S. 著（1962），中山茂訳（1971）『科学革命の構造』みすず書房。
⑤ 　ワイク，K. E. 著（1979），遠田雄志訳（1997）『組織化の社会心理学』文眞堂。

①はミクロ・マクロ・リンクを進化論というフレームワークから体系的に眺めている意欲作，⑤はその進化論を組織が形成されるプロセスに当てはめて考察された難解だけれども一読の価値がある名作，④はパラダイムという概念を提起した科学哲学者による書で，研究者を目指す人は一読したい。③はかなり学際的なアプローチだけれども，ネオモダンの一端を担う研究方法を，②は経営学の歴史的な変遷を平易な文章で分かりやすく説明している良書である。

あとがき

　大学の良いところは，講義内容の自由裁量権が教員にあり，定番の内容を押さえつつ，自分の研究成果を踏まえた持論を学生たちに教授できるところにあります。こうした講義内容の多様性が，学生たちの視野を広げ，社会で様々な問題を解決するための知識の引き出しを作り出すものです。

　しかしながら，多様性という大義名分の下で各者各様に講義が展開されると，本来なら学生たちに共有されていなければならない基礎的な知識が，偏りを持って伝えられてしまう危険性もあります。3年次以降の専門科目ならまだしも，2年次までの基礎科目でこのような事態が起こるのは，必ずしも良くはないはずです。基礎的な知的体力が備わっていない人が，専門的な知識を摂取することは，消化不良を招くようなものだからです。

　このような問題意識を共有した経営管理総論の担当者が，長年の構想を経て，共通テキストを作ろうと本格的にプロジェクトを稼働させたのは，2014年の初頭でした。プロジェクトが進行する過程で，実に多くの紆余曲折がありました。スケジュール通りに原稿が書き上がらないことはもちろん，書き上がった原稿を執筆者全員で査読し，1日中かけて相互にコメントし合う読み合わせ会を幾度となく行なうなかで，大きなコンフリクト（軋轢や葛藤）にも直面しました。大学教員は，専門分野の学術論文を書くことには長けているかもしれませんが，初学者が読んでも分かりやすい平易な文章を書くことには不得手である場合が少なくありません。実際，こうした側面が，相互に査読する過程で露呈し，数々のコンフリクトを引き起こしました。

　実は，上記のわれわれ執筆者間のコンフリクトは，本書のエッセンスである「個人と組織の複眼的視点」に常に潜んでいるジレンマに起因していました。一個人としては，盛りだくさんの内容を，しかも自分の専門領域にたぐり寄せてマニアックに書きたいという欲求に駆られる一方で，紙幅に限りがあるなか，初学者が一読して理解できる平易な内容にするためには，おのずと執筆項目の選択と集中を余儀なくされます。前者が個人，後者が組織の視点にそれぞれ該当します。人はこだわりを持ってやり遂げたことを，周囲の

267

意見によってそう易々と変えようとはしません。言い換えれば，個人の視点で貫いた信念を，組織の視点でねじ曲げられることを嫌うものです。こうした個人と組織の視点のぶつかり合いが，執筆者間のコンフリクトを生み出していったのです。では，これらのコンフリクトは，いかにして収束していったと思われますか。個人と組織の視点を統合する努力が，どのようになされたと考えますか，と言い換えることもできます。

　そのヒントは，実は「はしがき」に書かれています。そう，とかく相反する個人と組織の視点を意識的に融合するためには，ビジョンを共有することが不可欠でした。本プロジェクトで言えば，それは「実務経験の乏しい学生に，リアリティをもってマネジメントを理解してもらうための教科書を書こう」ということに他なりません。自信を持って書き上げた原稿が，読み合わせ会で他人から切り刻まれるたびに，プライドもまた切り刻まれ，コンフリクトが深まる場面も多々ありました。しかし，このビジョンを何度も確認し合い，それがしっかりと共有され始めると，エゴという名の個人の視点は次第に消え失せていきました。そして，他の仲間の文章に躊躇なく注文がつけられるような相互信頼も形成されていったのです。われわれにとってそれは，バーナードの組織成立の要件を，改めて再確認できる貴重な経験でした。

　本書を出版するにあたり，多くの方々のご協力やご支援を賜りました。同じ職場の教員には，本書の原稿を読んでもらい，たくさんの有益なコメントを頂戴しました。また，学生にとって分かりやすい文章を書くために，執筆者のゼミ生にも読んでもらい，感想をもらいました。職員スタッフの方々には，休日にも行われた様々なミーティング会場の確保にとどまらず，常日頃からお世話になりっぱなしです。紙幅に限りがあり個別にお名前を出すことはできませんが，この場を借りて厚く御礼申し上げます。

　最後に，読み合わせ会や校正会議などで，著者たちを忍耐強く叱咤激励していただいた中央経済社の納見伸之氏にあらためて深く感謝を申し上げます。

2015年3月

春の息吹が感じられる升形山の頂にて

著者一同

参考文献
（アルファベット順）

アベグレン，J. C. & ボストン・コンサルティング・グループ（1977）『ポートフォリオ戦略―再成長への挑戦』プレジデント社。

エーベル，D. F. 著（1980），石井淳蔵訳（2012）『［新訳］事業の定義―戦略計画策定の出発点』碩学舎。

エーベル，D. F. & ハモンド，J. S. 著（1979），片岡一郎ら訳（1982）『戦略市場計画』ダイヤモンド社。

Adams, J. S. (1965), Inequity in Social Exchange, *Advances in Experimental Social Psychology,* 2, pp. 267-292.

Adler, P. S. (1999), Hybridization: Human Resource Management at Two Toyota Transplants. In Liker, J. K., Fruin, W. M. & Adler, P. S. (eds), *Remade in America: Transplanting and Transforming Japanese Management Systems,* Oxford University Press, pp. 75-116.

Albanese, R. & Van Fleet, D. D. (1985), Rational Behavior in Groups: The Free-riding Tendency, *Academy of Management Review,* 10(3), pp. 244-255.

Alderfer, C. P. (1972), *Existence, Relatedness, and Growth: Human Needs in Organizational Settings,* Free Press.

オルドリッチ，H. E. 著（1999），若林直樹ら訳（2007）『組織進化論―企業のライフサイクルを探る』東洋経済新報社。

アリソン，G. T. 著（1971），宮里政玄訳（1977）『決定の本質―キューバ・ミサイル危機の分析』中央公論新社。

アロンソン，E. 著（1992），古畑和孝監訳（1994）『ザ・ソーシャル・アニマル（第6版）』サイエンス社。

Alvesson, M. & Berg, P. O. (1992), *Corporate Culture and Organizational Symbolism,* Walter de Gruyter.

Alvesson, M. & Willmott, H. (1992), On the Idea of Emancipation in Management and Organization Studies, *Academy of Management Review,* 17(3), pp. 432-464.

アルベッソン，M. & ウィルモット，H. 著（1992），CMS 研究会訳（2001）『経営と社会―批判的経営研究』同友館。

Anand, V., Ashforth, B. E., & Joshi, M. (2004), Business as Usual: The Acceptance and Perpetuation of Corruption in Organizations, *Academy of Management Executive,* 18(2), pp.39-53.

安藤史江（2001）『組織学習と組織内地図』白桃書房。

アンゾフ，H. I. 著（1965），広田寿亮訳（1985）『企業戦略論』産業能率大学出版部。

アンゾフ，H. I. 著（1979），田中英之ら訳（2007）『アンゾフ戦略経営論』中央経済社。

アンゾフ，H. I. 著（1988），中村元一・黒田哲彦訳（1990）『最新・戦略経営』産能大学出版部。

アンソニー，R. N. 著（1965），高橋吉之助訳（1968）『経営管理システムの基礎』ダイヤモンド社。

Anthony, R. N. & Govindarajan, V. (2007), *Management Control Systems* (12th ed.), McGraw-Hill Irwin.

青木幹喜（2006）『エンパワーメント経営』中央経済社。

アーチャー，M. S. 著（1995），佐藤春吉訳（2007）『実在論的社会理論―形態生成論アプローチ』青木書店。

Argyris, C. (1976), Single-Loop and Double-Loop Models in Research on Decision Making, *Administrative Science Quarterly,* 21(3), pp. 363-375.

アージリス，C. 著（1977），有賀裕子訳（2007）「「ダブル・ループ学習」とは何か」『DIAMOND ハーバード・ビジネス・レビュー』4月号，pp. 100-113。

Argyris, C. (1991), Teaching Smart People How to Learn, *Harvard Business Review*, 16(3), pp. 99-109.

Argyris, C. (1994), Good Communication that Blocks Learning, *Harvard Business Review*, 19 (4), pp. 77-85.

Argyris, C. & Schön, D. (1978), *Organizational Learning: A Theory of Action Perspective*, Addison-Wesley.

アーサー，W. B. 著（2009），有賀裕二監修，日暮雅通訳（2011）『テクノロジーとイノベーション』みすず書房。

Asch, S. E. (1951), Effects of Group Pressures upon the Modification and Distortion of Judgment, In Guetzkow, H. (ed) (1963), *Group, Leadership, and Men,* Russell, pp. 177-190.

アシュビー，W. R. 著（1956），篠崎武ら訳（1967）『サイバネティックス入門』宇野書店。

アクセルロッド，R. & コーエン，M. D. 著（1999），高木晴夫監訳（2003）『複雑系組織論―多様性・相互作用・淘汰のメカニズム』ダイヤモンド社。

東俊之（2005）「変革型リーダーシップ論の問題点―新たな組織変革行動論へ向けて」『京都マネジメントレビュー』第8巻，pp. 125-144。

馬場杉夫（2005）『個の主体性尊重のマネジメント』白桃書房。

馬場杉夫（2007）「戦略経営に関する事例研究(1)―グンゼ株式会社とユニチカ株式会社」『専修経営学論集』第85号，pp. 1 -14。

馬場杉夫（2009）「戦略経営に関する事例研究(2)―江崎グリコ株式会社，小林製薬株式会社，株式会社パイロットコーポレーション」『専修経営学論集』第89号，pp. 1 -24。

馬場杉夫（2011）「戦略経営に関する事例研究(3)―ライオン株式会社」『専修経営学論集』第92号，pp. 1 - 8 。

馬場杉夫（2012）「戦略経営に関する事例研究(4)―TOTO 株式会社」『専修経営学論集』第95号，pp. 1 - 8 。

バンデューラ，A. 著（1995），本明寛・野口京子訳（1997）『激動社会の自己効力』金子書房。

Banta, M. (1993), *Taylored Lives : Narrative Productions in the Age of Taylor, Veblen, and Ford,* University of Chicago Press.

Barker, J. R. (1999), *The Discipline of Team Work: Participation and Concertive Control,* Thousand Oaks, SAGE Publications.

バーナード，C. I. 著（1938），山本安次郎訳（1968）『経営者の役割』ダイヤモンド社。

バーニー，J. B. 著（1997），岡田正大訳（2003）『企業戦略論—競争優位の構築と持続（上・中・下）』ダイヤモンド社（訳本の原著は2002年版）。

Bass, B. M.（2008），*The Bass Handbook of Leadership : Theory, Research, and Managerial Applications*（4th ed.），Free Press.

バーリー，A. C. & ミーンズ，G. C. 著（1932），森杲訳（2014）『現代株式会社と私有財産』北海道大学出版会（訳本の原著は2009年版）。

バスカー，R. 著（1979），式部信訳（2006）『自然主義の可能性』晃洋書房。

ブレイク，R. R. & ムートン，J. S. 著（1964），田中敏夫・小見山澄子訳（1979）『新 期待される管理者像』産業能率大学出版部（訳本の原著は1978年版）。

ハメル，G. & ドーズ，Y. L. 著（1998），志太勤一ら訳（2001）『競争優位のアライアンス—スピードと価値創造のパートナーシップ—』ダイヤモンド社。

Bligh, M. C., Kohles, J. C. & Pillai, R.（2011），Romancing Leadership: Past, Present, and Future, *The Leadership Quarterly*, 22(6), pp. 1058-1077.

ブロック，Z. & マクミラン，I. C. 著（1993），社内起業研究会訳（1994）『コーポレート・ベンチャリング』ダイヤモンド社。

Boje, D. M.（1995），Stories of the Storytelling Organization: A Postmodern Analysis of Disney as TAMARA-LAND, *Academy of Management Journal*, 38(4), pp. 997-1035.

Boschee, J.（1995），Social Entrepreneurship: Some Non-profits are not only Thinking about the Unthinkable, They're Doing it - Running a Profit, *Across the Board*, 32(3), pp. 20-25.

ブレイヴァマン，H. 著(1974)，富沢賢治訳(1978)『労働と独占資本—20世紀における労働の衰退』岩波書店。

ブラウン，R. 著（1988），黒川正流ら訳（1993）『グループ・プロセス—集団内行動と集団間行動』北大路書房。

Burgelman, R. A.（1983），A Process Model of Internal Corporate Venturing in the Diversified Major Firm, *Administrative Science Quarterly*, 28(2), pp. 223-244.

バーゲルマン，R. A. 著（2002），石橋善一郎・宇田理監訳（2006）『インテルの戦略』ダイヤモンド社。

バーゲルマン，R. A. & セイルズ，L. R. 著（1986），小林肇監訳（1987）『企業内イノベーション—社内ベンチャー成功への戦略組織化と管理技法』ソーテック社。

Burns, T. & Stalker, G. M.（1961），*The Management of Innovation*, Oxford University Press.

Callon, M.（1987），Society in the Making: The Study of Technology as a Tool for Sociological Analysis. In Bijker, W., Hughes, T. P. & Pinch, T.（eds）*The Social Construction of Technological Systems*, MIT Press, pp. 83-103.

Carey, A.（1967），The Hawthorne Studies: A Radical Criticism, *American Sociological Review*, 32(3), pp. 403-416.

Carroll, A. B. & Buchholtz, A. K.（2014），*Business & Society : Ethics, Sustainability, and Stakeholder Management*, Cengage Learning.

チャンドラー，A. D. Jr. 著（1962），有賀裕子訳（2004）『組織は戦略に従う』ダイヤモンド社。

チャンドラー，A. D. Jr. 著（1990），阿部悦生ら訳（1993）『スケール・アンド・スコープ—経

271

営力発展の国際比較』有斐閣。

チェスブロー，H. 著（2003），大前恵一朗訳（2004）『ハーバード流イノベーション戦略のすべて』産業能率大学出版部。

Child, J. (1972), Organizational Structure, Environment and Performance: The Role of Strategic Choice, *Administrative Science Quarterly*, 17(2), pp. 163-177.

Cho, T. & Faerman, S. R. (2010), An Integrative Approach to Empowerment, *Public Management Review*, 12(1), pp. 33-51.

クリステンセン，C. 著（1997），伊豆原弓訳（2001）『イノベーションのジレンマ（増補改訂版）』翔泳社（訳本の原著は2000年版）。

チャルディーニ，R. B. 著（1985），社会行動研究会訳（2014）『影響力の武器―なぜ，人は動かされるのか』誠信書房（訳本の原著は2009年版）。

Clegg, S. R. (1990), *Modern Organizations: Organization Studies in the Postmodern World*, SAGE Publications.

コース，R. H. 著（1988），宮沢健一ら訳（1992）『企業・市場・法』東洋経済新報社。

Cohen, M. D., March, J. G. & Olsen, J. P. (1972), A Garbage Can Model of Organizational Choice, *Administrative Science Quarterly*, 17(1), pp. 1-25.

コーエン，M. D., マーチ，J. G. & オルセン，J. P. 著（1972），土屋守章・遠田雄志訳（1992）『あいまいマネジメント』日刊工業新聞社。

Cogliser, C. C. & Brigham, K. H. (2004), The Intersection of Leadership and Entrepreneurship: Mutual Lessons to be Learned, *The Leadership Quarterly*, 15(6), pp. 771-799.

コール，A. H. 著(1959)，中川敬一郎訳(1965)『経営と社会―企業者史学序説』ダイヤモンド社。

Collins, O. & Moore, D. G. (1970), *The Organization Makers*, Appleton.

Conger, J. A. & Kanungo, R. N. (1998), *Charismatic Leadership in Organizations*, SAGE Publications.

Cooperrider, D., & Srivastva, S. (1987), Appreciative Inquiry in Organizational Life. In Pasmore, W. A. & Woodman, R. W. (eds), *Research in Organizational Change and Development* (Vol. 1), JAI Press, pp. 3-27.

クレイナー，S. 著（2000），嶋口充輝監訳（2000）『マネジメントの世紀1901-2000』東洋経済新報社。

Cyert, R. & March, J. G. (1963), *A Behavioral Theory of the Firm*, Prentice-Hall.

Dandridge, T. C., Mitroff, I. & Joyce, W. F. (1980), Organizational Symbolism: A Topic to Expand Organizational Analysis, *Academy of Management Review*, 5(1), pp. 77-82.

ディール，T. E. & ケネディー，A. A. 著（1982），城山三郎訳（1983）『シンボリックマネジャー』新潮社。

デシ，L. D. & フラスト，R. 著(1995)，桜井茂男訳(1999)『人を伸ばす力―内発と自律のすすめ』新曜社。

Dees, G. J. (1998), Enterprising Non-profits, *Harvard Business Review*, 76(1), pp. 54-67.

デミング，W. E. 著（1993），NTT データ通信品質管理研究会訳（1996）『デミング博士の新経営システム論―産業・行政・教育のために』NTT 出版（訳本の原著は1994年版）。

272

DeSanctis, G. & Poole, M. S. (1994), Capturing the Complexity in Advanced Technology Use: Adaptive Structuration Theory, *Organization Science,* 2(2), pp. 121-147.

DIAMONDハーバード・ビジネス・レビュー編集部 (2009)『動機づける力―モチベーションの理論と実践』ダイヤモンド社。

DiMaggio, P. J. (1988), Interest and Agency in Institutional Theory, In Zucker, L. G. (ed) *Institutional Patterns and Organizations,* Ballinger, pp. 3-22.

ドラッカー, P. F. 著 (1973), 上田惇生訳 (2008)『マネジメント (上)―課題・責任・実践』ダイヤモンド社 (訳本の原著は1974年版)。

Drucker, P. F. (1976), The Coming Rediscovery of Scientific Management, *Conference Board Record,* 13(June), pp. 23-27.

ドラッカー, P. F. 著 (1985), 上田惇生訳 (2007)『イノベーションと企業家精神』ダイヤモンド社 (訳本の原著は2007年版)。

Duncan, R. (1979), What is the Right Operation Structure? Decision Tree Analysis Provides the Answer, *Organization Dynamics,* 7(3), pp. 59-80.

遠田雄志 (2001)『ポストモダン経営学』文眞堂。

Erez, M. (1977), Feedback: A Necessary Condition for the Goal Setting Performance Relationship, *Journal of Applied Psychology,* 62(5), pp. 624-627.

フェアクロー, N. 著 (2001), 貫井孝典監訳 (2008)『言語とパワー』大阪教育図書。

Fairhurst, G. T. & Grant, D. (2010), The Social Construction of Leadership: A Sailing Guide, *Management Communication Quarterly,* 24(2), pp. 171-210.

Farson, R. & Keyes, R. (2002), The Failure-tolerant Leader, *Harvard Business Review,* 80(8), pp. 64-71.

ファイヨール, H. 著 (1916), 山本安次郎訳 (1985)『産業ならびに一般の管理』ダイヤモンド社 (訳本の原著は1979年版)。

フィードラー, F. E. 著 (1967), 山田雄一監訳 (1970)『新しい管理者像の探究』産業能率短期大学出版部。

Fisher, C. D. & Gitelson, R. (1983), A Meta-analysis of the Correlates of Role Conflict and Ambiguity, *Journal of Applied Psychology,* 68(2), pp. 320-333.

フォスター, R. 著 (1986), 大前研一訳 (1987)『イノベーション―限界突破の経営戦略』TBS ブリタニカ。

Franke, R. H. & Kaul. J. D. (1978), The Hawthorn Experiments: First Statistical Interpretation, *American Sociological Review,* 43(5), pp. 623-643.

Freeman, R. E. (1984), *Strategic Management: A Stakeholder Approach,* Pitman.

French, J. R. P., Jr. & Raven, B. H. (1959), The Bases of Social Power, In Cartwright, D. (ed), *Studies in Social Power,* Institute for Social Research, pp. 155-156.

Friedman, M. (1970), The Social Responsibility of Business is to Increase its Profits, *New York Times Magazine,* September (13), pp. 32-33, 122, 124, 126.

Fry, L. W. (1976), The Maligned F. W. Taylor: A Reply to His Many Critics, *Academy of Management Review,* 1(3), pp. 124-139.

淵上克義 (2002)『リーダーシップの社会心理学』ナカニシヤ出版。

273

福原康司 (2010)「リーダーシップとフォロワー――バーナード理論の示唆と社会構成主義アプローチの検討」『専修経営学論集』第90号, pp. 59-102。

福原康司 (2014)「企業家精神の社会的構築過程に関する探索的研究――マスメディアの社内ベンチャーを取り巻く用語法を中心として」『専修マネジメントジャーナル』第3巻第2号, pp. 13-25。

福原康司・蔡芒錫 (2012)「組織不祥事研究における視座と方法――ミクロ・アプローチの再検討」『専修マネジメントジャーナル』第1巻第1・2号, pp. 99-113。

二村敏子 (1989)「管理過程論の系譜」土屋守章・二村敏子編『現代経営学説の系譜』有斐閣, pp. 59-98。

ガルブレイス, J. R. & ネサンソン, D. A.著(1978), 岸田民樹訳(1989)『経営戦略と組織デザイン』白桃書房。

ガードナー, H.著 (1985), 佐伯胖・海保博之訳 (1987)『認知革命――知の科学の誕生と展開』産業図書。

Gartner, W. B. (1990), What are We Talking about When We Talk about Entrepreneurship?, *Journal of Business Venturing*, 5, pp. 15-28.

ギデンズ, A.著 (1979), 友枝俊雄ら訳 (1989)『社会理論の最前線』ハーベスト社。

Glueck, W. F. (1980), *Business Policy and Strategic Management*, McGraw-hill.

Goodpaster, K. E. (1991), Business Ethics and Stakeholder Analysis, *Business Ethics Quarterly*, 1(1), pp. 53-73.

Graen, G. B. & Uhl-Bien, M. (1991), Partnership-making Applies equally well to Teammate-sponsor Teammate-competence Network, and Teammate-teammate Relationships, *Journal of Management Systems*, 3(3), pp. 49-54.

Graen, G. B. & Uhl-Bien, M. (1995), Relationship-Based Approach to Leadership: Development of Leader-Member Exchange (LMX) Theory of Leadership over 25 Years: Applying a Multi-level Multi-domain Perspective, *Leadership Quarterly*, 6(2), pp. 219-247.

グラント, D., ハーディ, C., オズウィック, C., & プットナム, L.著 (2004), 高橋正泰・清宮徹監訳 (2012)『ハンドブック 組織ディスコース研究』同文舘出版。

Greenwood, M. (2007), Stakeholder Engagement: beyond the Myth of Corporate Responsibility, *Journal of Business Ethics*, 74, pp. 315-327.

Greenwood, R. G., Bolton, A. A. & Greenwood, B. A. (1983), Hawthorne a Half Century: Relay Assembly Participant Remember, *Journal of Management*, 9(2), pp. 217-231.

Greenwood, R. & Suddaby, R. (2006), Institutional Entrepreneurship in Mature Fields: The Big Five Accounting Firms, *Academy of Management Journal*, 49(1), pp. 27-48.

Greenwood, R. G. & Wrege, C. D. (1986), The Hawthorn Studies, *Academy of Management Proceedings, Supplement*, pp. 24-35.

Grint, K. (2005), *Leadership : Limits and Possibilities*, Palgrave Macmillan.

Guillen, M. G. (1997), Scientific Management's Lost Aesthetic: Architecture, Organization, and the Taylorized Beauty of the Mechanical, *Administrative Science Quarterly*, 42(4), pp.682-715.

Guth, W. D. & Ginsberg, A.（1990）, Guest Editors Introduction: Corporate Entrepreneurship, *Strategic Management Journal,* 11（Summer）, pp. 5-15.

Hackman, J. R. & Oldham, G. R.（1975）, Development of Job Diagnostic Survey, *Journal of Applied Psychology,* 60（2）, pp. 159-170.

Hackman, J. R. & Oldham, G. R.（1976）, Motivation Through the Design of Work: Test of a Theory, *Organizational Behavior and Human Performance,* 16（2）, pp. 250-279.

Haimann, T.（1962）, *Professional Management,* Houghton Mifflin.

ハメル，G. & ドーズ，Y. L. 著（1998），志太勤一ら訳（2001）『競争優位のアライアンス戦略——スピードと価値創造のパートナーシップ』ダイヤモンド社。

ハマー，M. & チャンピー，J. 著（1990），野中郁次郎監訳（1993）『リエンジニアリング革命——企業を根本から変える業務革新』日本経済新聞社。

Haney, C., Banks, C. & Zimbardo, P.（1973）, Interpersonal Dynamics in a Simulated Prison, *International Journal of Criminology and Penology,* 1（1）, pp. 69-97.

Harris, C. E., Pritchard, M. S. & Robinson, M. J. 著（2000）, 社団法人日本技術士会訳編（2002）『科学技術者の倫理——その考え方と事例（第2版）』丸善出版。

Hatch, M. Y.（1997）, *Organization Theory: Modern, Symbolic and Postmodern Perspective,* Oxford university press.

Hebl, M. R. & Avery, D. R.（2012）, Diversity in Organization, In Weiner, I. B., Schmitt, N. W., & Highhouse, S.（eds）, *Handbook of Psychology, Volume12, Industrial and Organizational Psychology*（2nd ed.）, John Wiley & Sons, Inc., pp. 677-697.

ヘルファット，C., フィンケルスティーン，S., ミッチェル，W., ペトラフ，M., シン，H., ティース，D., & ウィンター，S. 著（2007），谷口和弘ら訳（2010）『ダイナミック・ケイパビリティ——組織の戦略変化』頸草書房。

ハーシー，P. & ブランチャード，K. H. 著（1969），山本成二ら訳（1978）『管理者のための行動科学入門』日本生産性本部（訳本の原著は1977年版）。

ハーシー，P., ジョンソン，D. E., & ブランチャード，K. H. 著（1996），山本成二・山本あづさ訳（2000）『入門から応用へ 行動科学の展開——人的資源の活用（新版）』生産性出版。

ハーズバーグ，F. 著（1966），北野利信訳（1968）『仕事と人間性：動機づけ——衛生理論の新展開』東洋経済新報社。

Herzberg, F., Mausner, B. & Snyderman, B. B.（1959）, *The Motivation to Work*（2nd ed.）, John Wiley.

日野健太（2008）「カリスマ・変革型リーダーシップとフォロワー」『駒大経営研究論集』第40巻第1・2号，pp. 35-89。

ヒッペル，E. V. 著（2005），サイコム・インターナショナル監訳（2006）『民主化するイノベーションの時代』ファーストプレス。

廣石忠司（2005）『ゼミナール人事労務』八千代出版。

ホックシールド，A. R. 著（1983），石田准・室伏亜希訳（2000）『管理される心——感情が商品になるとき』世界思想社。

ホファー，C. W. & シェンデル，D. 著（1978），奥村昭博ら訳（1981）『戦略策定——その理論と手法』千倉書房。

ホープ，J. & フレーザー，R. 著（2003），清水孝監訳（2005）『脱予算経営』生産性出版。

星野敏（2006）『最新ビジネス・インキュベーション―世界に広がった地域振興の智恵』同友館。

House, R. J. (1971), A Path Goal Theory of Leader Effectiveness, *Administrative Science Quarterly*, 16(3), pp. 321-339.

House, R. J. (1977), A 1976 Theory of Charismatic Leadership, In Hunt, J. G. & Larson, L. L. (eds), *Leadership: The Cutting Edge*, Southern Illinois University Press, pp. 189-207.

House, R. J. & Rizzo, J. R. (1972), Role Conflict and Ambiguity as Critical Variables in a Model of Organizational Behavior, *Organizational Behavior and Human Performance*, 7 (3), pp. 467-505.

五十嵐太郎（2005）『現代建築のパースペクティブ―日本のポスト・ポストモダンを見て歩く』光文社新書。

池田謙一・唐沢穣・工藤恵理子・村本由紀子（2010）『社会心理学』有斐閣。

石井淳蔵・奥村昭博・加護野忠男・野中郁次郎（1985）『経営戦略論（新版）』有斐閣。

伊丹敬之（1986）『マネジメント・コントロールの理論』岩波書店。

伊丹敬之・加野護忠男（1992）『ゼミナール経営学入門（第2版）』日本経済新聞社。

伊丹敬之・加護野忠男（2003）『ゼミナール経営学入門（第3版）』日本経済新聞社。

Ivancevich, J. M., Konopaske, R. & Matteson, M. T. (2008), *Organizational Behavior and Management* (8th ed.), McGraw-Hill Irwin.

岩内亮一・高橋正泰・村田潔・青木克生（2005）『ポストモダン組織論』同文舘出版。

Jackson, S. E. & Schuler, R. S. (1985), A Meta-analysis and Conceptual Critique of Research on Role Ambiguity and Role Conflict in Work Settings, *Organizational Behavior and Human Decision Processes*, 36(1), pp. 16-78.

Jacobson, E., Charters, W. W. & Lieberman, S. (1951), The Use of the Role Concept in the Study of Complex Organizations, *Journal of Social Issues*, 7(3), pp. 18-27.

ジャニス，I. L. 著（1982），首信彦訳（1991）『リーダーが決断する時―危機管理と意思決定について』日本実業出版社。

Johnson, G. & Scholes, K. (1993), *Exploring Corporate Strategy* (3rd ed.), Prentice Hall.

Jones, G. R., George, J. M. & Hill. C. W. L. (2000), *Contemporary Management* (2nd ed.), Irwin McGraw-Hill.

鄭有希（2012）「上司との社会的交換関係と従業員の役割成果―自己確証理論に基づいて」『日本経営学会誌』第30号，pp. 64-76。

加護野忠男（1988）『組織認識論』千倉書房。

Kahn, R. L., Wolfe, D. M., Quinn, R. P. & Snoek, J. D. (1964), *Organizational Stress: Studies in Role Conflict and Ambiguity*, John Wiley & Sons.

金井壽宏（1994）『企業者ネットワーキングの世界』白桃書房。

金井壽宏（1998）「リーダーとマネジャー―リーダーシップの持論（素朴理論）と規範の探求」『国民経済雑誌』第177巻第4号，pp. 65-78。

カンター，R. M. 著（1983），長谷川慶太郎監訳（1984）『ザ・チェンジ・マスターズ』二見書房。

キャプラン，R. S. & ノートン，D. P. 著（2001），櫻井通晴監訳（2001）『キャプランとノートンの戦略バランスト・スコアカード』東洋経済新報社。

276

キャプラン，R. S. & ノートン，D. P. 著（2004），櫻井通晴ら監訳（2005）『戦略マップ』ランダムハウス講談社。

Karau, S. J. & Williams, K. D. (1993), Social Loafing: A Meta-analytic Review and Theoretical Integration, *Journal of Personality and Social Psychology*, 65(4), pp. 681-706.

Katz, D. & Kahn, R. L. (1966), *The Social Psychology of Organizations*, John Wiley & Sons.

Katz, R. L. (1955), Skills of an Effective Administrator, *Harvard Business Review*, 33(1), pp. 33-42.

ケリー，R. 著（1992），牧野昇監訳（1993）『指導力革命』プレジデント社。

Kidwell, R. E. & Bennett, N. (1993), Employee Propensity to Withhold Effort: A Conceptual Model to Intersect Three Avenues of Research, *Academy of Management Review*, 18(3), pp. 429-456.

キム，W. C. & モボルニュ，R. 著（2005），有賀裕子訳（2005）『ブルー・オーシャン戦略』ランダムハウス講談社。

岸田民樹（1985）『経営組織と環境適応』三嶺書房。

Kluckhohn, C. (1951),The Study of Culture, In Lerner, D. & Lasswell, H. D. (eds), *The Policy Sciences: Recent Developments in Scope and Method*, Stanford University Press, pp. 86-101.

小林宏治（1990）『C&C は日本の知恵―21世紀への道を拓く』サイマル出版会。

古森重隆（2013）『魂の経営』東洋経済新報社。

Koontz, H. (1961), The Management Theory Jungle, *Academy of Management Journal*, 40(2), pp. 174-188.

Koontz, H. (1980), The Management Theory Jungle Revisited, *Academy of Management Review*, 5(2), pp. 175-187.

クーンツ，H. & オドンネル，C. 著（1955），大坪檀訳（1965）『経営管理の原則―経営管理と経営計画』，高宮晋・中原伸之訳（1965）『経営管理の原則―経営組織』，高宮晋・中原伸之訳（1966）『経営管理の原則―経営人事』，大坪檀訳（1966）『経営管理の原則―経営統制』ダイヤモンド社（訳本の原著は1964年版）。

厚生労働省（1994-2014）『労働経済動向調査』。

厚生労働省（2014）『脳・心臓疾患と精神障害の労災補償状況』，http://www.mhlw.go.jp/stf/houdou/0000049293.html（2014年11月30日最終アクセス）

コトラー，P. & ケラー，K. R. 著（2011），恩蔵直人監修（2014）『コトラー & ケラーのマーケティング・マネジメント基本編（第3版）』丸善出版。

コッター，J. P. 著（1990），梅津祐良訳（1991）『変革するリーダーシップ』ダイヤモンド社。

コッター，J. P. 著（1999），黒田由貴子・有賀裕子訳（1999）『リーダーシップ論―人と組織を動かす能力』ダイヤモンド社（訳本の原著は2012年版）。

コッター，J. P. & ヘスケット，J. L. 著（1992），梅津祐良訳（1994）『企業文化が高業績を生む』ダイヤモンド社。

工藤達男（1976）『経営管理論の史的展開』学文社。

クーン，T. S. 著（1962），中山茂訳（1971）『科学革命の構造』みすず書房。

クンダ，G. 著（1992），金井壽宏監訳（2005）『洗脳するマネジメント―企業文化を操作せよ』

日経 BP 社。

國廣正・五味祐子・青木正賢・芝昭彦（2006）『コンプライアンスのための内部通報制度』日本経済新聞社。

Landsberger, H. R. (1958), *Hawthorne Revisited*, Cornell University.

ラトゥール，B. 著（1987），川崎勝・高田紀代志訳（1999）『科学が作られているとき―人類学的考察』産業図書。

レイヴ，J. & ウェンガー，E. 著（1991），佐伯胖訳（1993）『状況に埋め込まれた学習―正統的周辺参加』産業図書。

ローレンス P. R. & ローシュ, J. W. 著(1967), 吉田博訳(1977)『組織の条件適応理論―コンティンジェンシー・セオリー』産業能率大学出版部。

Levine, J. M. & Moreland, R. L. (eds) (2006), *Small Groups*, Psychology Press.

Levinthal, D. A. & March, J. G. (1993), The Myopia of Learning, *Strategic Management Journal*, 14, pp. 95-112.

Levitt, B. & March, J. G. (1988), Organizational Learning, *Annual Review of Sociology*, 14, pp. 319-340.

レヴィン，K. 著（1948），末永俊郎訳（1969）『社会的葛藤の解決―グループ・ダイナミックス論文集（第7版）』創元新社。

レヴィン，K. 著(1951)，猪股佐登留訳（1979）『社会科学における場の理論（増補版）』誠信書房。

リッカート，R. 著(1961),三隅二不二訳（1964）『経営の行動科学―新しいマネジメントの探求』ダイヤモンド社。

Locke, E. A. (1968), Toward a Theory of Task Motivation and Incentives, *Organizational Behavior and Human Performance*, 3(2), pp. 157-189.

Locke, E. A. (1982), The Ideas of Frederick W. Taylor: An Evaluation, *Academy of Management Review*, 7(1), pp. 14-24.

Locke, E. A. (1996), Motivation through Conscious Goal Setting, *Applied and Preventive Psychology*, 5(2), pp. 117-124.

Locke, E. A. & Latham, G. P. (1990), *A Theory of Goal Setting and Task Performance*, Prentice Hall.

Locke, E. A. & Latham, G. P. (2002), Building a Practically Useful Theory of Goal Setting and Task Motivation, *American Psychologist*, 57(9), pp. 705-717.

Locke, E. A., Shaw, K. N., Saari, L. M. & Latham, G. P. (1981), Goal Setting and Task Performance: 1969-1980, *Psychological Bulletin*, 90(1), pp. 125-152.

Lumpkin, G. T. & Dess, G. G. (1996), Clarifying the Entrepreneurial Orientation Construct and Linking it to Performance, *Academy of Management Review*, 27(1), pp. 135-172.

Luthans, F. (1976), *Introduction to Management: A Contingency Approach*, McGraw-Hill.

マグレガー，D. 著（1960），高橋達男訳（1970）『企業の人間的側面（新版）』産能大学出版部。

間嶋崇（2007）『組織不祥事―組織文化論による分析』文眞堂。

March, J. G. (1991), Exploration and Exploitation in Organizational Learning, *Organization Science*, 2(1), pp. 71-87.

マーチ，J. G. & サイモン，H. A. 著（1958），高橋伸夫訳（2014）『オーガニゼーションズ（第

2 版)』ダイヤモンド社（訳本の原著は1993年版）。

マズロー，A. H. 著（1954），小口忠彦訳（2007）『人間性の心理学（改訂新版）』産業能率大学出版部（訳本の原著は1970年版）。

松村明編（2006）『大辞林（第 3 版）』三省堂。

メイヨー，E. 著（1933），村本栄一訳（1967）『産業文明における人間問題―ホーソン実験とその展開』日本能率協会（訳本の原著は1960年版）。

マグレイス，R. 著（2013），鬼澤忍訳（2014）『競争優位の終焉』日本経済新聞出版社。

Meindl, J. R.（1995）, The Romance of Leadership as a Follower-centric Theory: A Social Constructionist Approach, *The Leadership Quarterly,* 6（3）, pp. 329-341.

Merton, R.（1940）, Bureaucratic Structure and Personality, *Social Forces,* 18, pp. 560-568.

マイルズ，R. E. & スノー，C. C. 著（1978），土屋守章ら訳（1983）『戦略型経営―戦略選択の実践シナリオ』ダイヤモンド社。

ミンツバーグ，H. 著（1973），奥村哲史・須貝栄訳（1993）『マネジャーの仕事』白桃書房。

ミンツバーグ，H. 著（1998），斎藤嘉則監訳（2012），『戦略サファリ―戦略マネジメント・コンプリート・ガイドブック（第 2 版）』東洋経済新報社。

三隅二不二（1966）『新しいリーダーシップ―集団指導の行動科学』ダイヤモンド社。

三谷宏治（2013）『経営戦略全史』ディスカヴァー・トゥエンティワン。

Mumby, D. K. & Clair, R. P.（1997）, Organizational Discourse. In van Dijk, T. A.（ed）, *Discourse as Structure and Process,* SAGE Publications, pp. 181–205.

NEC アニュアル・レポート（2014），http://jpn.nec.com/ir/pdf/annual/2014/ar2014-j.pdf（2014年11月30日最終アクセス）

NEC グループ会社案内（2013），http://jpn.nec.com/profile/pdf/NEC-JP_Corporate_2.pdf（2014年11月30日最終アクセス）

ネルスン，D. 著（1980），小林康助ら訳（1991）『科学的管理の生成』同文舘出版。

ネルスン，D. 編（1992），アメリカ労使管理史研究会訳（1994）『科学的管理の展開―テイラーの精神革命論』税務経理協会。

Netemeyer, R. G., Johnston, M. W. & Burton, S.（1990）, Analysis of Role Conflict and Role Ambiguity in a Structural Equations Framework, *Journal of Applied Psychology,* 75（2）, pp. 148-157.

日本経営者団体連盟（1969）『能力主義管理―その理論と実践』日経連出版部。

日本経営者団体連盟（1995）『新時代の「日本的経営」―挑戦すべき方向とその具体策』日本経営者団体連盟。

日経BP 社（2007）「戦略なき評価指標の罪―それでは現場は動かない」『日経情報ストラテジー』16（3）, pp. 44-46。

新村出編（2008）『広辞苑（第 6 版）』岩波書店。

ニッセイ基礎研究所（2003）『株式持ち合い状況調査 2003年度版』（http://www.nli-research.co.jp/report/misc/2004/mochiai03.html）

Noland, J. & Phillips, R.（2010）, Stakeholder Engagement, Discourse Ethics and Strategic Management, *International Journal of Management Reviews,* 12（1）, pp. 39-49.

ノナカ，I. & タケウチ，H. 著（1995），梅本勝博訳（1996）『知識創造企業』東洋経済新報社。

279

岡本大輔・古川靖洋・佐藤和・馬場杉夫（2012）『深化する日本の経営』千倉書房。

Oldham, R. & Hackman, J. (1980), Work Design in the Organizational Context, *Research in Organizational Behavior*, 2, pp. 247-278.

大橋昭一・竹林浩志（2008）『ホーソン実験の研究』同文舘出版。

パナソニック・ホームページ（2014a），http://panasonic.co.jp/company/info/（2014年11月24日最終アクセス）

パナソニック・ホームページ（2014b），http://panasonic.co.jp/company/philosophy/principle/（2014年12月14日最終アクセス）

Parsons, H. M. (1974), What Happened at Hawthorne? New Evidence Suggests the Hawthorne Effect Resulted from Operant Reinforcement Contingencies, *Science*, 183-184 (March), pp. 922-932.

Pastor, J. C., Meindl, J. R. & Mayo, M. C. (2002), A Network Effects Model of Charisma Attributions, *Academy of Management Journal*, 45(2), pp. 410-420.

ピーターズ，T. J. & ウォーターマン，R. H. 著（1982），大前研一訳（2003）『エクセレント・カンパニー』英治出版。

Peters, T. J. & Waterman, Jr. R. H. (1983) Beyond the Rational Model, *Mckinsey Quarterly*, Spring, pp. 19-30.

ピンチョー，G. III. 著（1985），清水紀彦訳（1985）『社内企業家』講談社。

Porter, L. W., & Lawler, E. E. (1968). *Managerial Attitudes and Performance*, Richard D. Irwin, Inc.

ポーター，M. E. 著（1980），土岐坤ら訳（1995）『競争の戦略（新訂版）』ダイヤモンド社。

ポーター，M. E. 著（1985），土岐坤ら訳（1985）『競争優位の戦略』ダイヤモンド社。

ポーター，M. E. & クラマー，M. R. 著（2011）「経済的価値と社会的価値を同時実現する共通価値の戦略」『DIAMOND ハーバード・ビジネス・レビュー』36(6)，ダイヤモンド社，pp. 8-31.

Powell, W. W. & DiMaggio, P. J. (1991), *The New Institutionalism in Organizational Analysis*, University of Chicago Press.

プラハラード，C. K. & ラマスワミ，V. 著（2004），有賀裕子訳（2013）『コ・イノベーション経営』東洋経済新報社。

Probst, G. & Buchel, B. (1997), *Organizational Learning*, Prentice-Hall.

Quinn, J. B. (1980), *Strategies for Change: Logical Incrementalism*, Irwin.

Raven, B. H. (1965), Social Influence and Power, In Steiner, I. D. & Fishbein, M. (eds), *Current Studies in Social Psychology*, Holt, Rinehart, Winston, pp. 371-382.

Reed, M. (2009), Critical Realism in Critical Management Studies, In Alvesson, M., Bridgman, T., & Willmott, H. (eds), *The Oxford Handbook of Critical Management Studies*, Oxford University Press, pp. 52-75.

Robbins, S. P., Judge, T. A. & Campbell, T. T. (2010), *Organizational Behavior*, Pearson Education Limited.

レスリスバーガー，F. J. 著（1941），野田一夫・川村欣也訳（1965）『経営と勤労意欲』ダイヤモンド社。

Roethlisberger, F. J.（1977）, *The Elusive Phenomena*, Harvard University Press.

Roethlisberger, F. J. & Dickson, W. J.（1966）, *Management and the Worker*, Harvard University Press.

ルメルト, R. P. 著（1986）, 鳥羽欽一郎訳（1977）『多角化戦略と経済効果』東洋経済新報社。

坂井正廣編（1979）『人間・組織・管理』文眞堂。

榊原清則（1992）『企業ドメインの戦略論』中央公論新社。

坂下昭宣（1995）「創業経営者のビジョナリー・リーダーシップと組織文化」『岡山大学経済学会雑誌』第26号第3・4巻, pp. 105-119。

櫻井通晴（2012）『管理会計（第5版）』同文舘出版。

サンデル, M. J. 著（2012）, 鬼澤忍訳（2012）『それをお金で買いますか―市場主義の限界』早川書房。

佐藤博樹・藤村博之・八代充史（2011）『新しい人事労務管理（第4版）』有斐閣。

Schachter, S., Ellertson, N., McBride, D. & Gregory, D.（1951）, An Experimental Study of Cohesiveness and Productivity, *Human Relations*, 4（3）, pp. 229-238.

シャイン, E. H. 著（1983）梅津裕良・横山哲夫訳（2012）『組織文化とリーダーシップ』ダイヤモンド社（訳本の原著は2010年版）。

Schmidt, A. M., Beck, J. W. & Jennifer Z. Gillespie（2012）, Motivation, In Weiner, I. B., Schmitt, N. W. & Highhouse, S.（eds）, *Handbook of Psychology, Volume 12, Industrial and Organizational Psychology*（2nd ed.）, John Wiley & Sons, pp. 311-340.

シュムペーター, J. A. 著（1926）, 塩野谷祐一ら訳（1977）『経済発展の理論（上・下）』岩波書店。

Scott, W. R.（2003）, *Organizations: Rational, Natural, and Open Systems*（4th ed.）, Pearson Education, Inc.

センゲ, P. M. 著（1990）, 枝廣淳子ら訳（2011）『学習する組織』英治出版（訳本の原著は2006年版）。

Shartle, C. L.（1950）, Studies of Leadership by Interdisciplinary Methods, In Grace, A. G.（ed）, *Leadership in American Education*, University of Chicago Press, pp. 27-39.

ショウ, M. E. 著（1976）, 原岡一馬訳（1981）『小集団行動の心理』誠信書房。

Shenhav, Y.（1995）, From Chaos to System: The Engineering Foundations of Organization Theory, 1879-1932, *Administrative Science Quarterly*, 40（4）, pp. 557-585.

シューハート, W. A. & デミング, W. E. 著（1939）, 坂元平八訳（1960）『品質管理の基礎概念―品質管理の観点からみた統計的方法』岩波書店。

サイモン, H. A. 著（1945）, 二村敏子ら訳（2009）『経営行動―経営組織における意思決定過程の研究（新版）』ダイヤモンド社（訳本の原著は1997年版）。

サイモン, H. A. 著（1969）, 稲葉元吉・吉原英樹訳（1999）『システムの科学（第3版）』パーソナルメディア（訳本の原著は1996年版）。

サイモンズ, R. 著（1995）, 中村元一ら訳（1998）『ハーバード流「21世紀経営」4つのコントロール・レバー』産能大学出版部。

サイモンズ, R. 著（2000）, 伊藤邦雄監訳（2003）『戦略評価の経営学』ダイヤモンド社。

スキナー, B. F. 著（1971）, 山形浩生訳（2013）『自由と尊厳を超えて』春風社（訳本の原著は2002年版）。

Smircich, L.（1983）, Organizations as Shared Meanings, In Pondy, L. R., Frost, P. J., Morgan, G.

& Dandridge, T. C.（eds），*Organizational Symbolism*, JAI Press, pp. 55-65.

十川廣國（2000）『戦略経営のすすめ』中央経済社。

十川廣國（2002）『新戦略経営・変わるミドルの役割』文眞堂。

十川廣國（2009）『マネジメント・イノベーション』中央経済社。

ソニー・ホームページ（2014a），http://www.sony.co.jp/SonyInfo/（2014年11月24日最終アクセス）

ソニー・ホームページ（2014b），http://www.sony.co.jp/SonyInfo/CorporateInfo/History/prospectus. html（2014年12月14日最終アクセス）

Special Task Force to the Secretary of Health, Education, and Welfare（1973），*Work in America*, M. I. T. Press.

スペンダー，J. C. & キーネ，H. J. 編（1997），三戸公・小林康助監訳（2000）『科学的管理：F・W・テイラーの世界への贈りもの』文眞堂。

Stogdill, R. M.（1948），Personal Factors Associated with Leadership: A Survey of the Literature, *Journal of Psychology*, 25(1), pp. 35-71.

Stogdill, R. M.（1974），*Handbook of Leadership: A Survey of the Literature*, Free Press.

高巖（2010）『コンプライアンスの知識』日本経済新聞社。

高橋正泰（1998）『組織シンボリズム―メタファーの組織論（増補版）』同文舘出版。

高橋伸夫（2004）『虚妄の成果主義』日経 BP 社。

武田正樹・武藤依久子（2011）『個と集団のアンソロジー―生活の中で捉える社会心理学』ナカニシヤ出版。

谷武幸（2013）『エッセンシャル管理会計（第3版）』中央経済社。

谷本寛治（2002）『企業社会のリコンストラクション』千倉書房。

谷本寛治（2004）『CSR 経営―企業の社会的責任とステイクホルダー』中央経済社。

谷本寛治（2006）『CSR 企業と社会を考える』NTT 出版。

テイラー，F. W. 著（1911），有賀裕子訳（2009）『科学的管理法』ダイヤモンド社（訳本の原著は2006年版）。

ティース，D. 著（2007），渡部直樹訳「ダイナミック・ケイパビリティの解明―（持続的な）企業のパフォーマンスの性質とミクロ的基礎」，渡部直樹編著（2010）『ケイパビリティの組織論・戦略論』中央経済社，pp. 2-66。

Thomas, E. J. & Fink, C. F.（1963），Effects of Groups Size, *Psychological Bulletin*, 60(4), pp. 371-384.

Thompson, A. A. & Strickland, A.（1996），*Strategic Management: Concepts & Cases*, Irwin.

ティシー，N. M. & ディバナ，M. A. 著（1986），小林薫訳（1988）『現状変革型リーダー―変化・イノベーション・企業家精神への挑戦』ダイヤモンド社。

Tsui, A. S.（2013），2012 Presidential Address, On Compassion in Scholarship: Why should We Care?, *Academy of Management Review*, 38(2), pp. 167-180.

Turner, M. E.（2001），*Groups at Work: Theory and Research*, Lawrence Erlbaum Associates, Inc.

占部都美（1974）『経営管理論』白桃書房。

アッターバック，J. M. 著（1994），大津正和・小川進監訳（1998）『イノベーション・ダイナミクス』

有斐閣。

フォン・ベルタランフィ，L. 著（1969），長野敬・太田邦昌訳（1973）『一般システム理論―その基礎・発展・応用』みすず書房。

ヴルーム，V. H. 著（1964），坂下昭宣ら訳（1982）『仕事とモチベーション』千倉書房。

Waddock, S. & Post, J. (1991), Social Entrepreneurs and Catalytic Change, *Public Administration Review,* 51(5), pp. 393-402.

ウェーバー，M. 著（1918），安部行蔵ら訳（2005）「新秩序ドイツの議会と政府―官僚制度と政党組織の政治的批判」『ウェーバー政治・社会論集（世界の大思想23）』河出書房新社，pp. 319-383。

ウェーバー，M. 著（1956a），世良晃志郎訳（1970）『支配の諸類型』（経済と社会第1部第3章；第4章）創文社。

ウェーバー，M. 著（1956b），世良晃志郎訳（1960）『支配の社会学Ⅰ』（経済と社会第2部第9章1節―4節）創文社。

ワイク，K. E. 著（1979），遠田雄志訳（1997）『組織化の社会心理学』文眞堂。

ワイク，K. E. 著（1995），遠田雄志・西本直人訳（2001）『センスメーキング・イン・オーガニゼーション』文眞堂。

Wernerfelt, B. (1984), A Resource-based View of the Firm, *Strategic Management Journal,* 5 (2), pp. 171-180.

Wickesberg, A. K. & Cronin, T. C. (1962) Management by Task Force, *Harvard Business Review,* 46(6), pp. 111-118.

ウィリアムソン，O. E. 著（1975），浅沼萬里・岩崎晃訳（1980）『市場と企業組織』日本評論社。

ウォマック，J. P.，ダニエル・ルース，D. & ジョーンズ，D. T. 著（1990），沢田博訳（1990）『リーン生産方式が，世界の自動車産業をこう変える』経済界。

ウッドワード，J. 著(1965)，矢島鈞次・中村寿雄訳(1970)『新しい企業組織―原点回帰の経営学』日本能率協会。

Wrege, C. D. & Stotka, A. M. (1978), Cooke Creates a Classic: The Story behind F. W. Taylor's Principles of Scientific Management, *Academy of Management Review,* 3(4), pp. 736-749.

レン，D. A. 著（1994），佐々木恒男監訳（2003）『マネジメント思想の進化（第4版）』文眞堂。

横田絵理・金子晋也（2014）『マネジメント・コントロール』有斐閣。

頼誠（2011）「第10章 予算管理」浅田孝幸・頼誠・鈴木研一・中川優・佐々木郁子著『管理会計・入門：戦略経営のためのマネジリアル・アカウンティング（第3版）』有斐閣アルマ，pp. 217-240。

Yorks, L. & Whitsett, D. A. (1985), Hawthorne, Topeka, and the Issue of Science versus Advocacy in Organizational Behavior, *Academy of Management Review,* 10(1), pp. 21-30.

Yukl, G. (1989), *Leadership in Organizations* (2nd ed.), Prentice Hall.

Yukl, G. (1999), An Evaluation of Conceptual Weaknesses in Transformational and Charismatic Leadership Theories, *The Leadership Quarterly,* (10)2, pp. 285-305.

Yukl, G. (2006), *Leadership in Organizations* (6th ed.), Prentice Hall.

Yukl, G. (2013), *Leadership in Organizations* (8th ed.), Pearson Education.

Zaleznik, A. (1977), Managers and Leaders: Are They Different?, *Harvard Business Review*, 55(3), pp. 67-78.

Zimbardo, P. G. (2014), *Stanford Prison Experiment: A Simulation Study of the Psychology of Imprisonment Conducted at Stanford University*, http://www.prisonexp.org/ (2014年11月28日最終アクセス)。

索　引

●事項索引

■英　字

ANT	263
BSC	170
CEO	13
CMS	257
CRM	211
CSR	207
CSV	202
ERG 理論	54
IR レポート	211
ISO14001	212
KPI	170
LMX	85
LPC テスト	76
management	72
MBA	12
MBO	69
NGO	212
NPO	212
Off-JT	118
OJT	118
PDCA サイクル	148, 166
PEST 分析	138
PIMS	191
PM 理論	75
PPM	176, 188, 225
QC	94, 231
QWL	58
RBV	176, 194, 200
SCM	136, 211

SECI モデル	239
SL 理論	76
SRI	211
SWOT 分析	179
VRIO	200
X 理論	59
Y 理論	59

■あ　行

アイデンティティ	264
アウトグループ	85
アカウンタビリティ	211
アクターネットワーク理論	263
アプリシエイティブ・インクワイアリー	261
アライアンス	136, 137, 192
アングラ研究	231
安全の欲求	53
アントレプレナーシップ	216
暗黙知	238
暗黙的前提	246
意思決定	109, 129
異質的グループ	103
5 つの競争要因	195
イノベーション	117, 138, 151, 217
イノベーターのジレンマ	230
インキュベーション	221, 222
インクリメンタル・イノベーション	229
イングループ	85
インターンシップ	113
衛生要因	56

285

営利組織……………………………… 15	機械的管理システム………………… 140
エージェント………………………… 206	企業家…………………………………… 26
エンジェル…………………………… 223	企業家精神…………………………… 216
エンパワーメント……………… 58, 232	企業家精神の行動的アプローチ…… 219
横断的組織構造……………………… 232	企業家精神の資性的アプローチ…… 219
オーナー経営………………………… 206	企業市民……………………………… 212
オープンイノベーション……… 138, 231	企業統治……………………………… 208
オープンシステム……………… 134, 259	企業の社会的責任…………………… 207
オハイオ研究………………………… 74	企業は人なり………………………… 147

■か　行

	技術革新……………………………… 226
会計的活動…………………………… 146	技術的活動…………………………… 146
解釈主義的組織文化論………… 252, 261	技術的スキル………………………… 22
階層構造………………………… 150, 154	技術のＳ曲線………………………… 229
解凍・変化・再凍結………………… 251	稀少性…………………………… 177, 200
概念化スキル………………………… 22	期待性…………………………………… 65
外発的動機づけ……………………… 57	期待理論……………………………… 65
科学的管理……………………… 34, 42	機能主義的組織文化論……………… 252
学習と成長の視点…………………… 171	機能別戦略…………………………… 177
課題達成志向………………………… 74	規模の経済…………………………… 155
価値活動……………………………… 198	キャリア開発………………………… 117
価値連鎖……………… 146, 176, 198, 226	脅威…………………………………… 180
金のなる木…………………………… 189	凝集性………………………………… 102
ガバナンス…………………………… 208	強制パワー…………………………… 79
株式の持ち合い……………………… 210	競争戦略……………………………… 194
カリスマ型リーダーシップ………… 82	競争優位……………………………… 194
カリスマ的支配……………………… 150	共通関連性…………………………… 187
環境…………………………………… 138	共通目的……………………………… 124
環境会計……………………………… 212	協働…………………………… 96, 110
環境決定論…………………………… 141	協働意欲……………………………… 124
関係欲………………………………… 54	協働システム………………………… 124
カンパニー制………………………… 159	共有された価値観…………………… 246
管理的活動…………………………… 146	共有ビジョン………………………… 241
管理能力……………………………… 146	協力…………………………… 96, 110
管理プロセス学派…………………… 145	極端な分業…………………………… 37
官僚制組織…………………………… 232	空間の近視眼………………………… 243
機会…………………………………… 180	具体的な目標………………………… 68
機械システム………………………… 50	グリーン調達………………………… 212
	グループ……………………………… 92

グループダイナミクス	100, 102	
グループの規範	95, 102	
グループの規模	102	
グループの凝集性	97, 256	
グループの構成	103	
グループの有効性	97	
グループの倫理性	95	
グループプロセス	100, 102	
グループマネジメント	92, 110	
クローズドシステム	148, 258	
経営	11	
経営学修士号	12	
経営資源	164, 206	
経営資源の束	200	
経営理念	181	
経営倫理	207, 213	
計画	147	
計画とコントロール	164	
経験曲線効果モデル	191	
経済価値	200	
経済的インセンティブ	46	
形式知	238	
継電器組立実験	45	
ケイパビリティ	192	
月光実験	43	
権限	154, 159	
権限委譲	58, 233	
言語的シンボル	247	
限定された合理性	130	
行為的シンボル	247	
貢献	126	
公式グループ	92	
交渉者	27	
構造化理論	262	
構想と実行の分離	39	
行動主義心理学	60, 62	
行動の方向性	68	
公平性理論	63	

効率性	34, 127	
効率性の基準	129	
合理的支配	150	
顧客の視点	171	
個人	32	
個人人格	21, 125	
コスト集中	176, 198	
コストリーダーシップ	176, 197	
固定方式	168	
コミットメント	116	
ゴミ箱モデル	131, 261	
コミュニケーション	124, 154, 236, 248	
雇用調整	112	
コングロマリット型多角化	188	
コンティンジェンシー理論	140, 259	
コンプライアンス教育	213	

■ さ 行

再強化理論	60	
最高経営責任者	13	
サイバネティクス	141	
財務的活動	146	
財務の視点	171	
サステナビリティ	209	
サプライチェーン	137, 188	
サプライチェーンマネジメント	136, 211	
差別化	176, 197	
差別化集中	176, 198	
360度評価	120	
時間研究	37	
時間の近視眼	243	
指揮・命令	38	
事業戦略	177, 194	
事業部制組織	157	
事業領域	184	
刺激と反応	60	
資源配分者	27	
資源ベース学派	176, 191, 194, 200	

287

自己啓発	118	受容圏	129
自己効力感	67	準拠者	63
自己実現の欲求	53	準拠集団	63
仕事	32	準拠パワー	79
仕事の特性	58	純粋持ち株会社	159
自己マスタリー	241	障害処理者	26
資質アプローチ	73	状況的学習論	261
市場開発	186	商業的活動	146
市場価値	177	承認の欲求	53
市場浸透	186	情報	154
市場の失敗	135	情報共有	117
システム	134	情報処理システム	18
システム思考	240	情報伝播者	25
自然的怠慢	35	情報の非対称性	113
持続的な発展可能性	209	情報パワー	79
実験グループ	43	照明実験	43
失敗に対する寛容	120	職人	37
失敗の近視眼	243	職能資格制度	119
児童労働問題	212	職能部門制組織	156
シナジー	187	職務拡大	58
社会構成主義	264	職務給	119
社会構成主義的リーダーシップ研究	87	職務再設計	58
社会システム	50	職務充実化	58
社会的企業家	220	職務特性モデル	57
社会的責任	116	職務不満	39, 55
社会的責任投資	211	職務分析	119
社会的手抜き	96, 103	所属と愛の欲求	53
社会的伝染	87	ジョブローテーション	116
社内ベンチャー制度	223	所有と経営の分離	206
集権化	155, 156	シングルループ学習	237
終身雇用	113	人工物	246
集団主義	93	人事考課	119
集団浅慮	109	新卒採用	112
集団出来高給制度	45	人的資源管理制度	99
集中型多角化	188	シンボル	246, 247
集中戦略	198	人脈	117
重要業績指標	170	人脈づくり	220
熟練工	37	垂直的多角化	188

垂直統合	157	組織境界	135
水平的多角化	188	組織均衡	127
スカンクワーク	231	組織構造は戦略に従う	174
スタッフ	155	組織行動論	49
ステイクホルダー	20, 136, 137, 206, 264	組織人格	21, 125
ステイクホルダーエンゲージメント	210	組織成立の三要件	124
ステイクホルダーの多声性	264	組織ディスコース	263
ストック（シェア）ホルダー	206	組織的怠慢	35, 94
スパン・オブ・コントロール	148	組織能力	177
スピンアウト	223	組織の慣性力	261
スペシャリスト	16, 116	組織の失敗	135
スポークスマン	26	組織の透明性	236
成果主義	119	組織のフラット化	232
整合的関係	159	組織のマネジメント	18
精神革命	35	組織文化	99, 192, 246
成長ベクトル	186	組織変革	84
成長欲	54	存在欲	54

■た　行

正当パワー	79
制度的企業家	220
製品開発	186
製品ポートフォリオマネジメント	176, 188
製品ライフサイクルモデル	190
生理的欲求	53
ゼネラリスト	16, 116
セル生産	116, 150
全社戦略	177
専門経営者	206
専門パワー	79
戦略的アライアンス	137
戦略的選択	141
戦略マップ	171
創業経営者	249
創造的学習	238
創発的戦略	175, 180, 231
組織	14, 32, 124, 200
組織化	147, 154
組織学習	233

対人関係スキル	23
ダイナミックケイパビリティ	192
大量消費	38
大量生産	38
多角化	157, 186
タスク	37
タスクフォース	93, 160
多層受託アプローチ	208
ただ乗り	96, 103
達成しにくい目標	68
多能工	116
ダブルループ学習	238
多様性	252
短期成果	65
チーム	93
チーム学習	242
中期経営計画	167
中途採用	113
長期雇用	115

289

長期成果	65
調整	147
強い文化	249
ディスコース	213
適応的学習	238
適応的構造化理論	262
テクノロジープッシュ	227
伝統的支配	150
動機づけ	52
動機づけ要因	56
道具性	66
道具の改良	38
動作研究	37
同質的グループ	103
統制	147
統制グループ	43
同調	106
道徳性	127
独立採算制	159
トップダウン	168, 182, 233
トップマネジメント	21
ドメイン	184
取引費用理論	135

■な 行

内省的・反省的態度	257
内発的動機づけ	57
内部通報制度	214
内部統制制度	213
内部プロセスの視点	171
内容理論	52
成り行き的な管理	36
ナレッジマネジメント	192
ニーズプル	227
二重人格	21
日本型経営	211
二要因理論	55
人間観	59

人間関係学派	49
人間関係志向	74
人間の発見	44
認識論的組織論	261
認知	82
認知革命	62
認知心理学	62
認知プロセス	62
ネオコンティンジェンシー理論	141
ネオモダン	262, 264
ネットワーキング	220
ネットワーク構造	232
年功序列	113
粘着性	232

■は 行

破壊的イノベーション	230
派遣従業員	113
パス・ゴール理論	77
花形	189
ハビトゥス概念	262
パラダイム	255
バランスト・スコアカード	170
パワーの源泉	78
パワーのシンボル性	79
範囲の経済	155
バンク配線観察実験	47
ピアプレッシャー	256
非営利組織	15
非公式グループ	92
ビジョン	83, 181
ビジョンの浸透	236
必要多様性の法則	141
人のマネジメント	18
批判的経営研究	257
批判的実在論	262
フィードバック	69, 166, 241
フィードフォワード	167

フィギュアヘッド……………………………… 24	マトリックス組織…………………… 160
フィランソロピー…………………… 212	マニュアル……………………………… 37
フェアトレード…………………………… 211	マネジメント……………………………… 72
フォロワー……………………………… 88	マネジメント・コントロール……… 164
フォロワーシップ……………………… 88	マネジャーとリーダー………………… 72
複雑系組織論…………………………… 262	マネジリアルグリッド………………… 74
不祥事…………………………………… 109	満足化基準…………………………… 130
物質的シンボル………………………… 247	ミクロアプローチ……………………… 27
ブランド………………………………… 161	ミクロ・マクロ・リンク…………… 262
プリンシパル…………………………… 206	ミシガン研究…………………………… 74
ブルーオーシャン戦略………………… 198	ミドルアップ………………………… 168
ブレインストーミング………………… 109	ミドルマネジメント…………………… 21
プロジェクトチーム……… 93, 160, 232	6つの影響戦略………………………… 78
プロセス………………………………… 147	命令…………………………………… 147
プロセス・イノベーション…… 218, 228	命令の一元化………………………… 150
プロセスの整合性……………………… 160	メセナ………………………………… 212
プロセス理論……………………… 53, 62	メンタルモデル……………………… 241
プロダクト・イノベーション… 218, 228	目標管理………………………………… 69
文化の機能……………………………… 248	目標管理制度………………………… 119
文化の逆機能…………………………… 252	目標設定理論…………………………… 68
分業………………………………… 149, 154	目標の受容性…………………………… 69
分権化………………………… 155, 157, 159	モチベーション………………………… 52
分社化…………………………………… 159	模倣可能性…………………………… 177, 200
分析麻痺症候群………………………… 169	問題児………………………………… 189
変革型リーダーシップ………………… 84	
ベンチャー企業………………………… 222	■や　行
ベンチャーキャピタリスト………… 223	
ベンチャーキャピタル………………… 222	役割…………………………………… 104
報酬パワー……………………………… 79	役割曖昧性…………………………… 106
ホーソン研究……………………… 42, 98	役割葛藤……………………………… 106
ホーソン効果…………………………… 47	ヤミ研………………………………… 231
ポジショニング学派…………………… 194	唯一最善の方法…………………… 33, 260
保全的活動……………………………… 146	誘意性…………………………………… 66
	誘因…………………………………… 126
■ま　行	有機的管理システム………………… 140
	有効性………………………………… 127
マーケットシェア……………………… 260	予算…………………………………… 168
マクロアプローチ……………………… 27	予算ゲーム…………………………… 170
負け犬…………………………………… 189	予算スラック………………………… 170

欲求·····································　53
欲求５段階説·························　53

■ら　行

ライフサイクル·····················　217
ライン·······························　155
ラディカル・イノベーション········　229
リーダー··························　25, 82
リーダーシップ·····················　82
リーダーシップの限界··············　79
リーダーシップの行動アプローチ···　74
リーダーシップのコンティンジェンシー
　（状況適合）理論··················　76
リーダーシップの資質アプローチ···　73

リーダーシップのロマンス············　87
リーダー・メンバー交換理論········　85
リードユーザー·····················　232
利益計画····························　168
リエンジニアリング·················　156
利害関係者······················　20, 206
臨時的グループ·····················　93
ルーティン······················　230, 236
労働生活の質·······················　58
ローリング方式·····················　168
ロックイン·························　242
ロワーマネジメント·················　21
論理的インクリメンタリズム········　175

◉人名・機関名索引

■あ　行

アーサー（Arthur, W. B.）·········　242
アージリス（Argyris, C.）·········　237
アクセルロッド（Axelrod, R. M.）···　262
アダムス（Adams, J. C.）·········　63
アッシュ（Asch, S. E.）············　106
アドラー（Adler, P. S.）···········　257
アリソン（Allison, G. T.）··········　130
アルダファー（Alderfer, C. D.）······　54
アルベッソン（Alvesson, M.）　252, 263
アロンソン（Aronson, E.）·········　97
アンソニー（Anthony, R. N.）·····　164
アンゾフ（Ansoff, H. I.）······　174, 186
石井淳蔵（Ishii, J.）···············　177
ウィルモット（Willmott, H.）·······　263
ウェーバー（Weber, M.）·····　82, 150
ウエスタン・エレクトリック社
　（Western Electric）·············　42
ウェンガー（Wenger, E.）·········　261

ウォーターマン
　（Waterman, R. H., Jr.）·········　175
ウッドワード（Woodward J.）　140, 259
ヴルーム（Vroom, V.）·········　65
エイ・ティ・アンド・ティ
　（AT & T）························　43
エーベル（Abell, D. F.）···········　184
エヌ・イー・シー（NEC）·········　185
オドンネル（O'Donnell, C., Jr.）···　148
オルドリッジ（Aldrich, H.）········　262

■か　行

カッツ（Katz, D.）················　21
カヌンゴ（Kanungo, R. N.）·······　82
ガルブレイス（Galbraith, J. R）·····　160
カロン（Callon, M.）··············　263
ギデンス（Giddens, A.）···········　262
キム（Kim, W. C.）···············　198
キャプラン（Kaplan, R. S.）·······　170
キャロル（Carroll, A. B.）·········　208

クイン（Quinn, J. B.）················ 175
クーン（Kuhn, T. S.）················ 255
クーンツ（Koontz, H.）············· 148
グッドパスター
　（Goodpaster, K. E.）·················· 208
クラマー（Kramer, M. R.）············ 202
グラント（Grant, D.）················· 263
クリステンセン
　（Christensen, C. M.）············· 230
クレア（Clair, R. P.）················· 263
グレイン（Graen, G. B.）············· 85
クレッグ（Clegg, S. R.）··············· 256
クンダ（Kunda, G.）············· 252, 253
ケネディ（Kennedy, A. A.）········· 249
ケリー（Kelley, R. E.）················· 88
コーエン（Cohen, M. D.）····· 131, 261
コール（Cole, A. H.）················· 220
コッター（Kotter, J. P.）····· 72, 84, 249
コトラー（Kotler, P.）················· 176
コンガー（Conger, J. A.）············ 82

■さ 行

サイモン
　（Simon, H. A.）····· 128, 136, 167, 259
サイモンズ（Simons, R.）············ 169
サンデル（Sandel, M. J.）············ 13
シャイン
　（Schein, E. H.）····· 246, 248, 250, 251
シャクター（Schachter, S.）········· 98
シュンペーター
　（Schumpeter, J. A.）············ 217, 226
ショーン（Shön, D.）················· 237
スキナー（Skinner, B. F.）············ 62
スコールズ（Scholes, K.）············ 138
ストーカー（Stalker, G. M.）··· 140, 259
ストッグディル（Stogdill, R. M.）··· 73
スノー（Snow, C. C.）············ 141, 176
スミルチック（Smircich, L.）··· 247, 253

セイルズ（Sayles, L. R.）············· 227
センゲ（Senge, P. M.）················ 240
ソニー（SONY）······················ 182

■た 行

ターナー（Turner, M. E.）··········· 47
タケウチ（Takeuchi, H.）····· 220, 238
ダンドリッジ
　（Dandridge, T. C.）············ 246, 247
チェスブロウ
　（Chesbrough, H.）·················· 231
チャルディーニ
　（Cialdini, R. B.）··················· 78
チャンドラー
　（Chandler, A. D., Jr.）····· 154, 174
ディール（Deal, T. E.）··············· 249
ティシー（Tichy, N. M.）············ 84
ディバナ（Devanna, M. A.）········· 84
テイラー（Taylor, F. W.）····· 33, 258
デシ（Deci, E. L.）··················· 57
ドラッカー（Drucker, P. F.）··· 69, 226

■な 行

ナサ（NASA）······················ 109
ノートン（Norton, D. P.）············ 170
ノナカ（Nonaka, I.）············· 220, 238

■は 行

バーグ（Berg, P. O.）················· 252
バーゲルマン（Burgelman, R. A.）
　·· 227, 230
ハーシー（Hersey, P.）·············· 76
ハーズバーグ（Herzberg, F.）····· 56
バーナード（Barnard, C. I.）
　····························· 14, 124, 134, 259
バーニー（Barney, J. B.）····· 177, 200
ハーバード・ビジネス・スクール
　（Harvard Business School）····· 174

293

ハーバード大学（Harvard University）
.... 48
バーリー（Berle, A. C.）.............. 206
バーンズ（Burns, T.）............ 140, 259
ハイバーガー（Hibarger, H.）......... 44
ハウス（House, R.）.............. 77, 82
バス（Bass, B. M.）................ 72
パナソニック（Panasonic）...... 159, 181
バンデューラ（Bandura, A.）......... 67
ピーターズ（Peters, G.）............. 175
ヒッペル（Hippel, E. V.）.......... 232
ファヨール（Fayol, H.）... 144, 154, 258
フィードラー（Fiedler, F. E.）...... 76
フェアクロー（Fairclough, N.）...... 264
フォスター（Foster, R.）............. 229
フォン・ベルタランフィ
（von Bertalanffy, L.）........... 134
ブッフホルツ
（Buchholtz, A. K.）.............. 208
フラスト（Flaste, R.）............... 57
プラハラード（Prahalad, C. K.）... 231
ブランチャード
（Blanchard, K. H.）............. 76
フリードマン（Friedman, M.）...... 206
フリーマン（Freeman, R. E.）...... 207
ブルデュー（Bourdieu, P.）......... 262
ブレーク（Blake, R. R.）........... 74
フレンチ（French, J. R. P.）........ 78
ブロック（Block, Z.）.............. 223
ヘスケット（Heskett, J. L.）........ 249
ポーター
（Porter, M. E.）.......... 176, 194, 202
ボストン・コンサルティング・グループ
（Boston Consulting Group）... 176, 188

■ま　行

マーチ（March, J. G.）...... 128, 136, 259

マートン（Merton, R.）.............. 151
マイルズ（Miles, R. E.）......... 141, 176
マクミラン（MacMillan, I. C.）..... 223
マグレガー（McGregor, D.）........ 59
マサチューセッツ工科大学（MIT）
.... 43
マズロー（Maslow, A. H.）.......... 53
松下電器産業
（Matsushitadenkisangyo）... 159
マンビー（Munby, D.）.............. 263
ミーンズ（Means, G. C.）.......... 206
三隅二不二（Misumi, J.）............. 75
ミンツバーグ（Mintzberg, H.）
.... 23, 177
ムートン（Mouton, J. S.）........... 74
メイヨー（Mayor, E.）......... 47, 48, 258
メインドル（Meindl, J. R.）......... 87
モボルニュ（Mauborgne, R.）........ 198

■や　行

ユーケイル（Yukl, G.）.............. 72

■ら　行

ラトゥール（Latour, B.）............. 263
リッカート（Likert, R.）............. 74
ルメルト（Rumelt, R. P.）.......... 176
レイヴ（Lave, J.）................... 261
レヴィン（Lewin, K.）.............. 251
レスリスバーガー
（Roethlisberger, F. J.）......... 48, 258
ローシュ（Lorsch, J. W.）...... 140, 259
ローレンス（Lawrence, P. R.）
.... 140, 259

■わ　行

ワイク（Weick, K. E.）.............. 261

■著者紹介

馬場　杉夫（Baba Sugio）　……………………………… 第9・12・13・20・21章
専修大学経営学部教授
経営管理総論の他，組織の存続やイノベーション関連の演習科目を担当している。実証研究とフィールドスタディを駆使して，現場の活躍を組織の存続に結びつける研究に取り組んでいる。

蔡　芒錫（Chae In-Seok）…………… プロローグ・第1・2・3・4・7・8章
専修大学経営学部教授
経営管理総論の他，組織行動論やそれに関連する演習科目を担当している。個人や集団の組織行動や雇用形態の多様化，人的資源管理などに関する研究に取り組んでいる。

福原　康司（Fukuhara Yasushi）… プロローグ・第5・18・19章・エピローグ
専修大学経営学部准教授
経営管理総論の他，経営組織論やそれに関連する演習科目を担当している。ミドルマネジメント，企業内企業家精神，あるいは組織におけるディスコースやナラティブなどに関する研究に取り組んでいる。

伊藤　真一（Ito Shinichi）　…………………………………… 第6・22章
豊橋創造大学経営学部講師
経営管理総論を担当している。経営管理理論や経営組織論を主な研究領域としながら，とりわけ社会構成主義やアクターネットワーク理論を用いて，組織の物質的側面に関連したリーダーシップやリーダーの実践に関する研究に取り組んでいる。

奥村　経世（Okumura Tsuneyo）　…………………… 第10・11・15・16章
専修大学経営学部准教授
経営管理総論の他，経営戦略論，インターンシップ，ビジネスモデルに関連した演習科目を担当している。経営戦略形成過程における直観と論理の融合，イノベーション創出に関わる人間の創造的思考とそれを支援する組織の仕組みなどに関する研究に取り組んでいる。

矢澤　清明（Yazawa Kiyoaki）　………………………………… 第14・17章
専修大学経営学部教授
経営管理総論の他，経営戦略論，経営システム論，ビジネス意思決定やデータ分析に関連する演習科目を担当している。経営戦略やイノベーションの領域を対象とした計量的手法による分析およびその研究方法論などに関する研究に取り組んでいる。

マネジメントの航海図
―― 個人と組織の複眼的な経営管理

2015年5月1日　第1版第1刷発行
2020年1月30日　第1版第7刷発行

著　者	馬　　場	杉　　夫
	蔡　　錫	司芒
	福　原　康	一
	伊　藤　真	世
	奥　村　経	明
	矢　澤　清	継
発行者	山　　本	
発行所	㈱中央経済社	
発売元	㈱中央経済グループ パブリッシング	

〒101-0051　東京都千代田区神田神保町1-31-2
電　話　03(3293)3371(編集代表)
　　　　03(3293)3381(営業代表)
http://www.chuokeizai.co.jp/
印　刷／東光整版印刷㈱
製　本／誠製本㈱

© 2015
Printed in Japan

＊頁の「欠落」や「順序違い」などがありましたらお取り替えいたしますので発売元までご送付ください。(送料小社負担)
ISBN 978-4-502-14341-0 C3034

JCOPY〈出版者著作権管理機構委託出版物〉本書を無断で複写複製(コピー)することは，著作権法上の例外を除き，禁じられています。本書をコピーされる場合は事前に出版者著作権管理機構(JCOPY)の許諾をうけてください。
JCOPY〈http://www.jcopy.or.jp　eメール：info@jcopy.or.jp〉